特许经营精品丛书

招商理论与实务全攻略

ZHAOSHANG LILUN YU SHIWU
QUANGONGLUE

李维华 著

企业管理出版社
ENTERPRISE MANAGEMENT PUBLISHING HOUSE

图书在版编目（CIP）数据

招商理论与实务全攻略 / 李维华著. —北京：企业管理出版社，2020.12

ISBN 978-7-5164-2260-1

Ⅰ.①招… Ⅱ.①李… Ⅲ.①特许经营—经营管理 Ⅳ.①F713.3

中国版本图书馆CIP数据核字（2019）第220478号

书　　名：	招商理论与实务全攻略
作　　者：	李维华
责任编辑：	张　羿
书　　号：	ISBN 978-7-5164-2260-1
出版发行：	企业管理出版社
地　　址：	北京市海淀区紫竹院南路17号　　邮编：100048
网　　址：	http://www.emph.cn
电　　话：	总编室（010）68701719　发行部（010）68701816　编辑部（010）68701891
电子信箱：	80147@sina.com
印　　刷：	香河闻泰印刷包装有限公司
经　　销：	新华书店
规　　格：	170毫米×240毫米　16开本　17印张　250千字
版　　次：	2020年12月第1版　2020年12月第1次印刷
定　　价：	68.00元

版权所有　　翻印必究·印装错误　　负责调换

丛 书 序

让大家听得到、看得到、用得到的特许经营思想

起初我是不打算写序言的，因为我想直接向读者奉献关于特许经营的知识和实战技法的干货。

然而，我最终还是决定给2021年年初出版的这5本关于特许经营的书写个序言，毕竟还是有很多话要向读者说。

随着时代的发展以及特许经营理论研究和实践探索上的不断深入和扩展，特许经营这门学科的内容也在不断完善，本次出版的这5本书囊括了我奉献给读者的系统、前沿、科学、实战、全面的特许经营知识。

《特许经营学：理论与实务全面精讲》这本书早在2003年就作为大学教材出版了，当时的书名是《特许经营概论》。出版之后，我从未停止对这本书的更新：2005年出版《特许经营理论与实务》；2009年出版《特许经营学》。到现在，2021年出版的《特许经营学：理论与实务全面精讲》又将和读者见面了。

关于招商的知识，最为严重的问题之一就是碎片化，即缺少相关全面化的系统性知识，这不得不说是特许经营学科招商分支理论的缺憾和漏洞。招商人因而不得不一直奋斗在对招商知识和实战技法完整性的不断寻求中，这显然已经严重影响了特许经营企业的发展。在这次出版的《招商理论与实务全攻略》一书中，我努力弥补这个空白，力求完整、全面分析研究招商的理论与实务，形成独立且完整的知识系统和实战技法策略。

《成功构建特许经营体系五步法》一书的成型基于两种积累。一是我把做顾问咨询与实践过程中遇到的问题、难点或障碍等都作为必须要攻克的课题，然后用科研的方式给出理论上的解决方案；二是在形成理论上的解决方案之后，又把它们放

到实践中反复检验直到确认有效。当然，这样的研究方法会占用较长的时间，但是，基于实践的研究是我的不可打破的底线。这本书中的步骤、模板、技巧、技法、工具等，都是经过反复验证的经验成果。

《选址学概论：单店选址理论与实务》这本书也是在我多次独立选址或参与选址的基础上对实战技法进行提炼和提升，并与理论有机融合的成果。实战和理论兼备的内容，才是真正值得学习的。这本书的一个显著特点是在传统的定性选址分析之外，在选址的定量分析上花了不小篇幅，其中很多表格、算法、模型都可以直接作为科学选址的工具。

《特许经营新思维》的介绍和来龙去脉，大家可以去阅读那本书的序言，此处就不赘言了。

我自1998年就产生的使命感一直督促着我去构建完整的特许经营学科的知识体系，我每时每刻都在尽己所能去做特许经营学科的修补和完善，为我早年提出的特许经营学科这座大厦添砖加瓦。

不断完善、增加内容，对完美的追求使我始终不敢、不愿意出版更新的书，我觉得要研究的内容太多，我一直在更新、更新、更新，也一直在等待一个最合适的时机。

2020年特殊的几个月里，我集中精力把之前零散的研究成果、碎片的笔记、特许经营学急需解决的系列问题、多年的心得体会和搜集的案例分析等做了全面、系统、科学化的梳理。那段日子，我完全颠倒了白天与黑夜，坚持每天写作至少12个小时，经常半夜一个人点灯熬油地研究和创作，或者在某个早晨因为一个灵感就爬起来码字。然而，一想到读者可以获得更好、更全、更新的特许经营知识，我就觉得辛苦也是一种人生的快乐。

梳理的过程是非常烦琐的，比如为了让知识和案例尽可能全面覆盖行业、品牌、成败、新老、国内外、大小、古今、宏观战略和操作细节、理论与实战、定性和定量、模板、逻辑、特色与融合等方方面面，我不得不花费大量的时间和精力去搜索和研究海量信息。我经常针对某一个企业的案例去研读几十上百篇文章，到不同店里去实际消费、体验和研究，去和相关经营者、管理者、员工、消费者、供应商交流，当然还有在我的顾问咨询项目里做实验。

本着文字必须精练、不说废话的原则，我一直在对书稿内容进行核心化加工整理。书中的某个案例分析、某个知识点讲解、某个观点，可能呈现出来的只有几十个字，但这是我从大量的研究资料、多年的店内体验中思索提炼出的精华。书中的一个普通数据，也都有可能是我多渠道获得，并反复校正的结果。至于那些首次公开的模型、公式、算法、工具等则是我的最新研究成果，全部是仔细推敲并实际验证有效的成果。

为了让读者能够应用书中的知识去实践，我还把20多年来的顾问咨询工作中积累的大量模板，包括目录、表格、文案、示意图、流程、手册等都收录于书中。我不担心被抄袭，相反，我希望大家能够积极主动地运用它们，因为知识的价值之一在于分享。以后我依然会持续研发更多、更新、更好的内容，这是没人能抄袭的。

还有，就像我一直讲的，我力图在讲解知识的同时，传达更多思想、方法和智慧，因为知识有专业划分，但思想、方法和智慧却是相通的。

这5本书只是我的又一个阶段性的成果，在特许经营领域，我还会初心不改，持续更新，也希望大家继续关注特许经营。

我要感谢我曾经和未来的所有读者、客户、学生、维华商创的同事、合作伙伴，以及书中所引用内容的作者们，是他们给了我很多灵感、启发或研究的方向。

感谢企业管理出版社的朋友们，是他们的信任和支持才使这5本书面世。还要特别感谢我的最爱，也就是我的女儿，自从有了她，我生命中的每一天都是春天，充满阳光，在我疲劳的时候，女儿的笑容总能让我能量满满。

最后，我坚信所有的读者朋友都能从书中有所收获。让我们一起努力，用特许经营的思维和智慧，用中国特许经营思想去实现我们的价值、事业和梦想。

李维华

2020年10月14日于北京

目 录

第1章 特许权 ·· 1
1.1 特许权的概念 ··· 1
1.2 特许权的三大组成部分 ··· 3
【实例】某企业《特许权手册》目录 ······································· 12
1.3 特许权开发与规划的原则和方法 ··································· 13
1.4 特许权的定价 ··· 17

第2章 招商的重要流程与管理 ·· 27
2.1 受许人生命周期或特许经营全流程与管理 ····················· 27
2.2 招商全流程及管理 ·· 29
2.3 加盟阶段及对应的签订合同流程与管理 ························ 32
2.4 招商说明会即OPP会议的流程与管理 ·························· 33
2.5 接待来总部考察的潜在受许人的流程与管理 ················· 42

第3章 招商的重要手册、文件的编制 ·································· 48
3.1 《加盟指南》的编制 ··· 48
3.2 加盟条件的双版本的编制 ·· 57
3.3 招商战略规划的编制 ··· 63
【专题】开店数量以及直营与加盟比例的计算 ······················ 67
3.4 加盟档案的编制 ·· 75
3.5 《招商部工作手册》的编制 ··· 80
3.6 《加盟常见问题与回答手册》的编制 ··························· 83
3.7 《受许人的成败案例手册》的编制 ······························ 86

第4章 招商的渠道管理 ··· 91
4.1 特许人自主招商和外包招商的对比 ······························ 91
4.2 招商渠道之被动的"等"式营销或销售 ······················· 95
4.3 招商渠道之主动的"找"式营销或销售 ······················· 102

第 5 章　招商的人力资源管理 ··· 106
5.1　招商部部门职能、组织架构与岗位职责 ··· 106
5.2　招商人员的激励管理 ··· 110
5.3　《特许人企业招商部薪酬体系及绩效考核管理制度》的编制 ··· 115
5.4　特许人如何防止招商和后续营建等工作的脱节 ··· 129

第 6 章　招商的沟通管理 ··· 133
6.1　招商的沟通方式或工具管理 ··· 133
6.2　招商中的时间管理 ··· 140
6.3　招商中的电话管理 ··· 144
6.4　特殊的潜在受许人的招商技巧 ··· 146
6.5　潜在受许人的加盟特征与招商应对之策 ··· 148

第 7 章　招商的信息管理 ··· 156
7.1　潜在受许人信息的分配 ··· 156
7.2　潜在受许人信息管理与招商的四类记录跟踪表 ··· 157

第 8 章　招商话术与实战攻略 ··· 160
8.1　90 个加盟招商常见问题与回答要点 ··· 160
8.2　回答潜在受许人咨询的说话技巧 ··· 185

第 9 章　潜在受许人之成功加盟攻略 ··· 190
9.1　全面客观地认识特许经营 ··· 190
9.2　成功的特许经营体系的特征 ··· 193
9.3　从五个方面判别特许人规范与否 ··· 197
9.4　你是否适合做受许人 ··· 204
【实例】麦当劳对受许人的财务资源要求 ··· 208
9.5　成功加盟特许经营体系的九步攻略 ··· 219
【专题】加盟前的加盟店实地考察，一定要注意这几点 ··· 227
【实例】维华加盟指数（WFI） ··· 235
9.6　受许人如何制订《加盟商业计划书》与筹集资金 ··· 246

参考文献 ··· 259

第1章 特许权

[**本章要点**]

本章第 1 节主要讲解特许权的概念，第 2 节主要讲解特许权的三大组成部分，第 3 节主要讲解特许权开发与规划的原则和方法，第 4 节主要讲解特许权的定价。本章的目的是使读者掌握特许权这一特许经营运作的核心的基本理论知识，并为特许人企业科学地开发与规划特许权以及确定特许经营费用提供翔实的理论与实战技法。

1.1 特许权的概念

特许人特许的是什么？其实就是特许权，它是特许人与受许人双方发生特许经营关系的基础和中心，特许人依靠拥有和开发、出让特许权获得利益，受许人则需付出一定代价以拥有使用或经营该特许权的权利，整个特许经营体系即因特许权而存在，特许经营学研究的核心也是特许权的运动规律。因此，特许经营的实质就是围绕着特许权这一产权（包含工业产权和/或知识产权）所进行的交易。

什么是特许权？不同的人对特许权的理解不尽相同。

特许权，又叫特许经营权，是特许人所拥有或有权授予其他组织或个人的商标、商号、CIS、专利、经营诀窍、经营模式等无形资产，以及与之相配套的有形产品、无形服务等。它是特许经营运作的核心。

特许权分为广义的特许权和狭义的特许权。广义的特许权包括上述无形资产和有形产品、无形服务的组合，而狭义的特许权仅指商标、商号、CIS、专利、经营诀窍、经营模式等无形资产。人们通常所说的特许权是狭义上的特许权。

简单来说，特许权就是特许人授予受许人的某种权利，受许人可以在约定的条件下使用或经营特许人的某种工业产权和/或知识产权。特许权可以是单一的元素，如产品、商标、专利等；也可以是若干业务元素的组合，如某产品的制造方法、销售方法等；还可以是所有业务元素的组合（一套完整的经营模式），如快餐店的经营模式、洗衣店的经营模式等。

特许权的内容主要由特许经营合同及特许经营系列手册来说明和规定，因此，特许经营合同和特许经营系列手册亦被称为特许权的两个主要文件。当然，特许人也可以编制单独的《特许权手册》。

特许权的具体组成和特许经营的类型有关，不同类型的特许经营对应着不同的特许权。特许经营可以分为以下 6 种基本类型：商标特许经营、产品特许经营、生产特许经营、品牌特许经营、专利及商业秘密特许经营和商业模式特许经营。不同类型的特许经营所对应的特许权如下。

1. 商标特许经营

其对应的特许权主要内容为：注册商标；适用规定。

2. 产品特许经营

其对应的特许权主要内容为：产品系列名录；销售价格体系；销售方式；售后服务；系列产品。

3. 生产特许经营

其对应的特许权主要内容为：生产工艺；关键技术；主要设备；厂房要求；现场管理系统；质量标准。

4. 品牌特许经营

其对应的特许权主要内容为：品牌名称；品牌标识（颜色、图形、代表物等）；品牌标语；品牌形象代表；品牌定位；品牌的管理；品牌对市场提供的实际服务和商品。

5. 专利及商业秘密特许经营

其对应的特许权主要内容为：专利或商业秘密；适用规定。

6. 商业模式特许经营

因为商业模式特许经营特许出去的是一整套的资源组合，或者说，特许经营的内容其实就是建立并运营一个成功单店所需要的全部硬件和软件，即特许人复制出去的就是"店"，因此商业模式特许经营有一个俗称为"整店复制"。其特许权的主要内容包括以下三个基本部分：硬件或有形部分；软件或无形部分；特许权的约束部分。

1.2 特许权的三大组成部分

如前所述，不同的特许经营类型对应着不同的特许权，企业应根据自己的特许经营模式设计、标准化对应的特许权并编制成手册。

特许权设计包括三个部分，即硬件或有形部分、软件或无形部分以及特许权的约束部分。

前两者要求特许经营体系的所有加盟店和直营店都是基本一致的，所以需要企业根据现实和将来体系发展的计划，提炼出企业所需要的统一的特许权，并要求用明确的媒介形式（比如文字、图案、照片、视频、音频等）予以表达，而最常见的形式便是文本。

同时，因为这些内容将来都要被编制成单独的《特许权手册》，被写入特许经营合同，或者作为合同的附件以及用特许经营体系的系列手册予以详细说明，所以文本的描述部分应能够让未来的受许人准确把握企业特许权的内容，亦即要有很好的读者界面。

特许权的约束对不同的受许人是不同的，它同时还要受多种因素的影响，企业要根据具体问题具体分析。

为便于设计与描述，企业的特许权模型设计文本应包括以下三个部分，如图1-1所示。

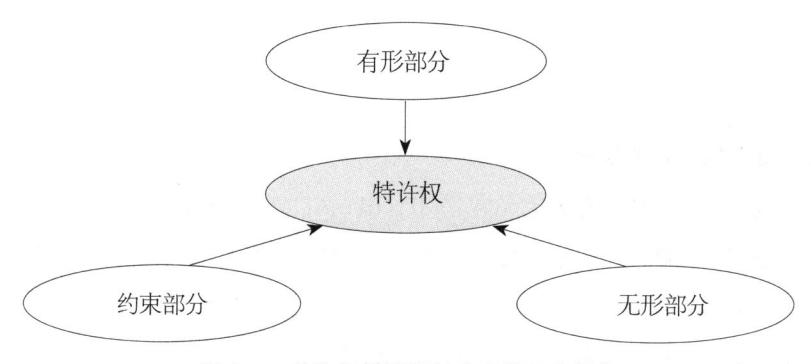

图 1-1 特许权模型设计文本的三个部分

一、特许权的有形部分

主要包括与单店运营有关的 VI、SI、产品、原料、机器、设备、工具等。

企业应对其进行详细的描述，包括其物理属性（颜色、形状、重量、尺寸、密度、部件组成、物理寿命等）、化学属性（酸碱性、对外界温度湿度等的反应等）与社会属性（产地、品牌、价格、性能、经济寿命、使用程序和工艺等）。

当然，这一部分也可以用产品描述书、原料描述书、设备及工具描述书等形式予以单独列示，必要时应配以图案和照片等，以更生动地对事物加以说明。

不同的内容应以不同的专业人士为主来进行提炼，比如：产品和原料方面，可以由企业的工艺师（餐饮业的厨师、美容业的技师、特别产品的研发人员等）来描述；设备和工具方面，可以由其实际操作者来描述，然后由采购者、开发者等补充完成。

比如，我们可以用如表 1-1 所示的形式列出所有有形部分的信息，也可以单独编制成一本手册，比如《单店设备器材手册》。

表 1-1　特许权的有形部分列表（或单店设备器材列表）

序号	名称	店内位置	用途	数量	材质	品牌	单价	配送给受许人价格	尺寸	是否统采统配	备注

二、特许权的无形部分

主要包括与单店运营有关的品牌、MI、BI、AI、BPI、OI、专利、技术、诀窍等。这些通常是特许权的核心部分，因为无形资源的价值通常要大于有形的部分。

1. 企业文化

企业文化对于特许经营是极为重要的，有学者甚至认为，特许经营的本质之一就是特许了一种企业文化，因此，他们认为广义的企业文化其实就是特许经营体系的核心——特许权。准备实行特许经营的企业必须要全面了解、正确认识企业文化，因为无论是在企业的特许权设计阶段，还是在特许权的授予以及整个体系的营建、管理、维护和升级阶段，企业文化始终都是一个起决定性作用的因素。

1769年，当世界上第一家现代意义上的企业在英国诞生的时候，企业界实行的基本都是经验管理。自从福特汽车厂的流水线生产以来，企业的管理就开始向科学管理转变并以1911年泰勒发表的《科学管理原理》为形成标志。

发端于20世纪30年代、流行于60~70年代的行为科学，为80年代兴起的企业文化理论奠定和积累了雄厚的实践与理论基础。70年代末，日本经济实力的强大对美国乃至西欧经济形成了挑战，由此而引发的研究分析日本战后崛起之谜的热潮，真正掀开了企业文化理论的面纱。80年代初的"企业文化研究四重奏"的发表标志着企业文化理论的正式形成，这四本著作就是威廉·大内的《Z理论——美国企业界怎样迎接日本的挑战》（1981）、彼得斯与沃特曼的《寻求优势——美国最成功公司的经验》（1981）、特雷斯·迪尔和艾兰·肯尼迪的《企业文化》（1982）、斯卡尔·阿索斯的《日本的管理艺术》（1982）。

现在的企业文化理论则形成了两大派别：以美国麻省理工学院的沙因为代表的定性化研究与以密歇根大学工商管理学院的奎恩为代表的定量化研究。

据目前可考的资料来看，关于企业文化的定义有100多种。但总的来说，人们对于企业文化的认识有两个大类，即狭义的企业文化和广义的企业文化。其中：狭义的企业文化＝意识范畴；广义的企业文化＝物质文明＋精神文明＝硬件＋软件＝外显文化＋隐形文化＝表层文化＋深层文化。

笔者更认同企业文化的广义理解，并认为"企业文化＝理念文化＋物质文化＋制度文化"，这才是企业文化真正的全面内涵。

在日渐崇尚软管理、以人为本、注意永久激励、依靠人的品性实现自律的知识经济的今天，优秀的企业文化有利于提高企业产品或服务的文化含量和技术含量，满足消费者的需求，有利于企业利用国内、国际两种资源开拓国内、国际两种市场，有利于提高企业的综合竞争力，等等。美国管理学家法兰西斯对企业文化的价值高度评价道，"您能用钱买到一个人的时间，您能用钱买到劳动，但您不能用钱买到热情，您不能用钱买到主动，您不能用钱买到一个人对事业的奉献。而所有这一切，都是我们企业家可以通过企业文化的设置而做到的"。可见企业文化的意义之重大。

概括地说，企业文化的意义和作用主要体现在五个方面。

（1）导向作用：把企业员工引导到确定的目标上来。

（2）约束作用：成文的或约定俗成的企规企风对每个员工的思想、行为都起着很大的约束作用。

（3）凝聚作用：用共同的价值观和共同的信念使整个企业上下团结。

（4）融合作用：对员工进行潜移默化的教育，使之自然地融合到群体中去。

（5）辐射作用：企业文化不但对本企业，还会对社会产生一定的影响。

美国知名管理行为和领导科学权威约翰·科特教授与其研究小组，曾用了11年的时间，对企业文化对于企业经营业绩的影响力进行研究，结果如表1-2所示。

表1-2　企业文化对企业经营业绩的影响力

业绩指标	重视企业文化的公司	不重视企业文化的公司
总收入平均增长率	682%	166%
员工增长率	282%	36%
公司股票价格增长率	901%	74%
公司净收入增长率	756%	1%

所以，企业文化由于其具有的巨大实际价值，很快受到企业家们的青睐。IBM于1956年在世界上第一家导入了CIS，随后，世界上的著名大公司，如可口可乐、麦当劳、3M、东方航空、马自达、索尼、第一劝业银行、三井银行、美能达、宏碁等紧随其后，大张旗鼓地进行CIS的导入。

这在企业发展历史上是少见的，CIS作为企业文化建设的重要组成部分，是迄今为止能够达到如此广泛的推广、认知和赞同程度的为数有限的几种企业运营模式或思想之一。而企业文化和特许经营的关系又十分紧密，二者有许多异曲同工之处，因此，企业不能不加强对企业文化理论的学习。

需要注意的是，虽然时下有很多号称"设计"企业文化的公司和个人，但他们的这种说法本身就违背了企业文化的科学性。笔者认为，企业文化并不是企业能"设计"出来的，它是通过CIS的导入逐步地在企业里"形成"的（见图1-2），CIS导入就是通过统一的整体传达系统将企业文化外化为企业形象的过程。所以，我们设计的并不是企业文化，而是 CIS。

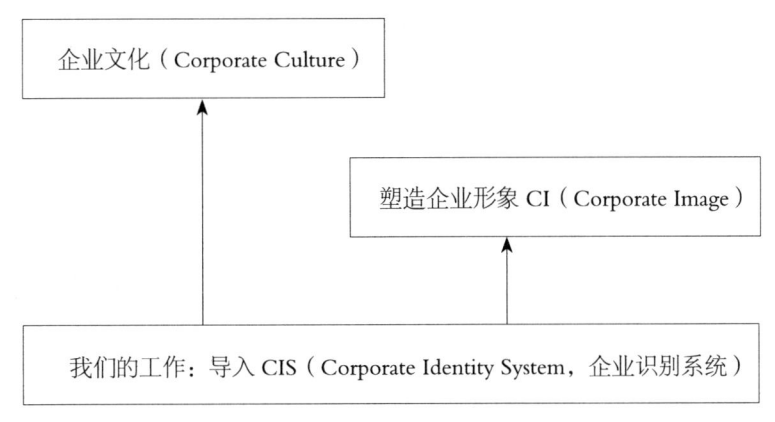

```
企业文化（Corporate Culture）
        ↑
        │
   塑造企业形象 CI（Corporate Image）
        ↑
        │
我们的工作：导入 CIS（Corporate Identity System，企业识别系统）
```

图 1-2　企业文化的形成示意图

企业在设计与导入 CIS 的过程中，必须坚持如下几个原则：全方位推进原则（适应企业内外环境，符合企业发展战略，MI、BI、VI、AI、SI、BPI、OI 并重，具体措施合理配套）、以公众为中心原则（进行准确的公众定位、努力满足公众的需要、尽量尊重公众的习俗、正确引导公众的观念）、实事求是原则（对外展示企业实态、要从员工实际出发、要正视企业的劣势和不足、要立足企业现实的基础）、求异创新原则（独特的企业文化观念、视觉要素不同凡响、企业制度创新、CIS 的实施手段新颖别致）、两个效益兼顾原则（法律层次、政策层次、道德层次）。

在导入程序上，应坚持如图 1-3 所示的逻辑顺序。

在设计以及导入 CIS 的全过程中，我们始终都要记住文化管理与其余管理的几个不同的方面，亦即文化管理是以人为中心进行管理、下功夫培育共同的价值观、企业制度与共同价值观协调一致、管理重点由行为层转到观念层、实行"育才型"领导以及软管理与硬管理的巧妙结合。

如果特许经营体系是由原来的企业整体地转化而来，亦即原来的企业在组成特许经营体系之后自动消失了，那么新的特许经营体系的企业文化可以和原来的企业文化不同，企业可以重新形成一种全新的企业文化，但也可以适当保留原来企业文化中的合理、固执成分。对于特许经营体系是原来公司管辖下的形式，即新成立的特许经营体系并不造成原企业的消失，特许经营体系的新企业文化应该和原来企业的文化保持高度的和谐，不能有明显冲突。比如在理念方面的一致性、制度方面的相似性、VI色彩与字体等方面的搭配性、SI风格的继承性、AI旋律的和谐性、OI的协调性等。或者，新构建的特许经营体系的企业文化应是原先企业文化的合理、科学延伸。

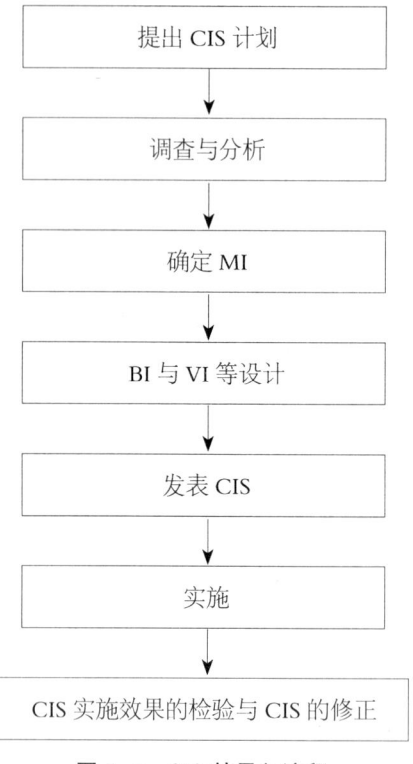

```
提出 CIS 计划
     ↓
  调查与分析
     ↓
   确定 MI
     ↓
 BI 与 VI 等设计
     ↓
   发表 CIS
     ↓
    实施
     ↓
CIS 实施效果的检验与 CIS 的修正
```

图 1-3　CIS 的导入流程

由于特许经营体系的完整性，但同时它又被分为两个最基本的组成部分——总部和单店，所以，我们在设计 CIS 的时候，应先设计出总部的相关 CIS，然后在此 CIS 的基础上再延伸设计出单店的 CIS。单店的 CIS 完全是总部 CIS 的延伸物，它自己并不能独立成为一套 CIS。这是必须要引起企业注意的，因为在现在的许多企业里，往往会出现总部和单店两套不同的 CIS 同时并存的状况，这显然不利于充分发挥 CIS 的宣传作用，也容易使外界对企业形象产生混乱的感觉。

在此阶段特许权设计的 CIS 中，重点应是 MI 和 VI、AI、SI、OI 的设计，因为这些设计的延伸性较好，同时 MI 作为一个纲领性的部分，它基本上为以后的诸设计确立和提供了一个大的指导原则，所以在这个阶段必须重点做好这一设计。对于 BPI，虽然需要企业在以后的单店、分部、总部和整个体系的建立过程中不断地从实践中进行修正，但由于企业需要立刻通过这个设计进行体系的建设，所以这部分的设计主要是在企业之前提取的经验、最新的理论与技术结合以及企业对未来的期望三个方面的共同指导下进行的。

最后，需要强调指出的是，因为 CIS 的内容牵涉到许多专业方面的特殊知识，而仅凭企业现有人员的力量和知识、技术是不足以胜任这个项目的，所以，为了确保 CIS 工程的设计与导入成功，企业最好请外部的咨询顾问公司或个人辅助进行，或者把整个的特许经营建设项目外包给某一个专门做特许经营顾问咨询的专家团队，这样不但能使 CIS 的设计与导入工作得到专业化的服务，而且，由于整个项目都由一个专家团队来做，也能较好地保证子项目之间的衔接和一致性。

2. 技术部分

这部分内容主要包括特许人用于复制给受许人的专利、技术、诀窍等。

下面将对一些关键性的技术进行详细的描述，以便受许人能在培训中以及日后的单店运营中随时运用、学习、体会和研究。

按不同的标准，技术可以有不同的分类。

按照其属性，技术可以分为硬技术和软技术。在企业里，简单地讲，所谓硬技术，指的就是工程类技术，而软技术则指管理类的技术。自然技术多属于硬技术，社会技术与思维技术则多属于软技术。

按照其存在形态与可传授性质，技术可以分为隐性技术与显性技术。隐性技术指的是不能以语言、文字、声音、图像等通常方式进行交流或不可传授的技术；显性技术指的则是其性质与隐性技术恰恰相反的技术。这与知识分为隐性知识和显性知识相似。隐性技术的好处是便于企业保密，但不利于企业对此技术的继承性；显性技术虽然有很好的传播效果，却容易被别人学习、复制，保密性较差。作为企业而言，既应该学会把员工个人的隐性技术转变为显性技术，以促进公司整体技术水平的提高并防止公司资源个人化的不利状况出现，也应该学会把显性技术变为隐性技术，以增强保密性，促进员工个人技术水平的提升并提高企业对于其他竞争者的技术壁垒。

按照企业价值链的环节不同，技术可以分为相应的研发技术、试制技术、定型技术、工艺设计技术、供应技术、生产技术、销售技术、售后服务技术等。而每一环节的技术，按照职能的不同，又可以分为更细的小类。

按照其对于企业的重要性，技术可以分为关键技术、重要技术和一般技术三类，或者分为核心技术与非核心技术两类。关键技术是企业竞争力的主要支撑，重要技术是企业竞争力的辅助性要素，而一般技术则是企业可以从外界以交易或合作的方式获得的普通技术。

按照其是否属于专利，技术可以分为专利技术和非专利技术。在专利技术中，根据专利申请和有效的区域，可以分为国际性专利、国家专利、地区专利和企业专利等；按照专利法的规定，专利可以分为发明专利、实用新型专利和外观设计专利。需要记住的是，专利不仅仅是有关一项工艺或设计的权利，也可以是对一个地区的市场的权利。

企业在对特许权的技术部分进行设计时，最好能根据上述的分类选择一个标准进行，以免发生混乱、重复、遗漏。当然，在必要的情况下，企业也可以采用一种分类为主、其余分类为辅的方式来描述企业的技术。

通常，企业对于各种技术的描述都会融入不同的手册之中，而不是单独编制成一本集合式的手册。

三、特许权的约束部分

特许权的授予还要有特许人附加的一定的约束和限制，比如时间限制、区域限制、数量限制、再特许限制等。

对于特许权约束中的时间限制、区域限制、数量限制、再特许限制等的设计，要根据企业的实际情况、特许人的管理能力、特许经营体系发展战略规划、特许经营体系的未来发展趋势、竞争者的状况、法律法规的范围、潜在受许人的类型、受许人承受心理等综合考虑后再决定，不能盲目地抄袭别家企业的做法。

时间限制指的是受许人使用特许权有一定的时间期限，超过这个时间期限，特许权便不可再使用，受许人如想继续使用，需要续签特许经营合同。这个时间期限其实就是加盟期。在时间约束方面，一般国内的特许经营期限为 2 年以上，平均在四五年左右（《商业特许经营管理条例》规定一般为 3 年），国外多为 10～15 年。期限的具体计算方法请参见本书"特许经营费用及加盟期"的相关内容。

区域限制指的是受许人拥有这个特许权之后，他（她）可以使用该特许权的地理范围。如果是单店加盟，则其受许区域可能就是该单店的合理商圈，或者合同约定的其余范围；如果是区域加盟，则其受许区域就是双方特许经营合同所约定的地理范围，比如可以是某个行政区域。在地域方面，应保证每一个可能开设的单店都有自己足够的独立而无本体系自家人相竞争的商圈，亦即各个单店的核心商圈之间最近的距离是彼此相切，而不能有所重叠，这样就不会引起不同受许人之间的竞争，在损害受许人利益的同时损害特许人的利益。

数量限制指的是受许人可以开设的加盟店的数量。单店加盟的数量只能是一个，多店加盟的数量则是多于一个。区域受许人的开店数量限制通常会在合同里约定每年的最低和最高开店数量。在数量方面，则应根据受许人的选择而定，单店受许人当然只能有一个，多店或区域的受许人则可以有多个，但对于区域受许人，企业应限制其可能的最少单店数目和最多单店数目，其数目上限和下限的衡量标准就是应使各个单店的核心商圈相切。

再特许限制指的是受许人可否将其"买"来的特许权再授予另外的第三方。单店受许人一般是不可以将特许权再授予其他人的，区域受许人或多店受许人则可能会有权利再发展他或她的次受许人。在是否再特许方面，主要取决于企业自己的意愿和对体系发展战略的理解。

通常，特许经营企业会编制一份单独的《特许权手册》，当然也可以将对特许权的设计融入其余的手册之中。

为了有效地保持体系的统一性，同时又保持每个店的本土化和本店化，我们可以采用如下的菜单式选择特许权的方法。具体做法就是，企业把特许权的有形和无形的部分分别标准化之后编号，比如1~100号，我们把它称为特许权的内容菜单。具体到某个单店的时候，该店可以根据自己的实际店址、商圈、消费者特点以及战略目的等，在上述的1~100号之中选择适合自己的，可以少选，但不能超出这个范围。单店选择的时候一定要有总部人员的参与，在总部的指导下进行选择。如果发现某项适合自己的产品或服务没有列在1~100号的菜单里，单店不能将其直接加到业务内容里，正确的做法是先向总部申报，然后由总部研究是否采用。如果总部决定采用的话，那么总部就会对这种产品或服务进行标准化，然后把该产品或服务加到总部统一的特许权内容菜单里。之后，总部对体系内的所有单店公布新的特许权内容菜单，所有单店都可以在新的特许权内容菜单里确定是否选用最新的产品或服务。

【实例】某企业《特许权手册》目录

1. 商标

2. 商号

3. MI、BI、BPI、AI、OI（略）

4. VI 与 SI（略）

5. 业务、产品（略）

6. 店面经营管理与工程技术（略）

7. 配送物品

8. 特许权的约束

  8.1 加盟期

  8.2 特许经营费用

  8.3 区域限制

    8.3.1 单店加盟的商圈保护

    8.3.2 区域受许人的区域保护

  8.4 再特许限制

    8.4.1 区域受许人

    8.4.2 区域代理受许人

  8.5 开店数量限制

  8.6 开店类型

9. 受许人开业前的免费内容

  9.1 培训

  9.2 设备、器材、物品、用具

  9.3 赠送给单店受许人的手册

  9.4 赠送给区域受许人的手册

  9.5 驻店

  9.6 开业赠送

1.3 特许权开发与规划的原则和方法

作为一种特殊的"产品",企业的特许权也需要开发与规划。

一、开发与规划的原则

(1)以市场需求为出发点,对潜在受许人有较强的吸引力。

特许权的"消费者"就是潜在受许人或潜在的投资人、创业者,因此,特许人企业必须要研究这些"消费者"的投资意向、投资爱好和投资能力等"消费"特征。比如在行业上,你必须清楚地知道现在的潜在受许人更喜欢加盟哪个行业;在具体的行业内的企业加盟上,你必须清楚那些潜在受许人都希望特许人提供什么样的内容,即特许权的内容;在特许权的包装、价格、售后服务等方面都有哪些期望;等等。

只有你的特许权满足了潜在受许人的"消费"需求,你在招募受许人时才能取得更大的成功。

为此,特许人企业需要事先做一个市场调研,而不能闭门造车地去开发和规划特许权。

(2)以竞争为导向,实现与竞争者的差异化,确保竞争优势。

对于那些潜在投资人而言,同样的投资水平,他们可以选择许多行业中的许多家企业。因此,在众多的特许权产品面前,"消费者"们最终会购买谁家的产品,则取决于特许人企业间的竞争能力了。

特许人在设计特许权时,必须考虑到竞争的因素,以竞争的思维去开发和规划自己的特许权。企业在开发出自己的特许权后,一定要和其他企业的特许权进行优劣比较。

需要注意的是,针对某家具体的特许人企业而言,它的竞争对手是拥有特许权的许多行业中的许多企业,而不仅仅是同行业中的企业。比如,你是做美容院特许经营的,假设你的加盟店的投资需要 20 万元,那么,你在招商方面的竞争者就绝不仅限于同是做美容院特许经营的传统意义上的同行,所有那些开店需要投资 20 万元左右的其他行业的特许人,也是你的最直接的竞争者。因为,对于拥有 20 万元左右开店实力的潜在的受许人或投资人而言,如果具备回报合适、他/她感兴趣或擅长等条件的话,他/她自然会选择加盟开设任意一个投资在 20 万元左右的店,包括美容院、快餐店、便利店、花店、幼儿园、服装店、美发店、美甲店、卤食店、房产中介店等，而通常很少会固执地非要加盟哪个行业。

（3）系统化原则。

因为商业模式特许经营的特许权是一整套商业运作资源的集合，包括硬件部分、软件部分和约束部分，所以特许人在开发和规划特许权时，应系统化地进行，而不能单独、偏重或遗漏某些方面。应使特许权成为一个有机的整体，只有其各部分互相搭配、相得益彰、协调一致，才能共同组成一个能够帮助受许人取得成功的完整特许权。

如果特许人企业只注重特许权中的硬件，却忽视了软件，那么这样的特许经营最终可能会导致加盟店形似而神不似；反之，则会使加盟店缺少统一的形象。

（4）动态原则。

随着时间的变化，"消费者"即潜在受许人的需求是在不断变化的，所以特许人的特许权也应随之做相应的改变。比如，与之前相比，如今的多数潜在受许人可投资额更大、女性和年轻人占比更多、三四线需求上升、学历更高、希望项目小轻快，等等，这些变化都应引起特许人的注意，特许人应根据变化相应地更改自己的特许权。没有好的特许权产品，就不会吸引到好的受许人"消费者"。

在特许权的重要内容即具体的产品上，特许人也要不断地改变以适应时代的变化，比如肯德基刚进入中国时，只有8种产品，到2014年时，已经有了66种，到2018年，菜单上的品种已经多达上百种。肯德基平均每年推出新品20多种，而必胜客每年有两次20%以上的菜单调整。

（5）可复制性和便于复制性原则。

特许权将来是要授予受许人使用的，因此特许权一定要具备可复制性，否则就无法实施特许经营了。

比如，对于有些企业或行业而言，如果经营一家单店需要经营者具备一定的资质时（例如装修企业），因为资质是不可特许的，所以这样的特许权内容就无法发展合格的受许人。

再比如，有的单店的经营主要依赖于特定的无法复制的资源（某个名人、独特的地理条件等），那么，这样的特许权内容就无法复制，也就很难招到受许人了。

除了可以复制之外，特许权还要便于复制，便于未来的受许人理解和学习。

（6）内容逐渐丰满原则。

企业在开发与规划特许权时应有所取舍，不一定在刚开始做特许经营时就把所有的业务内容都特许出去，这样可能会使特许经营以及管理的难度加大、成本增高，最终导致整个特许经营体系的失败。

最好的办法是逐渐丰富特许权的内容，可以在开始的时候简单些，把那些易于复制的、成熟的、有特色的业务内容或产品项目作为特许权的内容，随着企业的发展和成熟，再逐渐在特许权里增加新的内容。

（7）合法合规性原则。

特许权的内容及其授予一定是合法合规的。比如特许人的商标一定是合法注册的，许可受许人使用的软件等一定是特许人有权利许可的，等等。

（8）经济性原则。

特许权的授予必须能使特许人企业和受许人在经济上实现双赢，除了特许人可以获得利润之外，复制给受许人的内容也必须能给受许人带来利润，否则也是无法招收到合格的受许人的。因此，在如今潜在受许人或投资人、创业者都喜欢小投资的"消费者"的市场环境下，特许人应想方设法降低自己的单店投资即特许权的价格，让自己的特许权变得更经济，如此才能使招商的难度降低，特许经营网络才能铺设得更快。比如，由于五星级酒店投资较大，可成为其受许人的人群基数很小，因此其招商和网络扩展的速度就比较缓慢，而投资额在三四百万元左右的经济性酒店，招商就相对容易得多。

（9）充分利用企业现有资源和优势并能相互适应、促进、增长。

（10）充分考虑企业实际业务和经验积累，力求有自己的特色。

（11）充分考虑企业的核心竞争力。

（12）充分考虑体系运营维护与控制的因素。最好能让受许人长期地依赖特许人，如此才能使受许人不会生出异心而死心塌地地跟着特许人长期走下去，比如特许人独有的、加盟店运营必不可少的原材料，就是很好的控制受许人的方法。

（13）考虑企业未来发展与实际的结合。

（14）保密原则。必须能够有效地防止受许人泄露商业秘密，比如将直接给配方代之以配送料包的方式等。

二、开发与规划的方法

想做特许经营的企业可以有许多种方法来开发和规划自己的特许权，举例如下。

1. 模仿同行的特许人做法

模仿同行业的其他特许人的做法是最简单的办法。企业可以通过对本行业内的不同特许人的特许权内容进行比较，而后根据上述的开发和规划原则设计出一套属于自己的个性化的特许权。

2. 参考非同行的特许人做法

除了模仿同行业的特许人的做法之外，参考非同行业特许人的特许权内容往往会给企业的特许权开发和规划带来创新的灵感，这些创新的灵感也可能会使特许人在对受许人的竞争中脱颖而出。

比如麦当劳的转租店址、肯德基和必胜客的整体移交、7-11便利店的设备融资、某些总部为受许人提供的员工代招代培、加盟一段时间后再由总部回购、酒店业常见的委托管理等特许权都很有特色，也都取得了一定的成功。

3. 自己独立开发和规划

企业可以根据有关特许权的定义来进行开发和规划。这种方法特别适合于那些在目前的行业内暂时还没有出现特许人企业的企业。因为是行业内的第一家特许人企业，没有经验可借鉴，没有例子可对比，所以这种特许权的开发和规划难度较大。当然，所有的特许人企业都可在前两种方法的基础上使用第三种方法，即自己独立开发和规划。

以上三步可以归结为"一抄、二仿、三创新"的思维，但是大家要记住，我们不能只是简单地违背法律和道德地去抄或仿，而是应该以借鉴的心态去抄、以学习的心态去仿，最终还是要依靠自己的创新。

其创始人曾多次成为西班牙首富、欧洲首富和世界首富的著名快时尚品牌ZARA的其中一个成功秘诀，就是其令人咋舌的商业速度：每20分钟设计一件衣服，每年设计出超过18000种新款，平均每2~3周就能够有新款上架，而其他企业从设计到店面销售至少需要数月甚至半年多的时间；普通的品牌一年一般只有两个Collection，但ZARA一年可以有15~20个Collection。而要达到如此之快的设计速度，如果不掌握科学、合理、合法的"一抄、二仿、三创新"的思维，是很难做到的。那么，ZARA 是如何做到的呢？据悉，ZARA 雇佣了大量买手和时尚信息员，或者就是自己的设计师，他们常年穿梭于全球各种时装大牌的专卖店、模特秀场、时装发布会，同时查看时尚穿搭指南、各类社交媒体，观看电影，甚至分析线上电商平台中顾客搜索的关键词等，迅速发现市面上已经出现或即将出现的新款、流行趋势，然后把这些信息传递给 ZARA 总部的 300～500 名专职设计师团队。设计师团队则以最快的速度"一抄、二仿、三创新"地进行设计。很快，在别的品牌刚发布新品还没上架前，ZARA 就已经卖出几十万件了。

当然，如果你没有掌握科学、合理、合法的"一抄、二仿、三创新"的思维的话，就可能有麻烦了。即便是 ZARA，也因为"抄"引起了很多争议，网络上很多文章都声称 ZARA 抄袭过一众大牌，多位独立设计师还曾就涉嫌抄袭的问题发起过抗议 ZARA 的活动。虽然上述的涉嫌抄袭报道或抗议最终都没有被 ZARA 承认，但据时尚商业快讯消息，Diesel 母公司 OTB 起诉 ZARA 母公司 Inditex 集团抄袭其 Diesel 牛仔裤、Marni 凉鞋设计的案件已获胜诉。米兰法院法官认为 ZARA 的行为已构成抄袭与侵权，要求 Inditex 集团立即召回侵权物并停止销售，并为每件产品支付 235 美元的赔偿金。

1.4 特许权的定价

在市场营销中，价格是最重要的因素之一。关于营销的经典理论，所谓的"4P"（产品—Product；价格—Price；渠道或地点—Place；促销或宣传—Promotion），其中之一就是价格。

同样，对于特许权这样一个特殊的商品而言，其价格，亦即特许经营费用，对于特许权的营销或特许人对受许人的招募也是非常重要的一个决定性因素。

但要注意的是，除了具有价格的共性之外，特许经营费用这个特许权的价格与普通商品的价格还是有着一些本质区别的，如表 1-3 所示。

表 1-3　特许权价格与普通商品价格的区别

序号	项目	普通商品价格	特许权价格——特许经营费用
1	数值的数量	一个数值	一系列数值组合
2	类别	单类数目	三类数目（加盟金、持续费和其他费用）
3	形式	通常是固定值	既可能是固定值，也可能是相关值的比例
4	支付方式	通常是一次性支付完毕	既有一次性支付部分，也有需要长期、定期持续支付部分，还有先支付而后面需要退还的部分
5	对商品的权利	交换的是商品的所有权	交换的是特许权的使用权或经营权
6	同类商品的差异	同类商品价格只是数量上的差异	同类商品，即特许权的价格，不只是数量上的差异，在类别、时间、方式、名称等方面都可能不同

因为同是某种商品的价格，所以特许经营费用的确定，即特许权的定价策略可以参照普通商品的定价策略进行。但因为特许经营费用与普通商品的价格有着上述的一些本质区别，所以在特许经营费用的数量确定即特许权的定价上也有一些和普通商品的定价不完全相同的地方，不能把普通商品的定价理论和方法直接套用到特许经营费用上，而需要根据特许经营费用作为价格的特殊之处做一些适当调整。

一、特许权的定价目标

概括来说，特许人确定特许经营费用的目标或意图包括如下几个基本的方面。

（1）尽可能多地吸收受许人，以便快速铺开本体系的单店网络，增强企业竞争力。

一般而言，特许经营企业的网点越多，其和供应商谈判的资本就越大，分摊到各个店上的采购成本和费用就会越低，所以特许人都有扩大企业网点数的倾向。

同时，对某些行业而言，只有当某地区的网点数达到一定规模后，单店才能盈利，所以这也会促使特许人企业加快网点的扩张速度。为了扩大网点数目，制定对受许人而言具有吸引力的特许经营费用政策显然是必不可少的。

另外，在店铺地址资源越来越稀缺的今天，抢占有利的地盘和地段不但是竞争的有力手段，有时甚至是生存的必需做法。

在这种目的下的特许人追求更多的是企业规模和网点数量,追求的是成本降低所带来的企业收入的增加,所以通常情况下其特许经营费用会比较低,费用政策也比较宽松。

（2）实现特许经营费用的利润最大化。

这些特许人把特许经营费用作为企业的利润来源之一,追求的是收入的直接增多,所以通常情况下其特许经营费用会比较高,费用政策会比较严格。

（3）质量领先。

特许人为了保证每个特许权交易的成功,为了提高特许权的质量,必须投入高资金来进行特许权的研发、设计与交易实施,这就需要特许人用较高的特许经营费用来弥补高投入。显然,在这种目的下的特许人的特许经营费用通常会比较高,因为"一分钱,一分货"。

二、特许权的价格弹性

所谓价格弹性,指的是需求变动的百分比与价格变动的百分比的比值,换句话来说就是,价格变动百分之一会使需求变动百分之几。

对于价格缺乏弹性的商品（价格弹性小于1）,商品的价格下降或上升对商品的需求刺激不大,所以这类商品适宜于稳定价格或适当提价,比如某些水和食物等生活必需品。对于富有弹性的商品（价格弹性大于1）,商品价格的稍微变动就可能引起需求量的大幅变化,所以这类商品为了扩大销量,可适当降价,比如一些非必需品、奢侈品。

对特许权这种特殊的商品而言,它显然不是消费的必需品,而更倾向于奢侈品的特征。所以,一般而言,其价格弹性是大于1的,即它是属于价格富有弹性的一类。事实上,实施零加盟金政策的特许人的火爆加盟场面,以及加盟项目中多以中小企业为主的现象就已经充分证明了这一点：价格低,需求就旺。

正是因为特许权的价格弹性大,所以特许人为了多招收受许人,就可以采取降低特许经营费用的措施,以此来刺激潜在的受许人数量增加。

三、特许经营费用的底线——特许权的成本

正如所有的商品在定价时都会考虑其成本（通常为价格的底线）一样,特许经营费用中的每一类也都有一定的底线。

特许人在受许人开业或正常运营之前为其所做的支持和服务等的总成本，其值就是加盟金的底线。要注意的是，特许人的前期成本中，有些是专门为某个特定受许人做的，容易计算。但有些成本则是需要分摊到众多受许人身上的，比如在受许人与特许人接触之前的招商宣传成本，为没坚持到最后签订特许经营合同的申请人所做的咨询、考察、参观等成本，这部分成本是需要特许人估算的，没法提供精确的数据。

权益金的底线成本，就等于特许人设计、规划、开发、经营和维护特许权的所有耗费在众多受许人之间的分摊。从理论上讲，所分摊的受许人应包括现有的和未来的所有受许人，现有的受许人数量很容易得到精确的数字，而未来的受许人数量却根本不可能有准确的数字，所以这个未来的数字就只能依靠特许人的估计了。

广告基金的底线成本，则等于特许人所做的相应广告宣传的所有耗费（不应包括特许人为招收受许人而做的或受许人业务不能直接受益的广告宣传的耗费）在众多受许人之间的分摊，所分摊的受许人通常是现有的受许人，不包括未来的受许人。

对于其他的费用，其成本也应根据特许人所做工作的实际付出或机会成本来估算其底线，举例说明如下。

因为履约保证金是用于受许人不履约、不及时支付应向特许人支付的款项时的补偿，所以其底线从理论上讲，应该等于"应向特许人支付的款项"，和／或特许人为追回此款项而需要的耗费，和／或特许人因受许人的不履约而造成的可能损失。

设置品牌保证金的目的是保证受许人不做有损特许经营体系品牌的事，所以从理论上讲，其底线应等于当受许人做出有损品牌的事后，特许人为将被损害的品牌恢复到原状（至少是这样）所需的耗费。

而培训费的底线就等于特许人为受许人所做培训的耗费，包括教材、师资、教室、教学方式、教具、实习、考核、发证等。有些耗费是专为某特定受许人做的，有些则是需要在现有的和未来的所有受许人身上进行分摊的。专做的部分容易测算，但分摊的部分仍然需要特许人进行估计。

对于特许经营转让费的底线，应该这样来理解：当受许人发生转让时，特许人需要对新的受让人（即新的受许人）重新进行审核、培训等一系列工作，同时，由于转让的原因，还可能使加盟店业务受到影响并进而影响到特许人的收入（比如，如果加盟店的销售额减少，则以销售额的百分比来收取一定权益金的特许人的收入也会减少），那么，特许经营转让费的底线就应等于上述所有这些特许人的耗费和收入减少部分的总和。

对于合同更新费的底线，应该这样来理解：在合同续约时，特许人需要为受许人能否续约、如何续约等做出调查、判断性的耗费，同时为保证续约的顺利进行，特许人还要进行合同续签、重新培训等新工作，那么，这些耗费的总和就是合同更新费的底线。

设备、原料和产品费的底线，在原则上应等于特许人购买或生产的成本再加上运输至受许人手中的一切耗费的总和。

四、特许权的定价方法

和普通商品的定价一样，特许权的定价也包括如下三类基本方法。

1. 成本导向定价法

（1）成本加成定价法。所谓成本加成定价法，是指对于每一类特许经营费用而言，其最终出示给受许人的价格等于该费用的底线加上特许人试图赚取的利润。这种方法适合于成本相对容易测算或估计的费用项目，比如加盟金，培训费，设备、原料和产品费等。

（2）目标定价法。所谓目标定价法，是根据估计的收入和估计的分摊数量来制定价格的一种方法。这种方法比较适合于易于估算收入和分摊数量的分摊型费用，比如广告基金。

2. 需求导向定价法

特许权的需求导向定价法，是一种以市场需求强度及"消费者"即受许人感受为主要依据的定价方法，主要包括认知价值定价法、反向定价法和差别定价法三种。

（1）认知价值定价法。所谓认知价值定价法，是特许人根据潜在受许人对特许权的认知价值来制定价格即特许经营费用的一种方法。因为"认知"是一个人的主观意识，所以这种定价方法比较适合于难于估算成本或价值的费用，比如品牌保证金、权益金等。

（2）反向定价法。所谓反向定价法，是指特许人依据受许人能够接受的费用值，计算自己从事对应工作的成本和利润后，逆向推算出分摊到每个受许人身上的费用。这种方法比较适合于易于估算收入和分摊数量的分摊型费用的确定，比如广告基金。

（3）差别定价法。所谓差别定价，也叫价格歧视，是指特许经营费用的确定会根据某些指标或因素的不同而有差异。差别定价的主要形式包括如下几种。

第一，受许人差别定价，即特许人对不同的受许人收取不同的特许经营费用，要注意的是，在采用这种方法时，不能引起受许人的反感或使有的受许人借机"倒卖"特许权。对于新老受许人、国内外受许人、某地区的第一个受许人和后面的受许人、单店受许人和多店受许人或区域受许人等，适合此种定价方法。

第二，特许权形式差别定价，即特许人对不同的特许权分别制定不同的特许经营费用，比如单店面积（大店和小店等）、地域（一线、二线和三四线城市等）、加盟店数、加盟店内经营的特许人的业务种类等不同，特许经营费用也不同。这种形式需要特许人科学地计算不同特许权之间的费用差别比例，以免造成不公平

第三，时间差别定价，即特许人在不同时期对特许权分别制定不同的特许经营费用，比如特许人可以在刚招募受许人时优惠一些，而特许经营品牌成熟后就将特许经营费用的数目抬高等

3. 竞争导向定价法

竞争导向定价指特许人在制定特许经营费用时，主要参照竞争对手的费用水平，与竞争者的费用保持一定的比例。在特许经营中常用的竞争导向定价法是随行就市定价法，即特许人按照行业的平均现行价格水平来定价，其结果可以高于、等于或低于平均价格，具体则要根据企业的内外环境、企业的战略、企业的实际市场地位等来确定。

五、特许权定价的基本策略

定价既是一门科学，也是一门艺术。特许人在给特许权定价的时候，也要坚持科学和艺术相结合的原则。常见的特许权定价策略有如下几种。

1. 折扣定价策略

特许人为了鼓励受许人及早加盟和鼓励更多的投资人加盟，还可以采取价格折扣的办法来"促销"，比如现金折扣（直接降低特许经营费用）、数量折扣（对多店受许人、区域受许人降低特许经营费用）、时间折扣（对在某段特定时期内加盟的

投资人给予更少的特许经营费用）等。

2. 地区定价策略

是指对于不同地区的受许人，特许经营费用要有所不同，这是因为，对于不同的地区，特许人提供的支持和服务、管理等的成本是不同的，所以特许人可以考虑为不同的地区制定不同的特许经营费用。比如，对于一二线城市的特许经营费用可以高于三四线城市。

3. 心理定价策略

（1）声望定价。所谓声望定价，是指特许人利用受许人仰慕特许人的声望所产生的某种心理来制定特许经营费用，比如故意把价格定得稍高一些。这种策略通常适合于著名的品牌或因为刚刚上了电视节目等之后而在市面上风行一时的特许人。

（2）尾数、整数定价。所谓尾数、整数定价，是指利用受许人对于数字认知的某种心理，在特许经营费用的尾数或整数制定上使受许人更易于接受。比如在加盟金上，特许人更倾向于某个整数值，但对于设备、原料和产品费，则不适宜整数值，因为整数会使顾客产生疑虑：特许人也许根本没有仔细计算过，而只是为了"凑整"才定的此价格，所以这个价格不会合理！

对于尾数，则要讲究技巧。比如同是数字 6、8、9，有的人认为比较吉利，易于接受；但有的人则认为，特许人是在故意"凑"成吉利的数字，因此对价格的真实性产生疑问。

（3）招徕定价。所谓招徕定价，是指特许人利用部分受许人求廉的心理，特意将特许经营费用中的某几类价格定得较低以吸引受许人。在特许经营中常见的手段是把加盟金定得较低（其实，特许人是把部分加盟金转移到了别的费用名目上，亦即通过抬高其余费用来弥补加盟金减少的损失），就是因为许多潜在的投资人或受许人都特别关注这个数值，而忽略了其余费用。

4. 习惯性定价

对于特许经营费用中的某些项目，如果市场上已经形成一种惯例性的价格或范围，比如保证金、货品折扣与返点、权益金的比例、广告基金的比例等，那么特许人在定价时就必须要考虑这些惯例，因为你的"破例"可能会导致潜在受许人的数量急剧下降。

5. 系列定价

指的是特许人将加盟店按一定的标准进行分类，比如按面积、地域等，然后针对每个类别的加盟店制定专门的特许经营费用，形成价格系列。顾客在价格比较中能迅速货比三家，找到自己喜欢的档次，得到"选购"的满足。但要注意的是，系列定价应与统一定价结合起来使用。

6. 新兴的特许权定价策略

特许人在刚开始推出特许权招商时，可以采用如下的定价策略。

（1）撇脂定价。所谓撇脂定价，是指在特许人刚推出其特许权时，把特许经营费用定得很高，以攫取最大利润。但如果定价过高，会对潜在受许人产生不利，受许人的招募数量可能会不足，因此这种定价策略具有一定风险。

这种定价策略是有一定的适用条件的，比如：有足够的潜在受许人群体，他们的特许权需求相对缺乏价格弹性，即使把价格定得很高，其加盟欲望也不会显著减轻；较高的特许经营费用使潜在受许人人数减少，但不致抵消较高的特许经营费用所带来的利益；在特许经营费用较高的情况下，特许人的特许权仍然是市场上的稀有商品，没有可相提并论的竞争者或替代者；较高的特许经营费用使潜在受许人产生一种联想与感觉，即这个特许经营体系是真正的著名大品牌。

（2）渗透定价。所谓渗透定价，是指特许人把特许经营费用定得很低，以在短期内吸收更多的受许人，迅速扩大特许经营网络。但如果定价过低，则对受许人有利，而不利于特许人的最初收入，若特许人的资金实力不强，将很难长期承受，或导致自己品牌的衰弱。

这种定价策略也是有一定的适用条件的，比如：潜在的受许人群体对特许经营费用的数额极为敏感，低价会刺激投资人大量加盟；加盟店的增多所带给特许人的利益（比如特许人可以借助加盟店销售特许人的利润可观的产品、设备等）能抵消特许人因渗透性低价而导致的特许经营费用的损失；过低的特许经营费用不会引起市场上的实际和潜在的过度激烈竞争。

（3）温和定价。温和定价策略又称满意价格策略、平价销售策略，是介于撇脂定价和渗透定价之间的一种定价策略，它兼融上述两种价格策略之长，采取适中价格，基本上能够使特许人和受许人双方都比较满意。

这种定价策略的优点是风险较小，在正常情况下可按期实现目标利润，但较为保守，容易失去高额利润或市场机会。

7. 特许经营费用组合策略

这部分内容，请参照前文有关特许经营费用组合的叙述。

六、特许权的价格变动原因

1. 降价的主要原因

（1）特许权已经被开发出来并比较完善，总部也已经建立，企业里积存着大量专门为特许权的交易而存在的资源，如果没有受许人的进入，则这些投入就会浪费，资源就会过剩。

（2）在激烈的市场竞争中，原有的特许经营费用在吸引受许人方面已不具竞争力。

（3）通过降价来提高市场占有率，铺设网点，以期形成良性的"马太效应"。

2. 提价的主要原因

（1）特许人的品牌价值上升，原有的特许经营费用系列已经不适合如今的高价值品牌。

（2）由于通货膨胀，物价上涨，特许人的成本费用跟着提高。在这种情况下，特许人可以通过调整价格来对付通货膨胀，具体的做法包括推迟公布特许经营费用、在合同上规定调整条款、增加收费项目、降低价格折扣、取消费用优惠、取消利润率低的产品或服务项目而改由受许人自行解决、降低特许权的"质量"等。

（3）当潜在受许人数量太多，或者是特许权"供不应求"时，特许人可以通过提价的方式来减少潜在受许人的数量。

七、潜在受许人对于特许经营费用变动的反应

1. 潜在受许人对特许经营费用降低的反应

（1）这个特许经营企业的特许权落伍了，特许经营业务的市场需求大幅度下降，新兴的特许经营企业的新的特许权将成为未来发展主流。

（2）这个特许经营企业有某些问题，不能招募到足够的受许人。

（3）特许人可能急切需要以特许经营费用来激活其资金流，解决其财政困境。

（4）这个特许经营费用可能还会继续下降，所以现在先观望观望再说。

（5）特许人对受许人的支持和服务"打折"了，特许权的"质量"下降了，加盟的成功率下降了。

（6）为了竞争，特许人开始搞优惠了。

（7）事实证明以前的特许经营费用不符合市场需求，定价有点离谱，没有人加盟。

2. 潜在受许人对特许经营费用提高的反应

（1）要求加盟的人太多，特许人不得不依靠提价来减少潜在受许人数量。

（2）这个特许权确实不错，成功率应该很高。

（3）特许人想在特许经营费用上赚得更多。

（4）特许人的品牌升值了。

（5）特许经营费用可能还会继续提高，所以尽快加盟的事情需要提上日程了。

（6）特许人增加了新的对受许人的支持和服务项目。

八、特许人对竞争者特许权价格变动的反应

在异质特许权市场上，即两者的特许权并不相似，而是各有特色，那么，竞争者的特许经营费用变动对本企业的影响并不是直接的和即时的，企业应仔细分析其变动的原因，然后再决定采取相应的措施，而不能盲目地立即跟随。

但在同质特许权市场上，即如果两者的特许权很相似的话，那么，如果竞争者降价，企业通常就应该随之降价，否则市场很快就会被竞争者占领。如果竞争者提价，那么本企业的选择可以有多种，既可以跟着提价以赚取更多的特许经营费用或实现与竞争提价同样的目的，也可以保持价格不动，甚至降价以吸引更多的受许人，争夺受许人市场。

练习与思考

1. 找出几个企业的特许权，然后对其分别分析，指出它们的相同和不同之处。

2. 模拟一个企业，为其开发和规划特许权。

3. 你认为一个企业专门描述特许权的手册的内容应包括哪些？试为一个特许人企业写出《特许权手册》的三级目录。

4. 找一个具体的企业，然后为其特许权设计一个完整的定价方案。

第 2 章　招商的重要流程与管理

[**本章要点**]

本章第 1 节主要讲解受许人生命周期或特许经营全流程与管理，第 2 节主要讲解招商全流程及管理，第 3 节主要讲解加盟阶段及对应的签订合同流程与管理，第 4 节主要讲解招商说明会即 OPP 会议的流程与管理，第 5 节主要讲解接待来总部考察的潜在受许人的流程与管理。本章的目的是让读者掌握关于招商的几个重要流程及其管理方法。

2.1　受许人生命周期或特许经营全流程与管理

全球商业特许经营的实践历史证明，受许人是特许经营体系的决定性一环。没有受许人的加盟和加盟店的营建，也就谈不上特许经营体系的发展。特许经营体系的生存和发展是由特许人和受许人的这种"伙伴"关系决定的。因此，能否招募到合格的受许人并高质量地营建加盟店是特许经营体系成功的关键一步，也是最基本的一步。

即将进入特许经营领域的人，必须首先熟悉特许经营模式的各个模块按时间顺序发生的整体流程，以此让特许人总部的每个人明确每个部门、每个人在何时主导或介入、配合受许人，受许人也可以以此明确在不同的阶段、不同的问题上该求助特许人总部的哪个部门、哪个人。

如图 2-1 所示的流程图是以单店加盟为例，多店加盟、区域加盟可以作为参考。

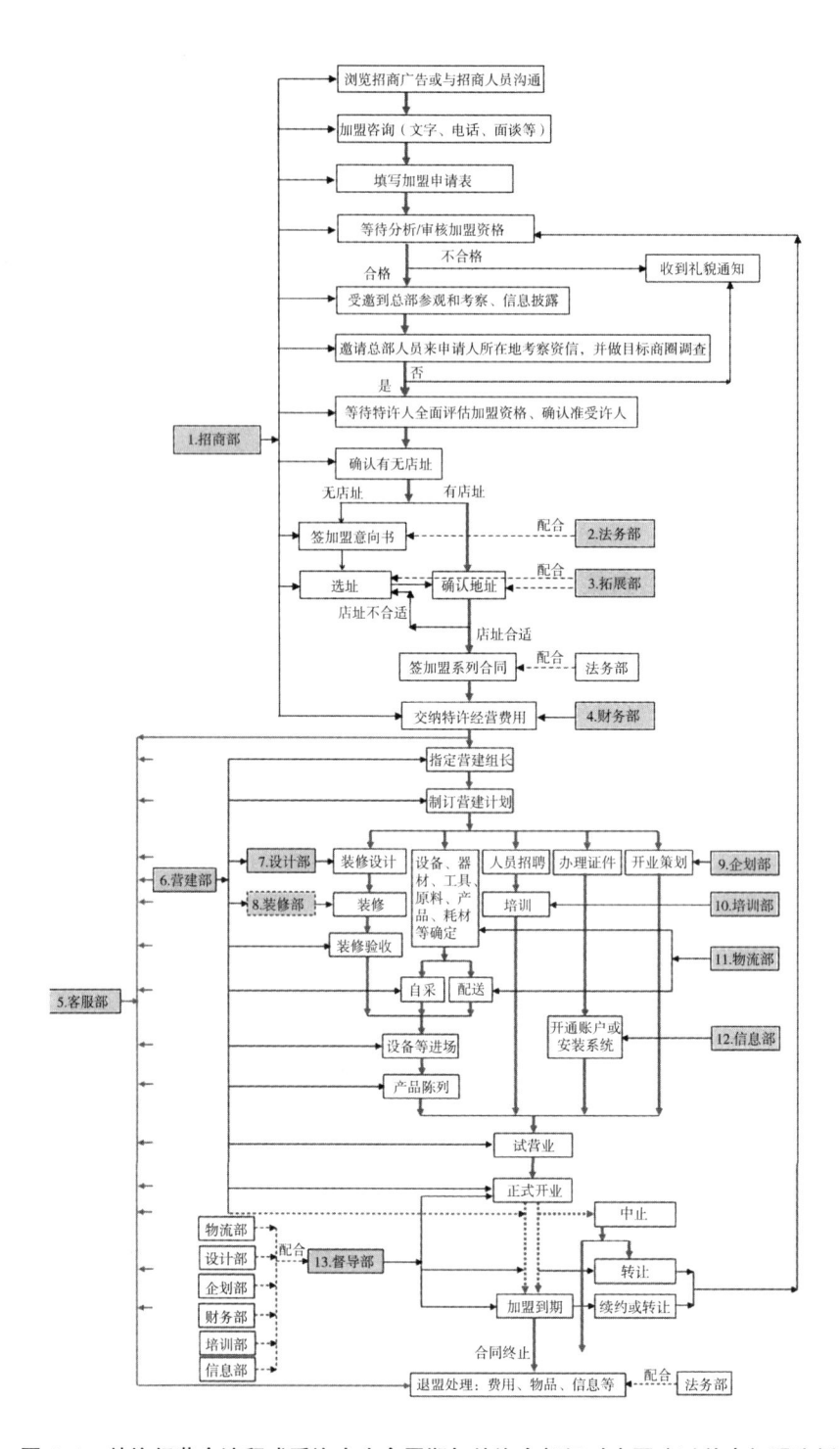

图 2-1 特许经营全流程或受许人生命周期与特许人部门对应图（以单店加盟为例）

2.2 招商全流程及管理

不同企业的招商流程大同小异，下面举一个通用的例子（见图2-2），企业在实战中需要根据自己的实际情况进行适当的修改。

```
根据总部经营计划制订招商战略规划、工作计划
            ↓
制定《加盟指南》（含加盟条件、加盟政策等）、特许经营系列手册、合同等文件
            ↓
    ┌───────┴───────┐
发布招商信息      主动寻找潜在受许人
    └───────┬───────┘
            ↓
    回答咨询（文字、电话、面谈等）
            ↓
    向加盟申请人发放加盟申请表、《加盟指南》
            ↓
    指导加盟申请人填写加盟申请表
            ↓
    分析/审核加盟申请表
       合格 ↓   不合格 →
    邀请加盟申请人到总部参观考察、信息披露
            ↓
    赴加盟申请人所在地考察加盟申请人资信，并做目标商圈调查
            ↓
    全面评估加盟申请人加盟资格；确认准受许人
       是 ↓   否 → 礼貌通知，存档
    确认准受许人有无店址
    无店址 ↓      ↓ 有店址
    签订加盟意向书
         ↓
    指导选址 ⇄ 确认地址
       店址不合适  ↓ 店址合适
    签订加盟系列合同
            ↓
    催收特许经营费用
```

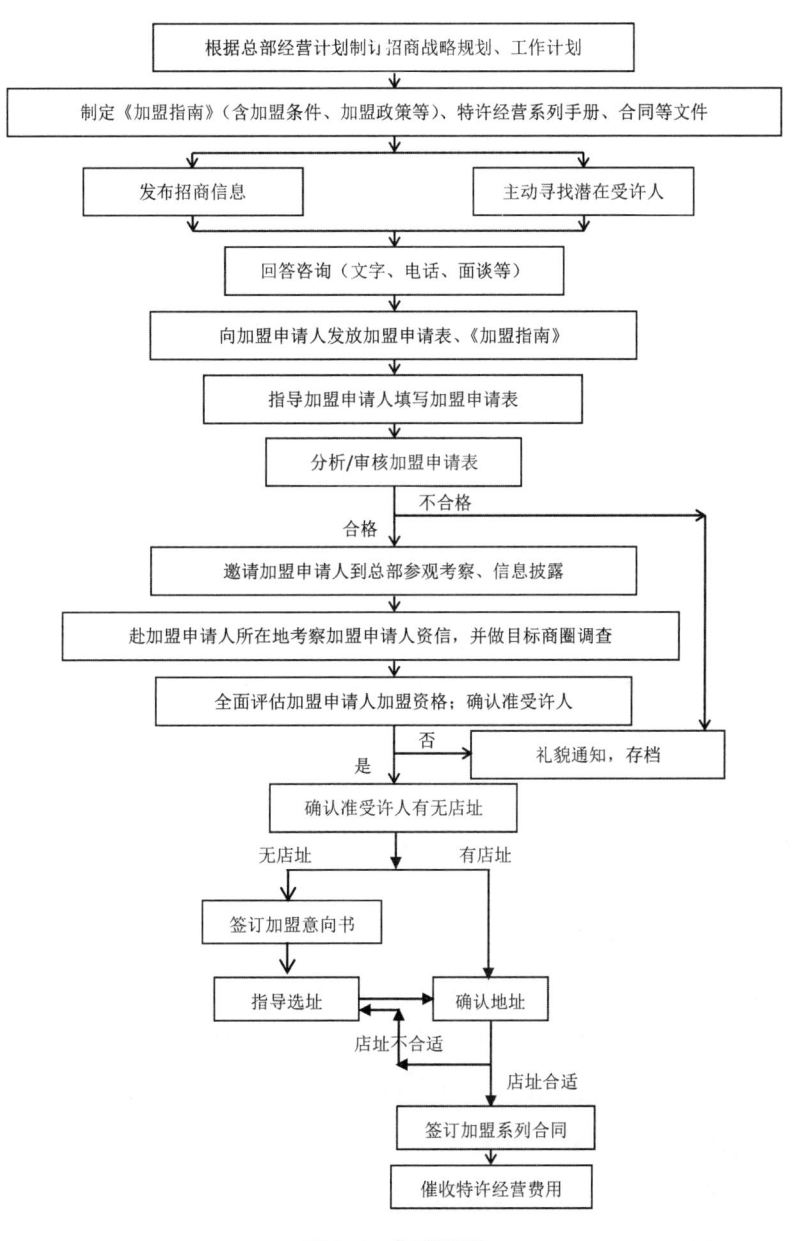

图2-2　招商流程

下面分别对上图中的每一步骤做详细解释。

1. 根据总部经营计划制订招商战略规划、工作计划

招商战略规划详见下文相关内容。

工作计划是在招商战略规划的基础上，经过团队的集体讨论，用一个甘特图将全年的招募行动计划展示出来。

应用甘特图的好处在于：在一张纸上，将各种资源在时间和空间上的分配做出充分和清晰的展示，同时可以明确地显示责任人和工作进度要求。

2. 制定《加盟指南》（含加盟条件、加盟政策等）、特许经营系列手册、合同等文件

这是一项政策性、专业性相当强的工作。工作人员应当多做调查研究并多方征求意见。在此过程中，头脑风暴法、外包给专业团队等都是不错的方法。

具体细节参见本书相关内容。

3. 发布招商信息与主动寻找潜在受许人

这就是招商渠道中的"被动渠道"与"主动渠道"，具体内容参见本书"招商渠道：被动的'等'式和主动的'找'式"一节。

4. 回答咨询

具体的文字、电话、面谈咨询的优缺点以及加盟咨询的常见问题与回答、打电话的技巧、话术、"招商的四类记录跟踪表"的记录与整理等，参见本书的相关章节。

5. 向加盟申请人发放加盟申请表、《加盟指南》

现在是电子时代，所以招商人员可以向加盟申请人发放电子版的加盟申请表、《加盟指南》，这样可以在节省成本的前提下，大大提高发放和回收的效率，也方便招商人员对于咨询者的信息录入。

通常，《加盟指南》可以做成 H5 的易企秀形式或小视频，最差也要是 PPT 的形式，如此，在背景音乐的衬托下，通过专业设计的颜色、布局、图片、动画、声音等，可以大大增强《加盟指南》的震撼性效果。

6. 指导加盟申请人填写加盟申请表

尽可能地要求加盟申请人尽快把加盟申请表的内容填写得完整、完善、真实，然后尽快地回传给招商人员。

7. 分析/审核加盟申请表

由招商人员或在招商主管的协助下进行初审，合格者进入下一步，不合格者礼貌通知并存档。在可能的情况下，一个地区至少要选择两个以上加盟申请人作为候选对象。

8. 邀请加盟申请人到总部参观考察、信息披露

来总部考察的流程和注意事项等，参见本书的相关章节。

需要记住，因为《商业特许经营信息披露管理办法》第四条明文规定，"特许人应当按照《条例》的规定，在订立商业特许经营合同之日前至少30日，以书面形式向被特许人披露本办法第五条规定的信息……"，所以，为了遵守法规规定的30天时间要求，招商人员应在加盟申请人来总部参观和考察的第一时间，对其进行信息披露。

潜在受许人来考察时，务必要注意以下几点。

（1）潜在受许人上交当地的行业市场分析报告，主要包括竞争者、消费者的特点等。

（2）潜在受许人若有店址，要附带照片和平面图。

（3）潜在受许人持有效证件（包括身份证）到总部考察，包括参观总部、直营店与加盟店，时间为1~2天，潜在受许人的费用自理或由总部负责一部分。

（4）总部对潜在受许人的信息披露内容包括特许人企业的信息披露书与特许经营合同标准文本。

（5）若潜在受许人对总部考察满意，则进入下一步。

9. 赴加盟申请人所在地考察加盟申请人资信，并做目标商圈调查

由于加盟申请人没有生意经验、为了加盟而故意为之、对市场的判断失误等原因，所提供的加盟申请表的信息有可能是错误的，所以，如果可能的话，招商人员最好是亲赴加盟申请人所在地，对申请人资信进行实地的考察，并做目标商圈调查。

10. 全面评估加盟申请人加盟资格，确认准受许人

此时，招商人员应把加盟申请表和加盟档案一起交给受许人评定小组的成员，小组成员分别背靠背地评定。在评定过程中，招商人员应随时回答受许人评定小组成员关于该加盟申请人的问题。

当然，最佳的方法是受许人评定小组成员召开专门的评定会议，由招商人员现场讲解并回答该加盟申请人的情况，然后由受许人评定小组成员当场给出分数和结论。

如果受许人评定小组的结论是该加盟申请人合格，则该申请人就是准受许人的人选，否则，就要礼貌通知申请人并存档。

11. 确认准受许人有无店址、签订加盟意向书、指导选址、确认地址

对没有店址的，应该先签订加盟意向书，在受许人交纳意向保证金之后，对于有地址的准受许人，特许人企业要委派拓展部或营建部确认该地址是否适合，如果适合，则进入下一步的签约阶段；如果地址不合适，则特许人企业委派拓展部或营建部人员指导、协助准受许人选择并最终确认合适的地址。通常，特许人会要求潜在受许人至少提供两个以上的候选店址。

准受许人邀请特许人一方的人员去准受许人当地考察地址时，考察人员的差旅食宿费等从准受许人所交纳的意向保证金中扣除，不足部分由准受许人补齐。

12. 签订加盟系列合同

包括签订主合同与系列辅助合同。

13. 催收特许经营费用

直至初期的特许经营费用（不含权益金、广告基金等持续费用）收取完毕，招商人员的工作即告一段落，加盟档案就可以移交给对应的营建人员了。

2.3 加盟阶段及对应的签订合同流程与管理

特许经营的系列合同分别在什么时间签订呢？图 2-3 是加盟阶段及对应的"可能"需要特许人和受许人签订合同的流程关系图，可供企业参考。

2.4 招商说明会即 OPP 会议的流程与管理

1. 招商会举办流程图

每个行业、企业的招商会内容都不同，主要是根据本行业和本企业的特点加入了一些独特的内容，比如化妆品业的 OPP 会议，会有现场的化妆效果直播展示；食品业的 OPP 会议，会有现场的试吃环节；视力优化连锁的 OPP 会议，会有现场的消费体验和现场展示效果；服装业的 OPP 会议，会有现场的模特走秀；等等。因此，每个行

第2章 招商的重要流程与管理

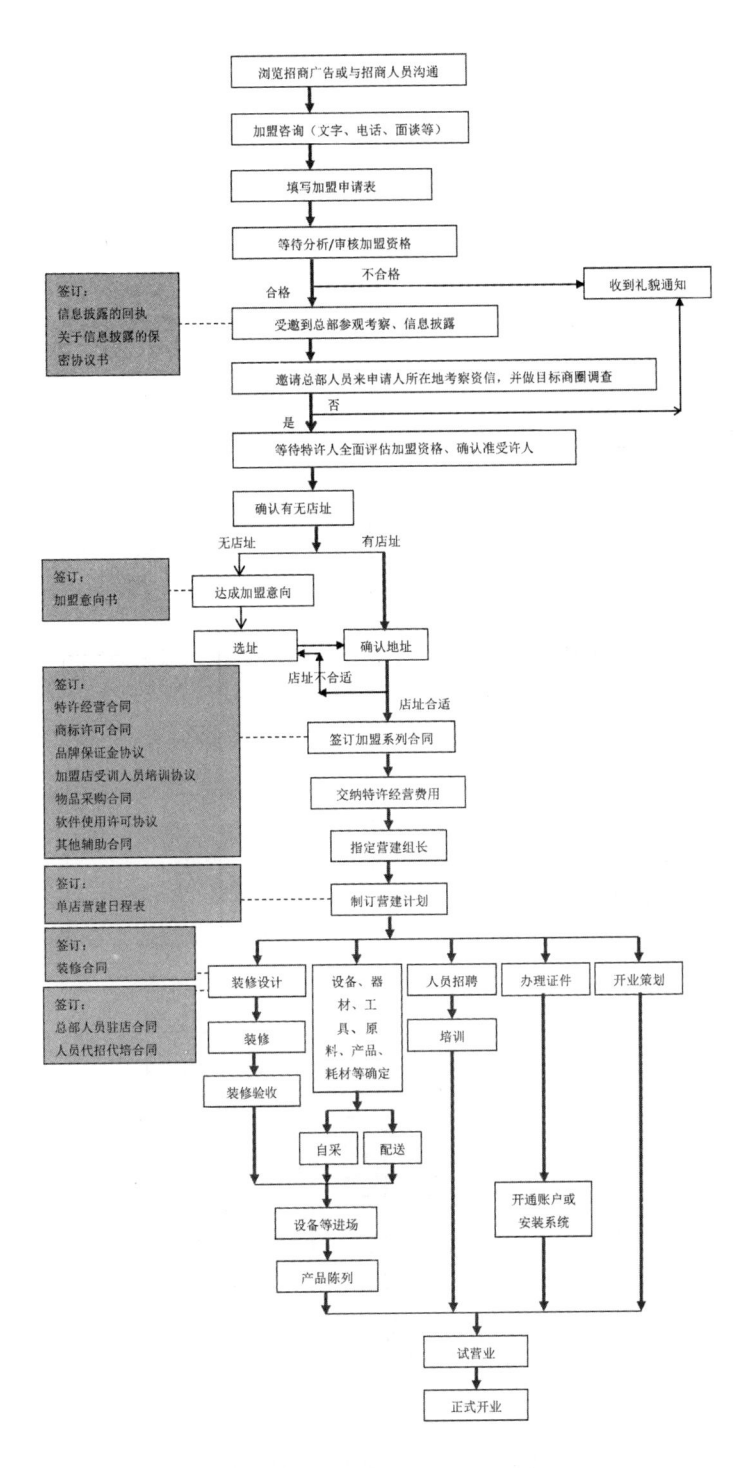

图 2-3 加盟阶段与对应的签订合同流程关系图

业、每个企业的 OPP 会议的流程也会略有不同。

通常，OPP 会议的主要流程都是相同的，如图 2-4 所示。

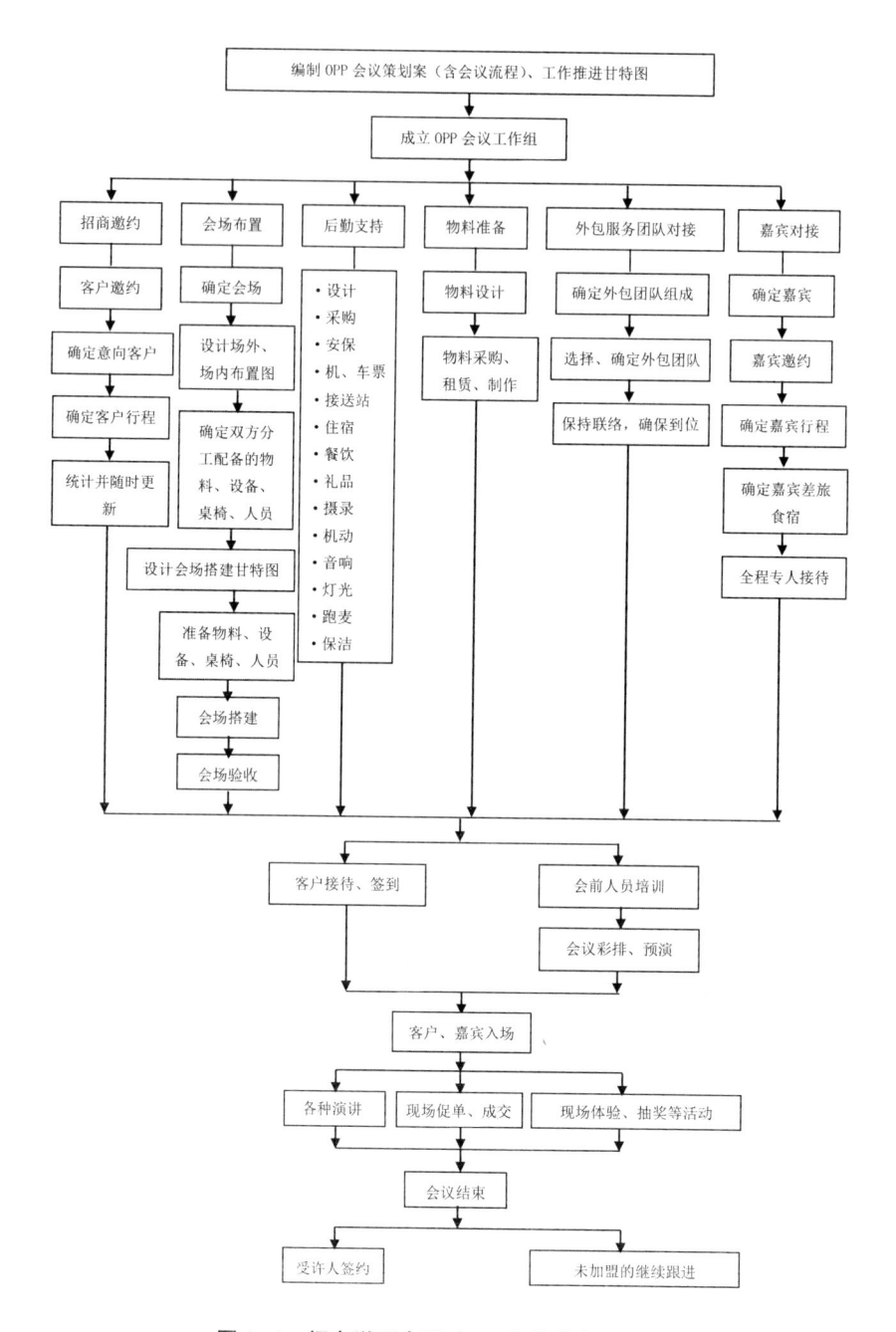

图 2-4 招商说明会即 OPP 会议举办流程图

2. 编制OPP会议策划案（含会议流程）、工作推进甘特图

通常，在总指挥的领导下，OPP会议策划案（含会议流程）由招商部负责编制。

OPP会议策划案（含会议流程）应至少包括：会议目的、时间、地点、工作组组织架构、工作组人员配备和岗位职责、会议制度、现场的会议流程、工作推进甘特图、预估人数、费用预算、投资回收预算、风险与对策等。

其中，会议流程应至少包括：整个会议期间的各个时间点的活动（可能包括参观、体验消费、晚宴、文艺演出、旅游、演讲、培训、答疑、现场会议等），以及这些活动的时间、地点、人物、注意事项。

对于现场会议流程，应准确、详细到每分钟的活动名称、参加人员、注意事项。

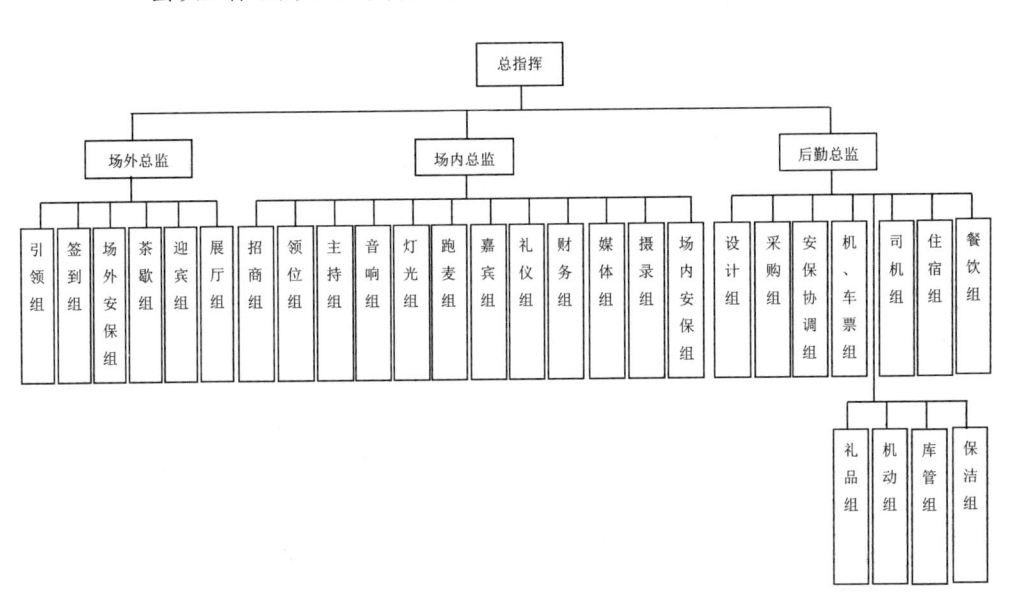

3. OPP会议工作组

OPP会议工作组的组织架构，如图2-5所示。

图2-5　OPP会议工作组的组织架构

4. OPP会议各工作小组的人员配备与主要职责

各小组的人员数量要根据会议规模而定，但是，为了在保证工作质量的前提下

节省成本和费用，应当尽可能地使人员兼职，在自己的工作不忙或者前面的工作完成之后，可以兼职做别的或后续的工作。

比如，餐饮组可以担任茶歇组的工作，在茶歇组准备茶歇的空当，也可以担负领位组、飞机或火车票组的职责；在酒店的接待与签到组可以由招商组兼任，一旦签到完毕，接待与签到组就可以做其余工作了；迎宾组在参会人员都进入会场之后，也可以做其余工作，比如兼职做礼仪组的事情；跑麦组则可以由安保组兼职负责；机、车票组和住宿组可以互相兼职；如果租用的是酒店的会场，那么茶歇组、餐饮组、保洁组只要有一个企业的人负责对接、检查、提醒、督导就可以了……

如果参加会议的潜在受许人人数很少，比如只有几十个，则很多人都是可以一人多岗、一岗多能的。OPP 会议工作小组的人员配备与主要职责，如表 2-1 所示。

表 2-1　OPP 会议各工作小组的人员配备与主要职责

序号	岗位名称	人员数量（通常情况下）	主要职责
1	总指挥	1 个	・对整个会议负总责，保证会议正常、成功召开 ・培训、指挥和管理、督导所有工作小组及其成员 ・参与接待重要参会人员，比如嘉宾 ・处理重大突发状况
2	场外总监	1 个	・培训、指挥和管理、督导引领组、签到组、场外安保组、茶歇组、迎宾组、展厅组，确保各小组工作正常进行 ・处理场外的重大突发情况 ・随时向总指挥汇报工作并执行总指挥安排的其他工作
3	场内总监	1 个	・培训、指挥和管理、督导招商组、领位组、主持组、音响组、灯光组、跑麦组、嘉宾组、礼仪组、财务组、媒体组、摄录组、场内安保组，确保各小组工作正常进行 ・处理场内的重大突发情况 ・随时向总指挥汇报工作并执行总指挥安排的其他工作
4	后勤总监	1 个	・培训、指挥和管理、督导设计组、采购组、安保协调组、机/车票组、司机组、住宿组、餐饮组、礼品组、机动组、库管组、保洁组，确保各小组工作正常进行 ・处理后勤上的重大突发情况 ・随时向总指挥汇报工作并执行总指挥安排的其他工作

续表

序号	岗位名称		人员数量（通常情况下）	主要职责
5	场外组	引领组	2个	・引领参会人员到达规划区域候场
6		签到组	2个/百名参会者	・负责所有参会人员的现场签到、签名墙签字 ・核对参会人员的身份，严格执行会议纪律，只放行携带参会证的人员
7		场外安保组	1个/百名参会者	・指引车辆的行驶和停放，负责参会人员和车辆的安全 ・负责维持场外秩序 ・协助签到组处理没有携带参会证的人员 ・负责场外的防火防盗等安全保卫工作
8		茶歇组	2个	・按时、按量、按质制作、准备、撤除茶歇用具 ・在参会人员茶歇期间提供现场服务，仔细观察，及时补充缺少的项目，处理其他问题 ・负责现场茶水的添加
9		迎宾组	由关键位置数量决定，通常3~5个	・在场外关键位置（如大堂、拐弯处、电梯口等）为参会人员指引会场位置 ・积极主动，讲究礼仪，热情欢迎
10	场内组	展厅组	由展厅面积和参展数量决定，通常为2~5个	・负责展厅组的布置、介绍、卫生、秩序、安全等工作
11		招商组	10个/百名潜在受许人	・陪同自己的客户，负责本组参会人员的氛围调动、舞台配合（如鼓掌、回答舞台上人员的提问、尖叫等） ・负责对本组参会人员的动员、解释、销售、现场成交 ・引领本组参会人员现场交费 ・将本组参会人员的情况随时报告场内总监，按命令处理，比如协助安保人员将有负面影响的参会人员带离现场 ・为本组参会人员提供其他必要的服务
12		领位组	2个	・按照事先规划的区域位置，准确引领参会人员到达指定位置 ・向参会人员简短介绍会场的卫生间、茶歇区、交费的财务区等位置
13		主持组	1~2个	・按正常流程、内容主持会议 ・及时处理舞台上的突发情况

续表

序号	岗位名称		人员数量（通常情况下）	主要职责
14	场内组	音响组	1个	·负责不同背景音乐的播放 ·负责视频、抽奖软件等的播放 ·负责演讲人的PPT播放或配合播放 ·确保麦克风的正常工作
15		灯光组	1个	·负责现场的灯光设计和关闭开启
16		跑麦组	1~2个	·负责将麦克风以最快的速度送到需要用的人员处，用完后立即收回并关闭以免有杂音 ·确保所有麦克风正常工作
17		嘉宾组	1个/3名嘉宾	·全程陪同嘉宾并随时提供服务 ·负责安排嘉宾的差旅食宿 ·提醒嘉宾上台时间等行程安排
18		礼仪组	2个	·负责上台嘉宾、发言者的引领 ·负责按台上待领人员的顺序携带相应的礼品、奖品、证书、牌匾等上台，等待颁奖人颁奖
19		财务组	1个/百名潜在受许人	·准备好合适的、充足的零钱 ·准备好刷卡器并保证其正常工作 ·接受潜在受许人的刷卡并准确做好记录 ·负责携带钱款和所收款项的安全 ·负责会议的其他财务会计工作
20		媒体组	1个/3个媒体	·负责媒体人的接待和服务 ·负责提供给媒体新闻通稿
21		摄录组	2个	·负责全场全程拍照、录像的清晰度、专业度、美观度、艺术度，并存到硬盘交给总指挥 ·关键人物、关键场景的拍照和录像
22		场内安保组	1个/百名参会者	·负责场内的安全保卫工作 ·在会议期间不得随意开关门，不能随便放人进入或离开 ·按照场内总监的命令立刻处理现场可能发生的突发情况
23	后勤组	设计组	2个	·负责会议所需要的各种图形、视频、音频、物品、场景、布置、布局等的设计、编辑
24		采购组	2个	·采购会议所需要的各种物品，保证物美价廉
25		安保协调组	1~2个	·负责场外和场内安保人员的调度 ·保证安保人员的数量、质量和工作胜任度
26		机、车票组	1个/百名参会者	·负责嘉宾的差旅订票 ·协助潜在受许人的差旅订票

续表

序号	岗位名称		人员数量（通常情况下）	主要职责
27	后勤组	司机组	由需要接送的人员数量决定	·接送参会人员 ·运送会议物资 ·保证运输畅通、安全、及时
28		住宿组	1个/百名参会者	·负责嘉宾的酒店房间订退 ·协助或指导潜在受许人的酒店房间订退
29		餐饮组	1~2个	·负责按时、按量、按质及按其他要求安全地完成参会人员的餐饮接待
30		礼品组	1~2个	·负责礼品的统计、发放和记录 ·严禁私自违规发放
31		机动组	2个	·随时候命，听从总指挥的安排
32		库管组	1个	·对会议所需物品进行保管，按规定发放、登记
33		保洁组	2个	·负责场内外的环境卫生、垃圾处理
总计				

5. 招商邀约

需要注意的事项如下。

（1）根据招商工作甘特图，在OPP会议前预留充足的时间对潜在受许人进行邀约。

（2）确定参加客户的"确定"标准是客户的订票信息截图或拍照。

（3）确定参加客户的名录必须随时更新，包括客户的姓名、性别、公司名称、职务、地址、身份证号、手机、是否住宿以及对住宿的要求（酒店的星级、大床房还是标准间、住宿时间和天数、单独住还是愿意和别的参会者同住等）、民族（根据要求安排相应的餐饮）等。

（4）如果公司计划在现场成交或支持现场付款的话，需要告诉顾客可能需要支付的款项区间，同时提醒顾客按照公司现场可以接受的支付方式做好准备，比如信用卡、现金、微信转账等。

6. 会场布置

会场的布置包括场内、场外的布置。

场外的布置，比如入场红地毯、大型喷绘、供合影的背景喷绘图或条幅、道路指示牌、产品陈列、迎宾队伍与花篮等。

场内的布置，比如桌椅、茶歇区、包裹行李寄存处、嘉宾休息室、礼品存放处、主席台、主席台背景图、摄录机机位、围绕会场周边的《加盟指南》介绍的大型喷绘、受许人刷卡区、后台化妆间与更衣室等。

当然，如果可能的话，最好在酒店内外也进行相应的布置，比如签到台、酒店LED展示会议名称、公司的欢迎词/企业文化/会议名称之类的大型喷绘、烘托喜庆色彩的气球/花篮/彩色旗帜等。

7. 后勤支持

如果可能的话，对接送站的车辆最好也要进行设计与布置，比如加上会议名称的贴纸或条幅等。

接站的司机组应根据不同客人的抵达时间和地点，提前规划好所用的车型以及车辆到达时间。

安保人员务必要提前至少一天熟悉整个会场的布局，并制订安保方案和预案。

向酒店预订房间的时候，最好能多出10%左右的预留房，以防有的客户突然光临。原则上参会的潜在受许人、外包服务团队、嘉宾、媒体等应分开居住。

安排参会人员住宿时，应尽量避免有加盟意向的人和可能对加盟有负面看法的人在一起，因为后者可能会对前者产生不利于公司成交的影响。

招商人员最迟要在自己邀约的客户到酒店之后，亲自前往酒店表示热情欢迎，并就会议事项进行简短的介绍和答疑。如果可能的话，可与客户共进晚餐。

8. 物料准备

物料准备最好都能有5%左右的多出部分，以应对现场临时缺失、丢失等意外情况。所有物料必须由专人负责采购或制作、专人负责库管、专人负责发放，严格发放流程和制度。

9. 外包服务团队对接

企业举办OPP会议时，按照时下的惯例，通常可以有如下几类事务需要外包：主持、现场成交团队、摄录、音响、礼仪、安保、司机、车辆、餐饮等。

主持人一定要熟记台词、嘉宾的名称和称谓、环节名称等关键内容。

10. 嘉宾邀约

可能邀约的嘉宾包括专家名人、成交讲师、媒体、现身说法的受许人、演艺明星等。

11. 客户接待、签到

在酒店大堂设置专门的喷绘、指示牌、签到桌椅、签到墙。因为事先有统计好客户到达的时间，所以企业应在客户集中到达的时间段配备充足的接待和签到人员，不要让客户等待过久，同时要记得拍照和录像。

即便客户再多，也要把工作做细致，包括登记每个客户的信息，发放参会证以及必要的材料和手提袋、小礼品。

12. 会前培训、彩排与预演

在会议前一定要进行反复多次的人员培训、彩排与预演，以提前发现问题并及时解决。所有的机器、设备、灯光、麦克风、计划播放视频音频文件的电脑、移动硬盘、电源、插座、投影 LED 大屏、抽奖用的软件、摄录机等必须现场试用，需要充电的确保充电，需要电池的确保准备好多余量的电池。

13. 现场会议

现场会议举行时，应把专家名人、成交讲师、媒体、现身说法的受许人、演艺明星、参会的潜在受许人等分开区域或用不同的桌椅以示区分。

参会的潜在受许人入场顺序以及在会场上的座位，可以按照地区进行分组，也可以按照邀约他们的招商人员进行分组，入场时由招商人员引领各自的组进入。入场后，招商人员一定要近距离地陪同他/她的那一组或几组客户，并负责那一组或几组的氛围调动、舞台配合（比如鼓掌、回答问题、尖叫等）、销售、动员、解释、现场成交、服务等工作。当客户太多时，招商人员可以请示招商总监派人协助。

现场会议的音响一定要大声，演讲人充满激情，全场互动热烈，并适时地加入演艺明星的表演、抽奖、播放公司视频等活动，以提升会场气氛。

现场应严格禁止任何人拨打手机、交头接耳、四处走动、进进出出以及打瞌睡等。

公司的工作人员最好统一服饰，以显示公司整齐划一的形象。

在现场参会人员比较多、会场比较大的情况下，各组工作人员最好要配备对讲机，始终打开，以便随时联络。

14. 现场成交

一定要事先准备好充足的加盟意向书或合同，以及收款人员和设备、可能要找的零钱等。

15. 会议结束后的收尾工作

对于现场签约的客户，应抓紧催收款项、引领其去选择首期货品等。

对于没有签约的潜在受许人，可以组织再一次的现场促单，或进行私下的高强度的成交沟通。

对于返程的客户，需要协调好送站的司机与车辆。

把上述内容依据企业的实际情况细节化、傻瓜化、标准化、实战化之后，就形成了《招商说明会即 OPP 会议手册》。

2.5　接待来总部考察的潜在受许人的流程与管理

特许人企业应事先制定一套标准化、规范化的流程与制度，并在日后的实际执行过程中不断地予以完善。在潜在受许人来考察前，特许人应将双方沟通好的考察日程安排表发给潜在受许人并请其确认，该日程表应安排紧凑，尽量不要浪费时间，因为从外地赶来的潜在受许人每天可能都要支出较高的差旅食宿费。在潜在受许人实地考察时，特许人企业应尽量不收取额外的费用。如果可能的话，特许人可以将几个不同的潜在受许人安排在同一时间来考察，即让考察者一批批地来考察，而不要一个个地来，因为单个接待的成本较高，而同时接待几个潜在受许人的话，成本就会得到分摊而变低。

在接待潜在受许人考察之前，负责对接的招商人员或其他人员需要事先填写客户接待申请表（见表 2-2）进行申请。

表2-2 客户接待申请表

申请部门				申请人		
客户姓名			性别	来访人数		来源地
接待规格	□一级 □二级 □三级			来访时间		
客户性质	□单店受许人 □多店受许人 □区域受许人 □供应商 □其他_____					
来访内容						
来访人员	姓名		职务	联系电话	身份证号码	
交通安排	来访交通方式：_____ 接待时间：_____ 接待地点：_____ 是否要接机/火车/船：□是 □否 航班/火车/船号：_____ 航班/火车/船的起始地_____ 终点地_____ 接机/火车/船时间：_____ 接机/火车/船地点：_____ 是否需要订返程机/火车/船票：□是 □否 返程时间：___月___日___点___分 返程地点_____ 座位档次：_____					
住宿安排	是否代客户预订宾馆：□需要 □不需要 结算方式：□公司承担 □客户自负 预订酒店名称/地址：_____ 客房类别：双人间：___间，___月___日到___月___日， 　　　　　单人房：___间，___月___日到___月___日					
公司接待人员				客户预计到达公司时间	___年___月___日___点__分	
预算	考察总费用：____元，公司承担费用：____元，业务部门承担费用：____元					
审核				审批		

在客户来考察之前，最好和客户商谈并确定一个考察的日程安排表，包括时间、地点、人物、事务、需要携带的东西、注意事项等，如表2-3所示。

表 2-3　考察日程安排表

(_____年_____月到_____年_____月)

日期	时间	活动事项	地点	参加人	考察形式	公司陪同考察人	备注
3	21:00前	抵达	宾馆	考察团	—	招商人员	请客户吃夜宵
4	8:00~12:00	参观	总部、工厂、样板店	考察团	参观、体验	招商人员	—
	12:00~13:00	招待午宴+休息	饭店	考察团	交流	招商人员	招商总监参加
	13:10~15:30	公司介绍	总部会议室	考察团	讲解、问答	招商人员	招商总监、工程师参加
	15:30~17:30	谈判合同	总部会议室	考察团	谈判	招商人员	总经理、招商总监参加
	17:35~17:45	签订意向书	总部会议室	考察团	签约	招商人员	拍照、合影、发新闻 总经理签约
	18:00~20:00	饯行晚宴	饭店	考察团	交流	招商人员	董事长、总经理、招商总监参加
5	8:00~	返程	—	考察团	—	招商人员	赠送小礼品

在接待来总部考察的潜在受许人时，主要有如下几个事项需要特许人企业注意。

1. 接站和送站

如果是本市的潜在受许人，这个问题可以不去考虑，但对于外地来的潜在受许人，特许人就要根据自己的实际情况，做出是否接送站、如何接送站、谁去接送站、接送站费用等问题的规划与安排。

（1）是否接送站。企业要衡量接送站的利弊，然后再决定。接送站能够为潜在受许人提供更大的方便和更人性化的待遇，使其感受到特许人企业的热情，但特许人要为此付出额外的人力、财力和物力等。需要说明的是，如果特许人企业没有接送站的安排，那么企业一定要为潜在受许人提供一个清晰、准确的交通路线图。

（2）如何接送站。特许人企业接送站可以有多种方式，比如坐公交车、打车或驾驶企业的车辆等，每种方式也都各有利弊。通常，为了显示企业的实力，特许人企业最好是派人驾驶车辆前去接站。

（3）谁去接送站。特许人企业里去接送站的，可以是专门的接送站人员（比如司机、办公室人员等），也可以是负责联系受许人的招商人员、临时指派的人员等。

（4）接送站费用。这确实是一个令人头疼的问题，因为接送站的直接支出费用可能不多，但因此而付出的时间、人力（因为接送站人员在接站期间不能再从事别的工作）等潜在的间接成本却不小。作为特许人企业而言，如果向潜在受许人收费的话，会显得自己"小气""不热情""商业味道太浓"，但如果不收的话，长期下来，这笔支出确实不小。

就目前的实际情况来看，如果是单个的潜在受许人前来考察的话，大部分的特许人企业是不安排接送站的。但如果是几个不同的潜在受许人同时来的话，特许人企业会更倾向于提供免费的接送站服务。

2. 谁与到总部考察的潜在受许人沟通

毫无疑问，最合适的人选就是之前一直负责和该潜在受许人沟通的招商人员，当然，特许人企业还可以安排一些别的人员作为辅助者来帮助招商人员沟通。

因为潜在受许人来总部实地考察的话，他/她要提的问题就不只是电话沟通里的那些简单事项，他/她是有备而来，其问题自然会涉及特许人企业的经营管理、技术、法律、财务、供应、信息系统、人力资源、文化等诸多方面，而让一个招商人员通晓所有这些问题的答案显然是不现实的。而从另一个角度讲，特许人企业又不可能把每个相关部门的人员都找来回答该潜在受许人的咨询，这样的话既浪费人力，同时企业人多、潜在受许人少的局面会使潜在受许人感觉不自在，所以，特许人企业就可能需要安排一个或几个辅助的谈手来协助主谈手与潜在受许人进行沟通。具体安排谁做主谈手、谁做辅助谈手、选几个辅助谈手，企业要根据具体的情况来定。比如对于餐饮企业的话，一般企业可以派一个主谈手，就是此前和该潜在受许人一直进行沟通的招商人员，两个辅助谈手，一个是后厨负责人员、一个是前厅的管理人员。如果负责与该潜在受许人沟通的招商人员经验不足，特许人企业还可以委派一位招商总监级之类的高手作为主谈手。

无论如何，当潜在受许人来总部考察时，即便是出于尊重，特许人企业的一把手也应尽量抽出时间来接见潜在受许人。

3. 谁全程陪同

一般情况下，特许人企业可以委派此前一直和该潜在受许人进行沟通的招商人员全程陪同。

当然，在考察期间，特许人企业还可以委派办公室的工作人员、负责考察事项的人员甚至企业高层等协助进行一些必要的陪同和考察工作。

4. 在哪里谈

和潜在受许人沟通的具体地点可以包括总部会议室、单店、总部的一些其他场所（比如生产厂、配送中心、设计中心、培训学校等）、潜在受许人入住的宾馆等。

不同的时间、不同的沟通内容应对应于不同的地点，比如谈判合同时最好在总部会议室等正式的商务场合里进行，介绍企业的单店、配送中心等的时候，最好能配合实地考察进行。

5. 向潜在受许人提供什么资料

在潜在受许人考察期间，特许人企业应事先设计好需要向潜在受许人提供的资料。

那么，特许人应该提供什么内容呢？

按照《商业特许经营管理条例》的规定，"特许人应当在订立特许经营合同之日前至少30日，以书面形式向被特许人提供本条例第二十二条规定的信息，并提供特许经营合同文本。"所以，为了尽快地在合法的时间期限内签订正式的特许经营合同，建议特许人在可能的情况下，尽量于此时向前来考察的潜在受许人进行信息披露。即便特许人企业发觉该潜在受许人只是浅层的考察，并没有深度的加盟意愿，也应尽全面地对其进行信息披露。

如果要全面披露的话，那么关于具体的信息披露的内容，则要完全按照2012年4月1日起施行的《商业特许经营信息披露管理办法》的规定执行，不能遗漏，以免将来出现法律上的麻烦。要特别强调指出的是，企业在进行信息披露时一定要注意保密，比如要求潜在受许人签订保密合同。

同时，如果进行信息披露，特许人企业一定要让潜在受许人出具书面确认回执，包括其什么时间接受了特许人企业的信息披露、披露了什么内容等。

6. 向潜在受许人介绍什么内容

当潜在受许人来总部考察时，总部首先要做的事情之一就是向其全面地介绍公司情况。所以，介绍的内容、顺序、时间和形式等也需要进行系统的安排与设计。

在介绍的内容上，因为此时的潜在受许人还没有签订正式的特许经营合同，所以特许人企业要注意保密。

在介绍的形式上，企业可以做一个非常漂亮的视频、幻灯片等，然后用多媒体的形式展示给潜在受许人看，这样的效果会非常直观、轻松。当然，企业也可以通过手册、图片甚至是纯粹的语言等来介绍，但这样的介绍可能会略显枯燥。

7. 实地考察

潜在受许人实地考察的对象可能会包括直营店、加盟店、配送中心、生产基地、总部等，特许人企业要事先安排好考察的路线图、陪同人员、被考察目的地的接待者等，同时也要做好这些考察活动的费用预算和控制。

8. 协助安排差旅食宿

通常，来考察的潜在受许人的差旅食宿是自理的，但特许人可以为他们尤其是外地的受许人提供一些力所能及的帮助，比如联系适当的酒店、协助预订机票火车票等。

但要特别注意的是，现在社会上有些骗子开始利用特许人企业的招商"热心"来行骗，包括向特许人企业骗吃骗喝、借钱然后逃匿，等等，这样的案例已经见诸媒体，特许人企业要小心。

9. 记录和后续跟踪

在潜在受许人来总部考察期间，特许人企业一定要做好关于此次考察的记录和后续的跟踪工作，尽量让这次实地考察变成签订正式特许经营合同的良好开端。

特许人企业把上述的9项内容细节化、傻瓜化、标准化、科学化之后，就形成了特许人企业的《来总部考察的潜在受许人接待手册》。

练习与思考

1. 寻找一个特许人企业，为其量身定做受许人生命周期或特许经营全流程。
2. 寻找一个特许人企业，为其量身定做招商全流程。
3. 招商全流程与加盟全流程有什么异同？
4. 寻找一个特许人企业，为其量身定做加盟阶段与对应的签订合同流程。
5. 寻找一个特许人企业，为其量身定做《招商说明会即OPP会议手册》。
6. 寻找一个特许人企业，为其量身定做《来总部考察的潜在受许人接待手册》。

第 3 章　招商的重要手册、文件的编制

[本章要点]

本章第 1 节主要讲解《加盟指南》的编制，第 2 节主要讲解加盟条件的双版本的编制，第 3 节主要讲解招商战略规划的编制，第 4 节主要讲解加盟档案的编制，第 5 节主要讲解《招商部工作手册》的编制，第 6 节主要讲解《加盟常见问题与回答手册》的编制，第 7 节主要讲解《受许人的成败案例手册》的编制。本章的目的是让读者掌握关于招商的重要手册、文件的编制。

3.1 《加盟指南》的编制

《加盟指南》的主要内容分为三大部分：正文文字、图案和通常被作为附件的加盟申请表。

一、正文文字

1. 市场的容量、前景、政府支持等简介

主要描述特许人企业所在市场的容量之巨大与前景之广阔，以及政府对这个市场的高度关注与支持。为了具有充分的说服力和可信度，一定要用引自权威机构的具体数字或事实来佐证你的观点。

2. 特许人简介（名称、历史等）及联系方式

联系方式包括电话、微信、QQ、传真、e-mail、网站、地址、邮政编码、来本企业的交通路线等。

3. 特许人特许经营体系的优势及其所提供的支持

文字一定要精练、优美、深刻、煽情而又不浮夸，比如使用一些可突出语言效果的排比、对仗格式等。下面的文案是笔者为某特许经营企业所撰写，以供参考。

第3章　招商的重要手册、文件的编制

业内最具竞争力的 10 项支持

（为了最大限度地保障所有受许人的成功，总部会给予受许人在业内最具竞争力的倾心支持）

1. 全程指导→从选址、装修、办证、招聘、培训、开业策划、宣传到开业的全流程指导，确保您无忧开业
2. 特惠扶持→前期 15~28 天不等的免费驻店指导、免收前三个月权益金，确保单店开业后的运营走上正轨
3. 全面配送→从机器、设备、工具到原材料、产品、耗材等，全面配送，让您更轻松、更节省成本
4. 同步管理→24 小时的网络论坛、答疑热线、专人督导等客服体制，确保您与总部的同步实时管理
5. 终身培训→总部导师下店培训及总部金牌学校高端培训相结合的受许人终身培训计划，将确保您的竞争力
6. 量身策划→总部企划人员既统一又度身打造市场方案，更加促进受许人个人创业的成功
7. 成熟模式→10 年行业积累、3 年成功加盟试点、2 次体系升级……资历塑造了一套成熟的财富加盟模式
8. 无限共享→受许人定期大会、店长俱乐部等，为您提供分享开店感悟、共享财富经验的无限交流平台
9. 即时信息→多方实践经验、流行趋势速递、业内最新动态，让您时刻掌握最新行业信息，先人一步
10. 强势人力→包括但不限于为受许人推荐学员、为受许人的大型活动派遣总部专家等

每个企业都有自己的独特优势，所以企业一定要善于发现和挖掘自己的长处，并用语言描述出来。一般来说，企业的着眼点可以是人无我有、人有我强、人强我特的那些方面。

其实在有时候，即使是别人也都具有的优势，只要我们的语言措辞修饰得好，能把它表达出来而不是假设读者知道，如此，企业也仍然能看起来高人一着。

记住，创业者之所以选择加盟而不是独立创业，其最根本的原因就是希望能获得来自特许人的支持，对于支持，受许人的心态是"多多益善"，所以特许人既要尽量无遗漏地把自己的支持项目和内容表达出来，又要学会把这些支持项目拆分成一个个独立的内容，这样能够"显得"支持更多，也更受受许人的欢迎。

4. 一些宣传口号或企业文化的摘录

通常为企业理念，即 MI 部分。

5. 已有的加盟店及本招募文件所要招募的受许人的数量、地区

如果能用图示则会更直观、生动些，比如在一张中国的全景地图上，分别用不同的颜色或图形标记需要招募的地区和已存在受许人的地区。

6. 加盟条件即对合格受许人的要求

记住，对外版本的加盟条件不能太多或太过具体、苛刻，因为这很可能会使一些本来是合格人选的人不敢咨询。可以把这些要求稍微加以"含糊"和"大众化"，尽量不让每一个可能合格的潜在受许人产生自己被排除在外的感觉。加盟条件的数量也不要太多，因为"言多必失"，一般不要超过 4 条。

7. 成功的受许人、满意的消费者

在《加盟指南》里列举一些具有普遍代表性的受许人和消费者，通过他们自身的实际变化或现身说法来证明此项目的加盟魅力与消费前景。

8. 专家、背书、奖证牌匾、荣誉等

尽量多放一些在这个项目所在行业领域有威望和影响力的专家的语录、推荐，一些比如某某权威机构推荐项目之类的背书，一些不同机构颁发的奖证牌匾，以及一些诸如政府牵头、外资注入之类能够增强项目可信度、权威度的内容。

9. 常见问题回答，即 Q&A

挑选一些经典的、能突出本企业特色和长处的、经常被问及的问题，数量一般不超过 5 条，注意问和答的语言都要简练、准确、生动。

常见的问题示范如下。

·加盟开店的风险如何防控？

·加盟店里的爆款特色产品或服务是什么？

·我们的加盟体系和别的加盟体系的区别是什么？

·加盟的优惠政策有哪些？

·特许体系的业务主要包括哪些内容？

·加盟店的产品和服务主要有哪些？

·我们和其他品牌的同类店的区别在哪？

·除了单店加盟外，可以区域加盟吗？

·受许人可以是几个人、几个公司或几个合作伙伴共同拥有吗？

·受许人应支付的特许经营费用主要有哪些？

- 受许人在选择店址方面能获得哪些指导与帮助？
- 特许人如何提供装修方面的帮助？
- 特许人能够为受许人提供哪些培训？
- 受许人会得到何种营销及广告支持？
- 受许人接受特许人安排的物品采购，特许人是否加价或收取佣金？
- 加盟店里出售的商品或提供的服务有无限制？
- 特许人如何对商品进行统一配送？
- 总部如何保障加盟店的营运品质？
- 一家加盟店开业需要多长时间？

10. 特许经营相关费用的介绍

最好列成表格的形式，直观、美观、清晰、易于记忆，也可以和单店的类型组合成同一张表格，如表3-1所示。

表3-1　某特许经营企业的特许经营费用结构

单位：万元（人民币）

店面类型	意向书保证金			加盟金			权益金			合同履约保证金			品牌保证金		
	一线	二线	三线	一线	二线	三线	一线	二线	三线	一线	二线	三线	一线	二线	三线
小型店（150~300m²）															
标准店（301~500m²）															
大型店（501~1000m²）															
超大型店（1001m²以上）															

11. 单店受许人（或区域受许人）投资回收预算表，即投资回报分析表

需要注意，因为不同地区（比如一级城市、二级城市、三级城市、县

城、镇）的经济状况不同，因此而导致的房屋租金、人力成本、能源价格、装修费用、税收等也会不同，所以企业在做投资回收估计时可以采用两种办法。

（1）全部计算。全部计算每个有代表性的经济层次的市场中每种规模的店的投资回收状况，如表3-2所示。

表3-2　某特许经营企业的单店投资回报分析表

单位：万元（人民币）

一级城市		月均收入	月均支出	月均利润	一次性投入	预计回收期（月）	前期所需资金
店面类型						
商场专柜		×××	×××	×××	×××	×××	×××
店中店		×××	×××	×××	×××	×××	×××
独立店	A型（××~××m²）	×××	×××	×××	×××	×××	×××
	B型（××~××m²）	×××	×××	×××	×××	×××	×××
	C型（××~××m²）	×××	×××	×××	×××	×××	×××
二级城市		月均收入	月均支出	月均利润	一次性投入	预计回收期（月）	前期所需资金
店面类型						
商场专柜		×××	×××	×××	×××	×××	×××
店中店		×××	×××	×××	×××	×××	×××
独立店	A型（××~××m²）	×××	×××	×××	×××	×××	×××
	B型（××~××m²）	×××	×××	×××	×××	×××	×××
	C型（××~××m²）	×××	×××	×××	×××	×××	×××
三级城市		月均收入	月均支出	月均利润	一次性投入	预计回收期（月）	前期所需资金
店面类型						
商场专柜		×××	×××	×××	×××	×××	×××

续表

	店中店	×××	×××	×××	×××	×××	×××
独立店	A型（××~××m²）	×××	×××	×××	×××	×××	×××
	B型（××~××m²）	×××	×××	×××	×××	×××	×××
	C型（××~××m²）	×××	×××	×××	×××	×××	×××

注：此表仅供参考，不作为投资承诺。

（2）选取代表。如果企业不想展示得如上表那样详细，则可以选取代表性的店进行预算。比如选取中等或平均经济水平的单店所在市场作为预算商圈，选取中等规模、经营状况等也是中等的店作为预算对象。

另外还要注意，预算表中不但要有单店（或区域受许人）的经营状况数据，还要有受许人前期所需的一次性投资数额。同时，在预算表的后面，一定要加上一句"此表仅供参考，不作为投资承诺"之类的话，以规避自己的责任和提醒潜在受许人注意投资风险。

12. 加盟流程，最好画成流程图的样式

不同企业、不同潜在受许人的加盟流程基本类似，但还有略微不同之处，具体请参考本书第二章的图2-3。图2-3所示的流程环节相对较细，而在实际的《加盟指南》中的加盟流程可以简化，在图中做减法即可。

除了上述的通用流程之外，企业还可以根据自己的实际情况设计具有自己特点的流程，比如2015年必胜客在中国开放加盟之后，其加盟流程就非常严格，申请人在提交申请后，先要通过电话面试，初审过关后会获得在一家必胜客餐厅实习2天的机会，加盟委员会面试后再次筛选出的申请者，还要接受来自第三方调查机构的背景调查，通过后的准受许人需要再接受为期5个月的受许人培训。

二、图案

《加盟指南》上的图案包括如下内容，企业可以根据自己的实际情况有所增减。

（1）特许人的商标、LOGO等。

（2）特许人的总部大楼、工厂或种植基地等。

（3）特许人的单店的不同角度、不同场景的视图或照片，比如外观可以有左侧的外观视图、右侧的外观视图和正面的外观视图等。

（4）单店营业现场，一般选取客人多的时候或交易氛围热烈的时候拍摄，图片效果会更好。

（5）特色的产品、设备或服务等。

（6）本特许经营体系或某些加盟店获得的荣誉证书、牌匾、证照等，既可以单独陈列，也可以叠放。

（7）提供"现身说法"的已有成功受许人、消费者的有关照片，应选择不同地区、不同规模的能代表各个层面的受许人、消费者代表。

（8）外界媒体对于本体系的报道，通常会作为文字的背景画。

（9）来本企业的交通图。地图要专门制作，特别突出本企业的位置，淡化其余建筑，比如可在大小、颜色、清晰度等方面加以区别。

（10）其他起衬托作用的相关图片。

在具体制作中，需要注意以下几点。

（1）除非图片本身很明显地告诉了读者其含义，否则其附近最好有关于该图片的简短说明。

（2）有的图片未必要单独陈放，也可以叠放或作为文字的背景。

（3）整个《加盟指南》最好是图文并茂，应尽量避免纯文字堆积或图片数量太多这两种极端情况。

（4）单独陈放的图片一定要有足够的清晰度。

三、加盟申请表

加盟申请表将作为收集一般资料的用途，并在法律上不会对公司或申请人构成任何约束力。不过，提出申请的潜在受许人必须在其能力范围内据实、完整填报所有资料，以便特许人企业能够根据这些资料来评估申请人的资格。

加盟申请表通常做成《加盟指南》的附页或可裁减的形式，以便潜在受许人填完后邮寄、传真或发送电子版给特许人。加盟申请表的基本内容一般包括以下四个部分。

1. 加盟申请人的基本情况

（1）申请人基本资料：姓名、性别、年龄、婚否、籍贯、身份证号等。

（2）申请人联系方式：微信、QQ、Email、电话（办公室、住宅）、传真、手机号码等。

（3）申请人详细地址、邮政编码。

（4）申请人学习和工作简历。

2. 关于加盟的基本情况

（1）申请人计划加盟的类型：单店加盟、区域加盟。

（2）申请人欲以何种方式加盟，亦即加盟后的企业性质：私营、合资、股份制、国营等。

（3）申请人是否已有店址，若有，则此申请表里应包括该店的一些基本情况，比如建筑和使用面积、楼层、朝向、商圈类别、店址、拥有人、租金、房产情况（产权者还是租用者）、曾经的营业内容等。

（4）其他信息：计划中的店址所在地、签约时间、投资额、加盟店面积等。

3. 加盟商业计划书

包括对于欲加盟地区的大致市场调研结果、自己如何开展加盟业务等，具体内容参见本书第九章"受许人的《加盟商业计划书》与筹集资金"一节。

4. 特许人的小调查

比如，申请人是从何种渠道知道本特许经营体系的？对特许人的希望或建议是什么？

需要注意的是，各个特许人可以根据自己的特殊情况对上述内容进行增删。比如在有些地方，创业者对于特许经营并不了解，所以特许人可以在其《加盟指南》中介绍什么是特许经营、特许经营的由来、特许经营的优势等，以给潜在受许人一个关于特许经营的"启蒙教育"。

企业在实际编制《加盟指南》时还要注意以下几点。

（1）一般情况下，文字和图案等内容、逻辑关系由企业自己选择和确定，但整个精美、别致的《加盟指南》外观最好请外部专业的设计公司来做，因为在颜色的搭配、位置的协调、大小的配合、字体的设置、内容的编排以及整个《加盟指南》或小册子的风格、式样、纸张材质等方面，都需要有独特的艺术化风格，如此才能在时下众多的同行们的宣传材料中凸显自己，才能引起潜在受许人的注意。而为了达到艺术效果，仅凭个人的直观感觉是不够的，需要经过设计专业训练的人来负责整个外观的设计。

企业也可以和专业的设计公司进行合作，共同完成《加盟指南》的外观设计。

比如可以先由企业提出一个大致的设想，然后请专业的设计公司进行实施、修改。这样做出来的《加盟指南》就既体现了特许人的意愿，也具备了艺术化的效果，应该是最理想的。

通常情况下，只要企业准备好了内容而且双方配合顺利的话，设计公司可以在 1~2 天就拿出设计样品，然后出品、打样、交付印刷一直到最后的《加盟指南》出来，总共需要大概一周的时间。因此，企业可以据这一时间进度合理地安排各个文件的编写和印刷计划。

（2）企业在设计《加盟指南》时，无论是内容还是外观，都要善于学习借鉴别家企业的做法，不只是本行业内的竞争者，而是包括所有行业、地区的特许人企业。现在，每次的特许经营展会都是各家特许人进行《加盟指南》集中大比拼的战场，企业可以在这里尽情地收集资料并加以比较。即使不参加展会，企业也可以有诸多方法能收集到许多特许人的《加盟指南》，比如以咨询的名义或假装成潜在受许人去索取相关资料等。总之，企业要善于吸收别人的长处、善于吸收最新的设计理念和形式，然后用这些先进的、有效的东西来"合理化"自己的《加盟指南》，但不能盲目地"全盘西化"，以免被指有抄袭之嫌。

（3）《加盟指南》上的内容，尤其是关于单店投资收益的部分，一定要专业、真实、准确和经得起推敲。笔者曾在特许经营展会上看到过无数的《加盟指南》，其中就有一些存在着各种各样的毛病，简直是贻笑大方。

比如，有的把基础的财务知识都搞错了，固定资产、递延资产、流动资产分不清楚；有的在计算投资收益时，明显有重要项目的遗漏；有的对一些单店预计费用数值的估计不合理或不符合实际情况；有的错字连篇，甚至连联系地址与方式也会出错；有的企业在描述自己的优势时为了凑够"十大""八大"项内容，竟不惜反复地从不同角度述说一件事情，或干脆把公有的优势也说成是自己的特色；等等。试想，这样错误百出、简单拼凑出来的《加盟指南》，怎么能吸引潜在受许人放心地加盟呢？所以，特许人在设计《加盟指南》时，一定要谨慎、小心，反复斟酌、校对，不能有半点偏差，否则就会影响企业的形象和招商效果。

（4）《加盟指南》上的有些内容，比如加盟政策、特许人对受许人的支持、对未来加盟店的利润预计等，其实也是特许人对受许人的一种承诺，而一旦有人加盟，特许人就必须履行这些承诺，因此，特许人对待这些承诺必须持有严肃认真的态度，不能仅仅为了吸引潜在受许人而海阔天空地胡乱承诺，因为那些不能兑现的承诺势必会给日后特许经营双方的纠纷埋下隐患，这一点必须引起特许人的注意。而且，因为现在特许加盟欺诈行为日渐泛滥，许多潜在受许人也都具备了丰富的防欺诈知识，所以，太过夸张的承诺反而会引起潜在受许人的怀疑和警惕。

3.2 加盟条件的双版本的编制

加盟条件就是对受许人的要求，是特许人制定的对于其特许经营体系的受许人资格的入门性要求。通常，只有当潜在投资人或潜在受许人都满足了这些条件后，特许人企业才会与其洽谈更进一步的加盟事宜。

制定加盟条件是决定能否招募到合格受许人的重要环节之一，需要特许人认真、科学、艺术地设计。制定加盟条件时，可从潜在受许人的如下几个方面进行考虑。

1. 资金实力

比如，麦当劳对受许人的这一点就要求非常严格。麦当劳规定，所有的受许人都必须首先支付加盟金。如果受许人受让的是麦当劳已有的新店铺，则受许人需要支付该店总成本的40%；如果受许人受让的是麦当劳的旧店铺，则受许人可以只支付成本的25%。除了为数不多的特别优秀的受许人麦当劳会给予其设备租赁，对于绝大多数的受许人，麦当劳都会要求受许人个人的非借贷资金至少在17.5万美元以上，而且这些资金必须是受许人个人的自有资金，即受许人所持有的现金、证券、债券等。实际上，即便是针对特别优秀的受许人的设备租赁，即麦当劳先代为购买设备，而后再将设备租给受许人，麦当劳仍然要求受许人最少要拥有10万美元以上的自有资金。

特许人企业在每一个加盟条件上都要去用心设计。比如在资金的要求上，特许人企业就可以用一些小技巧来激发受许人的运营积极性，并借此提高受许人业务的成功率。比如，如果加盟店的投资需要100万元的话，特许人企业可能对受许人自有资金的要求只有80万元，然后为了加盟该事业，受许人必须去借贷20万元，另外还得再借贷单店运营所必需的备用金以及受许人本人的生活所需资金。如此，一个欠债20多万元的受许人，在压力之下必然会激发出巨大的动力，所以其运营加盟业务的努力程度、用心程度要大得多。否则，如果一个潜在的受许人拥有1000

万元自有资金,那么其加盟了特许人的 100 万元的生意之后,通常其努力程度是远远比不上只有 80 万元自有资金的受许人的,所以他们的失败率也会更高一些。

2. 信誉(个人品德、商誉等)

现在是互联网时代,想查询某个人的信誉还是有很多办法的,比如要求对方提供个人在当地人民银行分支机构的信用报告;在网络上搜索其负面信息;如果他/她有企业的话,也可以用天眼查、企查查之类的工具查询其企业状况;等等。

特许人也可以将加盟申请人的信誉等调查事务进行外包,比如必胜客的加盟申请人在加盟委员会面试后,再次筛选出的申请者还要接受来自第三方调查机构的背景调查。

为了控制风险,7-11 便利店的加盟条件里对受许人有一个特殊的要求,即"需要一名连带保证人",对于 A 型加盟即投资管理型加盟,7-11 总部还要求连带保证人资产有 30 万元。

3. 行业经验

特许人企业可以要求潜在受许人有本行业经营经验或甚至具体到多少年的行业经验,也可以不要求其有行业经验。有行业经验的受许人进入加盟的业务可能比较快,但这样的潜在受许人基数通常较小,而且其原来行业的管理思维可能会影响特许人企业的统一性;没有行业经验的受许人进入加盟的业务可能比较慢,但其不会用既有的行业惯性思维来影响特许人的特许业务,而且,没有行业经验要求的潜在受许人基数通常更大。

现在的趋势是越来越多的特许人不要求受许人有行业经验,甚至不要求受许人有开过店、做过生意的经验。

4. 加盟动机

不同的加盟动机或加盟目的会直接影响受许人业务的成功率以及特许人的安全。比如,如果潜在受许人加盟的主要目的是学会这个行当的做法之后自己单干,那么这样的潜在受许人就是特许人企业未来的竞争者,特许人企业原则上是不能允许此类人进入体系的。

如果潜在受许人的加盟动机是创业、欲借助加盟做一番事业,那么,这样的潜在受许人就会是比较优秀的人选。

5. 文化素质

主要体现在对潜在受许人的学历要求上。

6. 家庭关系

因为加盟也是一种创业，需要受许人全身心地投入到事业的运营中，所以必然会影响受许人陪伴家人的时间、冒一定的财务风险等。如此，有些特许人就会对来自受许人的配偶、父母、子女的家庭关系、支持度有要求。

7-11便利店有两种加盟方式，其中第二种是委托管理型，其对受许人的第一个要求就是"需要两名店铺专职负责人（限夫妻）"。

7. 身体状况

除了要求身体健康之外，不同的特许人企业还会因自己行业、企业的不同而对受许人的身体状况有独特的要求，比如对于减肥类的特许人，如果受许人特别肥胖，那么其开设的加盟店是不能给人信任感的；对于生发或白发转黑发类的特许人，如果受许人是秃顶或满头白发，那么其开设的加盟店也是不能给人信任感的；等等。

8. 心理素质

对于即将走入既非独立的老板、也非受雇佣的员工，而是属于第三种职业生涯的受许人而言，其创业的过程中会有很多独特的心理素质要求，比如遵循胜于创新、团队精神、统一化胜于个性、承受压力、自我约束、拼搏奋进、学会分利、忠诚而非另起山头、依靠而不依赖等。

9. 个人社会关系、人脉资源状况

为了受许人能更好地开展加盟的业务，有的行业的特许人会对受许人的社会关系、独特的人脉资源有要求，比如，对于笔者的特许经营全案顾问咨询客户"瞳益康"视力优化连锁而言，因为加盟店业务的主要客户群之一是儿童青少年，所以，拥有大中小学的关系资源的受许人是特别受欢迎的，如此的受许人只要加盟，想不盈利都难；又如，对于笔者的特许经营全案顾问咨询客户"一乘驾校"这样的特许人而言，拥有开办考场而非只是训练场资源的受许人是特别受欢迎的。

10. 个人能力和资历

对于那些行业内首先做特许经营的、刚开始做特许经营的、对加盟店内人员有从业资格证之类要求的企业而言，往往对于受许人的个人能力（包括管理能力、财务能力、营销能力、公关能力等）和资历（比如多年的职业经验、职业资格证书等）有要求。

谭木匠的受许人为什么成功率可以高达95%？最重要的原因之一就是谭木匠在选择受许人时非常严格。比如，仅2004年，全国各地向谭木匠公司递交加盟申请的报告就有700多份，而经严格考核论证准许开张的只有四五十家，考核的重点就是"是否有足够盈利保证"。

11. 个人基本情况

包括对于年龄、性别、家庭所在地、户籍、国籍等的要求。

比如，家政这个行当的受许人可能更适合年龄大些的，时尚茶饮之类的特许人更欢迎年轻的受许人。

又如，对于美容院而言，特许人可能更喜欢女性加盟，因为男性受许人可能在美容院营业时间内是不被允许进入店内的，如此就会影响受许人对于加盟店的监督和管理。

再如，对于进入外国的特许人而言，他们更喜欢由当地人加盟，因为这样会减少当地人对于外国业务的抵制、增加当地人对于受许人业务的支持，而且当地人也更了解当地的特色。因为中国南北文化差异较大，所以星巴克刚进入中国时，就分别挑选了具有代表性的三个区域性代理商：在东部，星巴克与统一企业展开合作；在北方，星巴克与美大咖啡公司组建了一家合资企业；在南方，星巴克的合作伙伴是美心食品有限公司。这三个代理商按照他们各自的区域优势和当地知识，针对不同的区域各自制定更为精细的市场策略。

12. 对本体系的企业文化认可程度

这一条往往会成为所有特许人对于受许人的要求。确实，道不同，不相与谋。如果大家在企业的精神、道德、宗旨、价值观等上面不能一致的话，合作起来肯定是很难愉快和成功的。

13. 对行业和最终消费者的热爱程度

比如，如果你想加盟儿童教育培训行业，那么特许人一定会刻意考察你对孩子们的热爱程度；如果你想加盟足疗、按摩之类的行业，那么，特许人也一定会考察你对"伺候人"的服务业是否真心地热爱。

各个特许人对受许人的要求都不尽一致，特许人应针对自己加盟业务运营的实际需要、针对自己直营店或直营业务负责人和团队分析的结果、针对已有受许人特征的分析，并同时考虑到自己的期望，摹拟出一个大致的受许人"模型"或画像。

特别需要注意的是，虽然上述各项都可以作为加盟条件，但加盟条件其实是分为两个版本的：一个是对内的版本，一个是对外发布的版本。

对内版本的加盟条件是特许人企业内部评定受许人小组自己使用以选择受许人的，不可公开。这个版本的加盟条件可以有很多的内容，每个条件都要准确描述。在实际的工作中，对企业内部，特许人可将上述的各个指标做成一个选择受许人的打分表，给每个指标赋予一个权重，然后通过小组打分、去掉最高分与最低分，最后计算出加权平均值，以此作为选择受许人的依据，如表3-3所示（企业应根据自己的实际情况设计具有自己个性和特点的表格，包括加盟条件、权重、合格分与优秀分等都要个性化）。

表3-3　特许人企业选择受许人的评定打分表（示例）

潜在受许人姓名：_____　　评定日期：____年____月____日

受许人评定小组组长：_____

受许人评定小组成员：_____、_____、_____、_____、_____、_____、_____、_____、_____

序号	加盟条件	权重	分数（满分10分）	备注
1	资金实力	15		
2	个人品德和信誉	15		
3	行业经验	2		
4	加盟动机	5		
5	文化素质	5		
6	来自家庭成员的支持	10		
7	生理特征的符合度	2		
8	心理素质	5		

续表

序号	加盟条件	权重	分数（满分10分）	备注
9	社会关系与人脉	4		
10	个人能力与资历	5		
11	性别与年龄	2		
12	对本体系的认可度	10		
13	对行业的热爱度	10		
14	意欲加盟的目标商圈	10		
总计		100		
换算成百分制后的分数				

注：

1. 因为上表有14个加盟条件选项，如果都是满分的话，则总分为140分。最后一行需要将总分换成百分制下的分数，以便直观地评价，换算方法非常简单，拿倒数第二行的总分数除以140再乘以100即可。

2. 企业可以定出自己的选择标准，比如换算后的总分为60分及60分以下的为不合格受许人；总分为61~80的为合格受许人；总分为81分及以上的为优秀受许人。

3. 根据企业自己的规定，上述的有些加盟条件如果比较极端，则可以一票否决，比如对于资金严重欠缺的、个人信誉很差的、对行业热爱度不足的、加盟动机是想学会后自己单干的等；相反，对有些加盟条件特别好的，可以额外考虑，特例批准，比如个人能力、社会关系和人脉特别强的等。对于后者，特许人企业需要想办法帮助他们用其所长补其所短，或者特许人可以考虑别的合作方式，比如特许人投资而受许人占股和经营、免除加盟金等。具体可参见本书"特殊的潜在受许人的招商技巧"部分。

对外发布版本的加盟条件是对外公开的，通常要求不超过4条，而且条件含糊一些更好，最好不要带数字，因为带数字的精确要求会导致很多经过努力就可以达到要求的潜在受许人放弃选择特许人的项目。如此，数量少、内容含糊的加盟条件会让更多的潜在受许人看起来更符合，而其到底合适不合适，则最终由对内版本的加盟条件来打分决定。

3.3 招商战略规划的编制

俗话说"未动先谋",招商也是一样,在招商工作实际开始之前,特许人企业一定要先做一份完备、科学的招商战略规划。

通常,招商战略规划要包括如下一些内容。

一、战略目的

目的不同,招商的团队、投入、广告宣传、加盟条件、渠道、特许经营费用等也会不同。所以,我们必须首先明确企业招商的战略目的是什么。在实际中,企业招商的战略目的可能是下面的一种或多种。

(1)扩张地盘,占领更多市场。

(2)扩大规模。坚持了17年的周黑鸭终于在2019年的时候开放了加盟,其原因和目的非常明确:利润下滑严重,所以他们必须借助规模的扩大来降低采购成本,占领更多的市场,从而实现利润增长。

(3)实现销售。可能的目的是销售一次性的机器产品设备、销售现成的产品、销售原材料、赚取加盟金、获得权益金或保证金等其余特许经营费用。

(4)对抗竞争者。

(5)加盟试验。有些特许人企业非常谨慎,在大规模地搞特许经营之前,由于对加盟模式或当地的加盟市场不熟悉、特许经营体系不健全、对特许经营的相关知识不熟悉、害怕加盟会失控等原因,他们通常会先小规模地尝试性招商,从中摸出招商的规律后,再大规模地开展招商工作。麦当劳、肯德基等企业在中国的招商过程就是如此,他们都是在进入中国市场十多年之后才开始慢慢地增大加盟比例的。

(6)其他。

二、目标市场和目标"消费者"

此处的目标市场和目标"消费者"指的是创业人或潜在受许人的市场和目标人群。

特许人企业必须清晰地给出潜在受许人的画像。画像越精准,广告投放就越精准,成本越小,效果越好,效率越高。

为此,企业必须精心设计加盟条件。

三、营销的"4P"理论

虽然营销的"4P"理论在当代有了很大的改变,但其经典的四项内容还是具有非常大的现实意义。和其他普通商品的营销一样,招商作为一类特殊的营销或销售,也有它的"4P"。

(1)产品。指的是特许权的类型,比如有哪几种类型的加盟形式,是大店、中店还是小店,是独立店、店中店还是专柜,是单店加盟、多店加盟还是区域加盟,是特许加盟还是合作加盟、托管式加盟等。特许人一定要从不同角度对特许权这种特殊的产品进行准确的界定和描述。

(2)价格。指的是特许经营费用的三大类。

(3)渠道。即前文所述的主动渠道和被动渠道、自主招商和外包招商。

(4)促销。指的是招商的系列优惠政策,比如对于某地区的首个受许人、再次加盟的老受许人、招商淡旺季、节假日等特殊事项、特殊时间点等的优惠措施,包括特许经营费用的打折、免费的赠送等。

四、战略目标

在此处,特许人企业要用数字的形式,来准确地描述招商所要达到的至少3年内的战略目标。

(1)招商数量。指的是每年新招募的受许人的数量。

(2)加盟和直营的比例。

(3)区域、多店和单店受许人的比例。

(4)各类型特许权的比例。比如大店、中店、小店的比例,独立店、店中店专柜的比例,特许加盟、合作加盟、托管式加盟的比例,等等。

(5)各地区的招商数量。指的是各个国家、各个省市每年新招募的受许人的数量。

(6)招商收入与利润。招商收入主要指的是特许经营的三大类费用以及配送的物品差价、提供的服务收入(比如代为设计装修图、代为装修、推荐介绍员工和驻店人员等)。招商利润指的是上述收入减去为了招商必须支出的成本、费用等之后的盈余。

(7)招商的其他目标。比如受许人的成功率等。

五、战略原则

招商的战略原则有很多,列举如下。

(1)稳定的原则是招一家、成一家,就是以受许人的成功率为最高指导原则,加盟条件和对潜在受许人的筛选非常严格。对于非著名的特许人,因为意欲加盟的潜在受许人的基数较少,所以这种策略会使招商的进展放缓、招商数量变少。

(2)乱而后治的原则,指的是先不刻意追求成功率,而是潜在受许人差不多满足加盟条件时就允许其成为受许人,待体系有了一定的规模、品牌、实力之后再边招商边整顿。这种粗放型的招商方式有一定的风险,如果受许人死亡率很高的话,可能导致特许人企业的崩盘,沦为骗子之列而遗臭多年。但是如果特许人企业能控制住崩盘的风险,在整顿时恰当地补偿失败的受许人的话,这种招商策略可以迅速地使特许人企业形成规模、做大做强。

(3)直营和加盟的模式变换。比如星巴克在进入一个新的市场中,通常的策略是三步走:第一步,先在当地招募区域代理商,由代理商自己开设或招募单店加盟商,星巴克总部可以借以规避在新市场的风险并观察当地市场对于星巴克的接受情况;第二步,如果当地市场对于星巴克的接受度非常高,则星巴克总部会以占股甚至直接收购的方式夺回当地市场的掌控权,改加盟店为直营店;第三步,待当地市场发展成熟,星巴克总部则基本上是以5∶5的比例同时发展直营店和加盟店。

六、招商时间

指的是什么时候开始招商,招商到什么时候为止。关于恰当、科学的招商时间的问题,请参照本文相关内容。

七、目标地区

指的是特许人要招商的地区。有的特许人可能只限于一二线城市的招商;有的特许人企业可能只限于三四线城市的招商。企业要根据自己的受许人画像以及战略目的等明确意欲招商的目标地区。

比如,麦当劳、肯德基在中国的发展路线都是先占领一二线的大城市,然后再向下进入三四线城市。德克士、华莱士在上述战略失败之后,改成农村包围城市的战略,即先占领三四线城市,再进驻大城市,结果也取得了一定的成功。

八、广告宣传计划

包括媒体、投放频率、投放时间、投放地区、投放内容、费用预算等广告宣传计划的核心要点、原则和方向。

九、招商人员及任务分配

要将招商战略目标进行实际的人员分配，把具体的招商数量、质量等落实到每个人身上。当然，也可以根据招商战略规划的要求增减招商人员、优化招商团队，或者在自主招商和外包招商之间进行组合。

十、投资回报预算

指的是为了完成本招商战略目标所需要的全部支出，以及可能的全部收入。

招商的收入在前文已有介绍，不再赘述。

招商的支出包括团队的薪酬福利、办公费用、房租、管理费用、广告宣传费用、差旅费用、渠道费用、活动费用、电话费用等。

十一、风险与对策

要尽可能地预测到招商中存在的风险，并给出切实可行的对策。

（1）资金链断裂。对策：要提前准备好资金规划。

（2）因受许人成功率太低而导致的集体诉讼。对策：在筛选、确定受许人时要用科学的方法、严谨的态度；对受许人的后续支持要跟上，尽力使受许人的成功率最大化；建立法律的自我保护网；等等。

（3）招不到受许人。对策：要努力查找招商的渠道、广告、团队、话术、特许权本身等到底是哪里出了问题，然后加以有序的改进。

（4）招商人员的数量和质量不足。对策：和人力资源部门紧密合作，随时准备充足的招商团队后备队，同时用培训、激励、考核等方法多渠道提升招商人员的水平。

（5）没有足够的潜在受许人的信息。对策：多渠道、多方法地获得信息。

（6）国家政策不允许本行业的企业做招商广告，比如保健品之类就可能面临这样的风险。对策：避开公众媒体的广告资源，采用自媒体等其他广告宣传方式，或通过熟人朋友介绍、从消费者中寻找等。

十二、附件

附件里可能包括潜在受许人的市场调查、以往年份的招商总结报告、不同招商广告媒体的对比等。

【专题】开店数量以及直营与加盟比例的计算

在做战略或年度计划的时候，特许经营或连锁经营企业都回避不了的问题之一就是确定开店数量以及直营店和加盟店的比例。

上述数量和比例问题主要取决于三个因素，即企业自己的资源容量、外在市场限制以及企业自身的战略意图。

一、自己的资源容量

企业开出的单店，无论是直营店还是加盟店，都需要来自总部的资源支持，所以特许人首要考虑的是自己的资源能支撑多少家单店。

首先，来看一下特许人能够开设的加盟店的数量如何估算或计算。

通常，创业人开设加盟店需要以下四类资源。

（1）品牌、技术、专利、营建（选址、装修、办证、招聘等）、培训等工作，以 $R1$ 表示。

（2）团队、运营、资金等，以 $R2$ 表示。

（3）机器设备工具、成品、原材料、耗材等实物，以 $R3$ 表示。

（4）来自总部的指导、驻店、招商、督导与客服，以 $R4$ 表示。

在上述四类资源中，对于总部而言，通常情况下，$R1$、$R2$ 是没有上限的，因为对于 $R1$ 而言，总部的这些资源和加盟店的数量多少关系不大，对于 $R2$ 而言，其都需要加盟商付出，所以对总部的资源限制也是没有的。但是，$R3$、$R4$ 是有上限的，因为总部的 $R3$ 的拥有量优先，$R4$ 所需要总部的人力、资金、时间等也是有限的。

所以，总部应重点考虑 $R3$、$R4$ 的资源容量，原则就是既要保证这些资源尽可能全部地被充分利用，也要保证这些资源不会处于一旦被需要时的亏欠状态。

在具体计算数字时，总部应把 $R3$ 的资源容量分别列出来，然后除以开设一家加盟店所需要的资源量，就可以得出在每种资源的饱和与不亏欠状态下能够开设的加盟店的最大数量，假设最后得出的结果分别是 $n1$、$n2$、$n3$、$n4$ 等。然后，总部在基于 $R3$ 的基础上能够开设的加盟店的数量就是 $n1$、$n2$、$n3$、$n4$ 等中的最小值，以 $\min(n1、n2、n3、n4\cdots\cdots)$ 表示。

再来考虑 $R4$。总部给加盟店的指导、驻店能力是有上限的，比如会受到工作人员数量、工作能力、工作时间、不同店面的地理距离等的限制；总部的招商能力也是有上限的，比如会受到招商人数、招商能力、工作时间、广告数量与效果等的限制；督导的能力也是有上限的，比如会受到督导人数、督导能力、工作时间、督导方式（巡店还是远程监控等）等的限制；客服能力也是有上限的，比如会受到客服人数、客服能力、需要回答的问题多少等的限制。总部应分别估算或计算出上述的资源或能力所能支撑的加盟店数量，假设分别为m1、m2、m3、m4等。然后，总部在基于R4的基础上能够开设的加盟店的数量就是m1、m2、m3、m4等中的最小值，以min（m1、m2、m3、m4……）表示。

在得出了上述的min（n1、n2、n3、n4……）和min（m1、m2、m3、m4……）之后，总部基于自身资源能够开设加盟店的最大数量就是上述两个最小值的最小值，即：特许人能够开设的加盟店的最大数量 = min［min（n1、n2、n3、n4……），min（m1、m2、m3、m4……）］。

在实际操作时，要先罗列出公司的有上限的资源及其对应支撑的加盟店数量，如表3-4所示（以年计算）。

表3-4 公司的有上限的资源及其对应支撑的加盟店数量

序号	资源类别	资源名称	资源的上限数量（RL）	每个加盟店需要的资源数量（RF）	能够支撑的加盟店数（CF=RL/RF）	CF的只舍不入后结果	备注
1	R3	机器设备	300件	1件	300	300	
2		工具	500套	3套	166.67	166	
3		成品	10万	1000	100	100	
4		原材料	200万	3万	66.67	66	
5		耗材	3万	900	33.33	33	
6	R4	总部的指导	20人	0.1人	200	200	
7		总部的驻店	30人	10/300=0.03	1000	1000	按驻店平均时间10天，每年300天计算
8		总部的招商	15人	1/20=0.05	300	300	按每人每年能招商20个计算
9		总部的督导	10人	1/50=0.02	500	500	按每人每年能督导50家店计算
10		总部的客服	3人	1/100=0.01	300	300	按每人每年能客服100家店计算
加盟店数量的最大值 = 所有能够支撑的加盟店数量的最小值					33.33	33	

由上表可以得出如下结论。

（1）公司这一年最多能开设33家加盟店。

（2）公司的资源配置严重不平衡，当开设33家加盟店时，支撑数量多于33家加盟店的资源被大量地浪费了。

对此，公司可以有两种解决办法。

（1）为配合33家加盟店的数量，需要减少其他资源的配置，包括减少资源上限或者增加每个加盟店需要的资源数量，使其所支撑的加盟店数量能够满足33家店即可。

（2）选中大于33家店的某个能开设的加盟店的目标数量，用反算的方法重新进行资源的平衡配置，包括增加或减少资源上限，或者增加或降低每个加盟店需要的资源数量。

其次，来看一下特许人能够开设的直营店数量如何估算或计算

对于上面罗列的开设加盟店所需要的四类资源，因为开设直营店时全部需要总部自己投入，所以这四类资源就都是有上限的。

按照与计算加盟店数量同样的原理，在罗列了每项资源的容量或上限以及存量之后，就可以分别计算出如下数值：

特许人能够开设的直营店的最大数量 =min［min（u1、u2、u3、u4……），min（v1、v2、v3、v4……），min（x1、x2、x3、x4……），min（y1、y2、y3、y4……）］。

在实际操作时，要先罗列出公司的有上限的资源及其对应支撑的直营店数量，如表3-5所示（以年计算）。

表 3-5　公司的有上限的资源及其对应支撑的直营店数量

序号	资源类别	资源名称	资源的上限数量（RL）	每个直营店需要的资源数量（RO）	能够支撑的直营店数（CC=RL/RS）	CC的只舍不入后结果	备注
1		品牌	∞	—	∞	∞	
2		技术	∞	—	∞	∞	
3		专利	∞	—	∞	∞	
4	R1	营建（选址、装修、办证、招聘等）	15人	1/12=0.08	187.5	187	按每人可同时营建3个店计算，每个店的营建时间3个月，一年12个月
5		培训	5人	1/500=0.002	2272.73	2272	按每人能每年培训500个店计算
6	R2	团队、运营	1000万	8×12=9.6	104.17	104	按每店8个工作人员计算，每人月薪5000元；人员工资储备资金按每年1000万元计算
7		资金	500万	25	20	20	按每店投资25万元计算，用于开店的储备资金500万元
8		机器设备	300件	1件	300	300	
9		工具	500套	3套	166.67	166	
10	R3	成品	10万	1000	100	100	
11		原材料	200万	3万	66.67	66	
12		耗材	3万	900	33.33	33	
13		总部的指导	—	—	—	—	
14		总部的驻店	—	—	—	—	按驻店平均时间10天，每年300天计算
15	R4	总部的招商	—	—	—	—	按每人每年能招商20个计算
16		总部的督导	10人	1/50=0.02	500	500	按每人每年能督导50家店计算
17		总部的客服	3	1/100=0.01	300	300	按每人每年能客服100家店计算
直营店数量的最大值＝所有能够支撑的直营店数量的最小值					20	20	

注意：与前述加盟店的计算表相比，直营店的计算表增加了R1、R2的内容，R3的内

容和加盟店基本一致、没有变化,而R4的部分内容有变化,变化的内容就是底色为灰色的部分(对于直营店,总部的指导、驻店和招商都是不需要的,因此直接算在了资源R2的团队和运营里)。

由上表可以得出如下结论。

(1)公司这一年最多能开设20家直营店。

(2)公司的资源配置严重不平衡,当开设20家直营店时,支撑数量多于20家直营店的资源被大量地浪费了。

对此,公司可以有两种解决办法。

(1)为配合20家直营店的数量,需要减少其他资源的配置,包括减少资源上限或者增加每个直营店需要的资源数量,使其所支撑的直营店的数量能够满足20家店即可。

(2)选中大于20家店的某个能开设的直营店的目标数量,用反算的方法重新进行资源的平衡配置,包括增加或减少资源上限,或者增加或降低每个直营店需要的资源数量。

最后,来看一下特许人应该或能够开设的直营店与加盟店的数量,以及直营店和加盟店之间的数量比例。

因为直营店和加盟店是各有利弊的,所以,除了一条两法规定的必须至少两家直营店之外,其余的店面,特许人需要根据自己的实际情况和目的去选择恰当的直营与加盟的比例。

比如:当特许人为了销售产品而自己开直营店的资金或人手不够时,可以放大加盟店的比例;当单店开设起来之后,需要从总部或特许人处购买而特许人也可以借此获取差价之类的盈利时,可以放大加盟店的数量比例。反之,当单店开设之后很少需要从总部或特许人处购买而特许人借此获取差价之类的盈利很小时,可以放大直营店的数量比例;当特许人想要融资或上市并增加自己的股份比例或谈判砝码时,可以放大直营店的比例;等等。

具体来说,因为总的资源是固定的,直营店和加盟店就消耗资源上而言是在总资源数量不变的基础上此消彼长的,所以特许人可以把直营店开设的数量和所消耗的资源与加盟店开设的数量和所消耗的资源放在一起进行计算,只要假设其中一个数值，另一个数值就自然地被计算出来了。如此反复调节，直到达到特许人的目标或使其满意为止。

仍以上面的例子予以说明，将表3-4和表3-5合并，如表3-6所示。

表3-6 公司的有上限的资源及其对应支撑的直营店与加盟店的数量

序号	资源类别	资源名称	资源的上限数量（RL）	每个直营店需要的资源数量（RO）	每个加盟店需要的资源数量（RF）	能够支撑的直营店数量（CC=RL/RS）	CC的只舍不入后结果	能够支撑的加盟店数量（CF=RL/RF）	CF的只舍不入后结果	备注
1		品牌	∞	—		∞	∞			
2		技术	∞			∞	∞			
3		专利	∞	—		∞	∞			
4	R1	营建（选址、装修、办证、招聘等）	15人	1/12=0.08		187.5	187			按每人可同时营建3个店计算，每个店的营建时间3个月，一年12个月
5		培训	5人	1/500=0.002		2272.73	2272			按每人能每年培训500个店计算
6	R2	团队、运营	1000万	8×12=9.6		104.17	104			按每店8个工作人员计算，每人月薪5000元；人员工资储备资金按每年1000万元计算
7		资金	500万	25		20	20			按每店投资25万元计算，用于开店的储备资金500万元

续表

序号	资源类别	资源名称	资源的上限数量（RL）	每个直营店需要的资源数量（RO）	每个加盟店需要的资源数量（RF）	能够支撑的直营店数量（CC=RL/RS）	CC的只舍不入后结果	能够支撑的加盟店数量（CF=RL/RF）	CF的只舍不入后结果	备注
8		机器设备	300件	1件		300	300	300	300	总和不变、此消彼长的资源
9		工具	500套	3套		166.67	166	166.67	166	总和不变、此消彼长的资源
10	R3	成品	10万	1000		100	100	100	100	总和不变、此消彼长的资源
11		原材料	200万	3万		66.67	66	66.67	66	总和不变、此消彼长的资源
12		耗材	3万	900		33.33	33	33.33	33	总和不变、此消彼长的资源
13		总部的指导	—	—		—	—	200	200	
14		总部的驻店	—	—		—	—	1000	1000	按驻店平均时间10天，每年300天计算
15	R4	总部的招商	—	—		—	—	300	300	按每人每年能招商20个计算
16		总部的督导	10人	1/50=0.02		500	500	500	500	按每人每年能督导50家店计算。总和不变、此消彼长的资源
17		总部的客服	3	1/100=0.01		300	300	300	300	按每人每年能客服100家店计算。总和不变、此消彼长的资源
	开店数量的最大值＝所有能够支撑的开店数量的最小值					20	20	33.33	33	

由上表可以清晰地看到，由于直营店和加盟店需要总部提供的资源不同，所以二者共同需要总部提供的资源（见上表中的灰色底色部分）是在总和不变的基础上此消彼长的。

二、外在市场限制

外在的市场容量会直接决定特许人的开店数量上限。

有时，市场容量带来的上限是由于政府的原因，包括法律、法规、政策等。比如政府规定两家药店之间的直线距离不能低于250米，因此，企业需要计算在计划开店的地区内已经有了多少药店，以及这些药店之间的空当区域还能被允许开设几家店。

有时，企业的开店策略是跟随行业中的某个对标，比如店址就选在对标的店址附近100米之内，因此，这时的企业开店数量的上限就是对手的开店数量。

有时，企业对单店的地址是有限制的，比如必须得入驻商场、农贸市场或成为别人的店中店等，因此，计划开店区域的商场、农贸市场、母店等的数量就决定了企业开店数量的上限。

有时，消费者数量也会造成企业的开店上限，比如月子中心，其店数的上限就取决于计划入住月子中心的孕妇数量。

有时，创业者或潜在加盟商的数量也会造成企业的开店上限。比如，如果你的潜在加盟商定位为应届大学生，那么，每年的应届大学生中能够或愿意加盟你的人数就是你的开店数量的上限。

三、自身的战略意图

在根据内外因素分别计算出特许人应该或能够开设的店的数量之后，特许人具体应选择哪个数值，则需要考虑自己的战略意图。

当特许人是为了摸索加盟的规律而试探性地开设加盟店时，开店数量应取偏小值。

当特许人是大规模地拓展连锁店时，开店数量应取偏大值。

总而言之，在考虑到企业自己的资源容量、外在市场限制以及企业自身的战略意图等三个因素之后，特许经营或连锁经营企业就可以确定自己的开店数量以及直营店和加盟店的比例了。

3.4 加盟档案的编制

特许人企业应为每个成交或没有成交的受许人或潜在受许人都建立一份独立、完整、动态更新、专人负责的加盟档案，并在受许人的生命周期内对此档案进行管理。

独立指的是为每个受许人或潜在受许人都单独建立一份档案；完整是指该档案所记载的该受许人或潜在受许人的信息是涵盖了其整个生命周期、完整无遗漏的；动态更新是指该加盟档案要随着时间、事件等信息内容的变化而随时更新；专人负责是指在不同的时间阶段，该档案要指定不同的专人负责记录与保管。

一、加盟档案的形式

除了文字记录之外，为了保存珍贵的历史档案，档案里还应同时有重要事项的音频、视频、照片、表单、媒体报道原件等，这些可以以另外的文件或附录的形式存在，与文字记录的加盟档案同时存放于一个实体文件夹或电脑里。

对于重要的由别的部门保存的档案事项，比如系列的特许经营合同，虽然合同的原件应保存在法务、财务或行政办公室，但其存放位置、存放人、合同名称与编号等事项应记录在文字记录的加盟档案里，或把系列合同的扫描件作为附件保存在实体文件夹或电脑里。

二、加盟档案的分类

加盟档案包括两大部分：一是纯粹文字记载形式的加盟档案表，这是加盟档案的主表及索引表；一是附录或附件，其形式可以是电子版的文字、音频、视频、照片等，也可以是实际的有形物，比如照片的有形物、报纸杂志、表单、合同等。

三、加盟档案的记录时间

记录的起始时间为招商人员第一次与其沟通的时候，终止时间因最后达成或没达成加盟而不同：若未达成，终止记录的时间为客户明确拒绝加盟且被特许人企业确定；若达成，则该档案的终止记录时间为特许经营合同中止、终止且后续收尾的事情（包括退盟的受许人退还给特许人或销毁所有含特许人标记的物品、手册等，与特许人在财务上的收尾完成，履行完毕其他所有的加盟终止后的手续和事务）完全结束。

从起始时间到终止时间的这个时间段就是受许人或潜在受许人的加盟档案的生命周期。

四、加盟档案的记录或更新人

根据受许人生命周期的不同阶段，负责记录或更新加盟档案的人也会随之发生相应变化。在受许人生命周期的四个阶段，通常会有四类人分别对其进行记录或更新。

（1）在招商阶段，即签订正式的特许经营合同、受许人支付加盟金之前，记录人为对应的招商人员。

（2）在营建阶段，即签订正式的特许经营合同、受许人支付加盟金之后，在受许人的加盟店或区域受许人的加盟业务正式开业或进入正常运营状态之前，记录人为负责该受许人的营建人员。

（3）在运营阶段，即受许人的加盟店或区域受许人的加盟业务正式开业或进入正常运营状态之后，在特许经营合同中止、终止与收尾或续约之前，记录人为负责该受许人的督导人员。

（4）在中止、终止与收尾或续约阶段，即特许经营合同中止、终止与收尾及续约之后，在特许经营合同中止、终止后的后续收尾的事情完全结束或续约完成之前，记录人为对应的客服人员。

总之，记录人要随着受许人的生命周期的变化而变化，如图 3-1 所示。

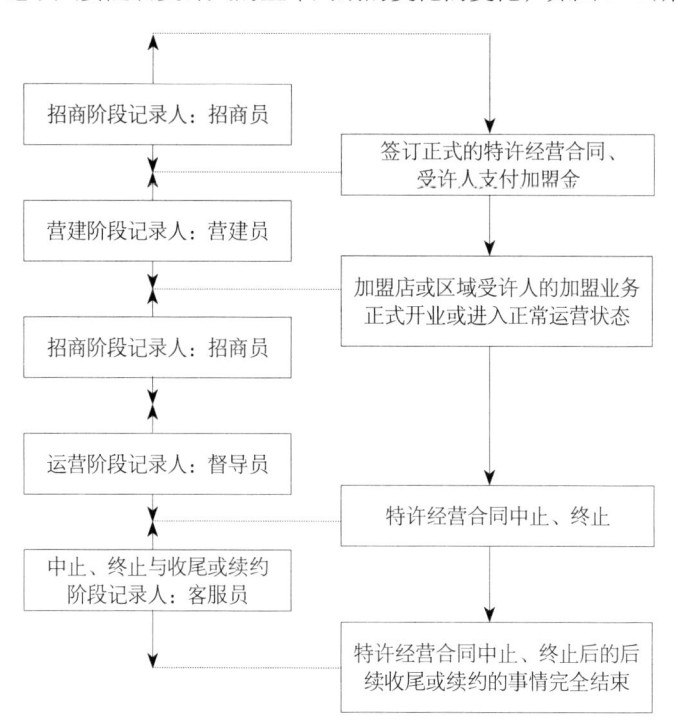

图 3-1 加盟档案在不同阶段的记录（或更新）人

但是需要注意的是，不管谁负责记录或更新这个档案，全企业的任何人在得知了需要记录或更新在档案中的最新信息后，都要第一时间告知记录人，然后由记录人核实后记录或更新档案。记录人也应主动关注其负责记录期间受许人或潜在受许人的应记录事项。

五、加盟档案记录的内容

在不同的记录人阶段，该档案的记录内容有所不同。

1. 招商阶段

此阶段记录的主要内容是前文所述的"招商的四类记录跟踪表"。

2. 营建阶段

此阶段记录的主要内容是营建过程中发生的主要事项，包括受许人在装修、办证、招聘、参加培训、物流配送、陈列、打扫卫生、开业策划、试营业、正式开业等过程中履行特许经营合同、抱怨、与特许人的纠纷、重大节点事项（比如装修完成、培训完毕、开业庆典等）等的状况。

3. 运营阶段

此阶段记录的主要内容是单店或多店受许人的加盟店或区域受许人的加盟业务在加盟期内运营时的履行特许经营合同、支付权益金、督导、参加培训、抱怨、与特许人的纠纷、重大节点事项（比如被媒体采访或曝光、超额完成或销售任务完成情况太差、被特许人奖励或处罚等）等的状况。

4. 中止、终止与收尾或续约阶段

此阶段记录的主要内容是特许经营合同的中止、终止以及收尾或续约期间内的重要事项，比如合同中止、终止的原因、时间，受许人欠费与结账，特许人退还保证金，受许人退盟后销毁或退还物品，续约的原因、时间，新特许经营合同的重大变化，重大节点事项（比如受许人关店、续约签约仪式等）等。

六、加盟档案的保存与保密

平时，加盟档案应保存在记录人那里，但是应在每天下班前将最新的加盟档案备份给人力资源部保管。如果有实物原件的话，记录人只能保存其复制件，实物原件必须保存在人力资源部。

因为加盟档案里涉及许多公司、个人的商业秘密与私密信息，所以必须严格保密。任何人员要调用或查看加盟档案，都必须要向主管部门领导申请，然后由主管部门领导向公司董事长或总经理申请，经董事长或总经理批示之后，人力资源部发放对应的加盟档案内容，最后才能在指定的场所、指定的时间，填写指定的调用或查看申请单（见表3-7），严格遵守调用或查看的保密制度与流程（见图3-2），在指定的人员陪同及签订了保密协议的情况下，用指定的方式（比如阅读、带走、拍照、扫描、复印等）调用或查看指定的内容，并且在调用或查看后立即完璧归赵。

表3-7 加盟档案使用申请单

申请人		所在部门		申请时间	
档案使用用途					
档案使用场所			档案使用时间		
申请人签字		所在部门主管签字		总经理签字	
董事长签字		人力资源部主管签字		档案发放人签字	
档案交回时间		申请人签字		档案发放人签字	
人力资源部主管签字		备注			
说明：		1. 本单一式三份，申请与发放加盟档案内容时，申请人、发放人、人力资源部各留一份。 2. 使用后的加盟档案内容交还时，申请人、发放人、人力资源部主管应在三份单据上全部签字，然后保存在人力资源部。			

```
┌─────────────────────────────────────┐
│ 申请人填写加盟档案使用申请单、保密协议 │
└─────────────────────────────────────┘
                  ↓
┌─────────────────────────────────────┐
│ 申请人所在部门主管在加盟档案使用申请单上签字 │
└─────────────────────────────────────┘
                  ↓
┌─────────────────────────────────────┐
│    总经理在加盟档案使用申请单上签字    │
└─────────────────────────────────────┘
                  ↓
┌─────────────────────────────────────┐
│    董事长在加盟档案使用申请单上签字    │
└─────────────────────────────────────┘
                  ↓
┌─────────────────────────────────────┐
│ 人力资源部主管在加盟档案使用申请单、保密协议上签字 │
└─────────────────────────────────────┘
                  ↓
┌─────────────────────────────────────┐
│  档案发放人在加盟档案使用申请单上签字  │
└─────────────────────────────────────┘
                  ↓
┌─────────────────────────────────────┐
│              档案发放                │
└─────────────────────────────────────┘
                  ↓
┌─────────────────────────────────────┐
│              档案使用                │
└─────────────────────────────────────┘
                  ↓
┌─────────────────────────────────────┐
│ 申请使用人交还使用的档案,在加盟档案使用申请单上签字 │
└─────────────────────────────────────┘
                  ↓
┌─────────────────────────────────────┐
│  档案发放人在加盟档案使用申请单上签字  │
└─────────────────────────────────────┘
                  ↓
┌─────────────────────────────────────┐
│   人力资源部主管在加盟档案使用申请单签字  │
└─────────────────────────────────────┘
                  ↓
┌─────────────────────────────────────┐
│   使用过的档案内容归位,保存在人力资源部  │
└─────────────────────────────────────┘
```

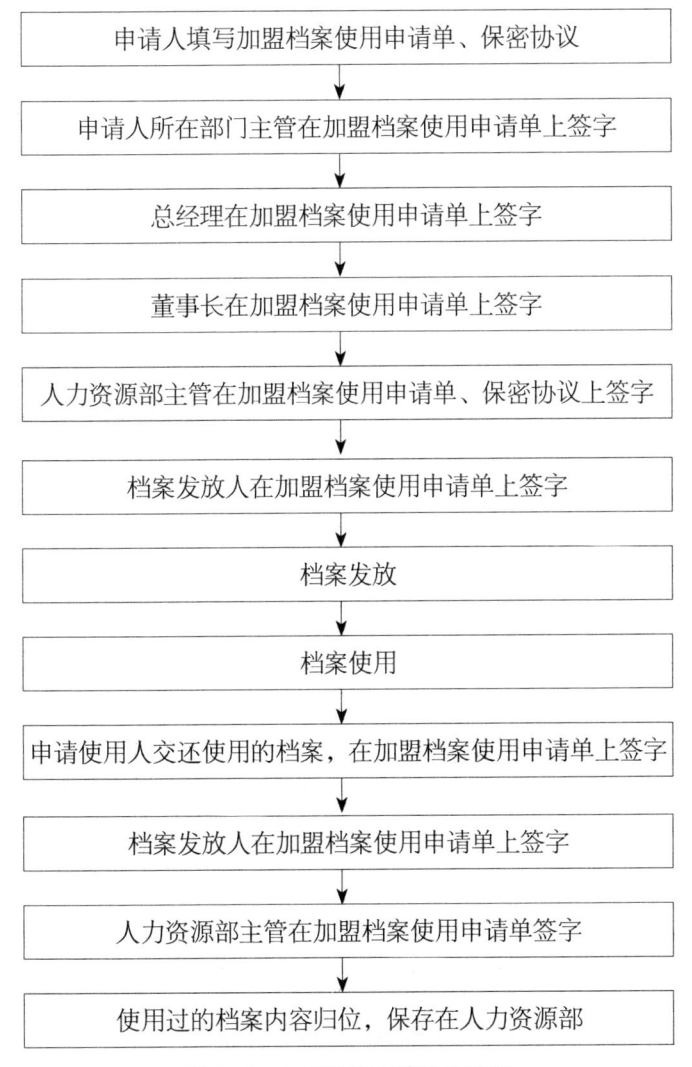

图 3-2　加盟档案申请使用流程

七、加盟档案的用途或意义

因为加盟档案记录了受许人整个加盟生命周期的方方面面,相当于一个社会公民的个人档案,所以,加盟档案的用途非常广泛、意义巨大。

（1）用于对受许人的评比、评价。这些评比、评价可以用作对受许人的奖励或处罚,比如是否续约、决定给受许人多大的进货折扣等,而且与受许人发生纠纷或官司时,也可以将其作为证据。

（2）通过对大量的受许人或潜在受许人的大数据统计分析，可以得出很多有益的规律性结论，这些结论对于特许人企业的招商、营建、培训、物流、督导、客服等工作都有很大的借鉴和指导意义。比如通过对"招商的四类记录跟踪表"的分析，特许人企业可以轻松地了解受许人或潜在受许人与特许人第一次沟通的时间及沟通方式，受许人获取加盟信息的来源，受许人的性别、年龄、籍贯、学历、婚姻状况、联系方式、居住区域、欲加盟区域、采取何种加盟形式、欲自己加盟还是有合伙人、欲实施加盟的时间、可投资资金、资金来源、有无行业经验、有无商业经验、是否有职业（如有，是什么职业）、是否有店铺（如有，店铺的位置和面积、店铺是否自有产权、店铺租金、店铺楼层等详细情况如何），受许人与特许人每次沟通的时间和内容精要，成交时间等方面的规律……这对于特许人企业为受许人画像，以及后续的营销、广告、招商洽谈等大有裨益。随着"招商的四类记录跟踪表"的人数的增加，特许人企业对于自己的受许人与潜在受许人的认识会越来越精准、全面，这对于招商以及整个特许经营体系的构建与维护升级都是非常好的促进。

（3）选出特殊的受许人案例。比如，根据这些受许人加盟前后整个过程的变化，特许人企业可以选出一些特殊的受许人案例，以用于不同的场合、发挥特殊的作用，这些特殊的受许人包括可以在OPP即招商说明会上现身说法的受许人、短期内盈利巨大的受许人、多次反复续约的受许人等。

（4）全面开发受许人的资源。比如，通过加盟档案的记录，特许人企业可以发掘出具有特殊资源的受许人，比如在名人专家、供应商、政府、媒体、大中专院校、科研院所、海外等方面有特殊资源的受许人，如此，特许人企业就可以在笔者的专著《全面资源运营论》的指导下，对受许人进行全面资源开发，从而放大特许经营模式及受许人的价值。

3.5 《招商部工作手册》的编制

主要包括招商部的组织架构、岗位职责与流程、制度、表单等。如表3-8所示。

表 3-8 《招商部工作手册》目录

1. 招商工作的重要性
2. 招商工作的内容
3. 招商员工作职业素质要求
4. 招商工作名词释义
5. 特许经营全流程或受许人生命周期与特许人部门对应图
6. 招商部组织架构及人员配备、岗位职责

  6.1 招商部部门职能

  6.2 招商部组织机构图及人员配备

  6.3 招商总监

    6.3.1 岗位简介

    6.3.2 任职资格

    6.3.3 岗位职责

    6.3.4 工作计划

    6.3.5 工作流程

  6.4 招商经理

    6.4.1 岗位简介

    6.4.2 任职资格

    6.4.3 岗位职责

    6.4.4 工作计划

    6.4.5 工作流程

  6.5 招商主管

    6.5.1 岗位简介

    6.5.2 任职资格

    6.5.3 岗位职责

    6.5.4 工作计划

    6.5.5 工作流程

  6.6 招商员

    6.6.1 岗位简介

    6.6.2 任职资格

    6.6.3 岗位职责

    6.6.4 工作计划

    6.6.5 工作流程

  6.7 美工设计

    6.7.1 岗位简介

    6.7.2 任职资格

6.7.3 岗位职责

　　6.7.4 工作计划

　　6.7.5 工作流程

6.8 文案

　　6.8.1 岗位简介

　　6.8.2 任职资格

　　6.8.3 岗位职责

　　6.8.4 工作计划

　　6.8.5 工作流程

6.9 数据员

　　6.9.1 岗位简介

　　6.9.2 任职资格

　　6.9.3 岗位职责

　　6.9.4 工作计划

　　6.9.5 工作流程

6.10 网络营销员

　　6.10.1 岗位简介

　　6.10.2 任职资格

　　6.10.3 岗位职责

　　6.10.4 工作计划

　　6.10.5 工作流程

7. 加盟信息管理与分配

　7.1 加盟信息管理的规定

　7.2 加盟信息管理的要求

　7.3 加盟信息分配的三种方法

8. 招商工作流程

9. 制订招商计划与加盟条件

　9.1 制订总体特许加盟招商计划

　9.2 制订年度招商计划

　9.3 制订加盟条件和受许人招商优惠条件

10. 发布与寻找加盟信息招数

　10.1 发布加盟信息

　10.2 寻找意向受许人信息

11. 加盟申请人的咨询和信息收集

12. 加盟申请人的考察和筛选

13. 来总部考察的意向受许人的接待

13.1 考察接待制度

　　13.2 考察接待流程

14. 招商沟通方式与沟通工具

15. 招商沟通的上、中、下三策

16. 招商洽谈中应注意的问题

17. 受许人资格的全面评估和加盟意向书的签订

18. 特许经营合同的签订

19. 招商人员工作守则和规章制度

　　19.1 招商工作人员守则

　　19.2 招商工作管理规章制度

20. 招商部薪酬体系及绩效考核管理制度

21. 附件

　　附件一：《加盟指南》

　　附件二：加盟申请表

　　附件三：招商的四类记录跟踪表

3.6 《加盟常见问题与回答手册》的编制

一、为什么要编制这样一本手册

原因主要有三个。

（1）由于招商人员经常需要回答潜在受许人的各种各样的问题，所以，为了保证不同的招商人员都能以同一个声音熟练地应对所有关于加盟的问题，企业有必要编制一个专门的手册，即《加盟常见问题与回答手册》。这本手册实际上相当于招商谈判和回答咨询的"剧本"或"台词"。

（2）由于特许人企业在招商的过程中会不断碰到新的问题，所以有必要把这些新问题收集起来并给出一个"标准答案"，以便所有的招商人员都能在碰到同样问题时自如应对。

（3）对同一个问题的回答可能有多种方式和内容，企业在长期的实践中应总结出最佳的回答方式和内容，并把它们记录下来，这样，当招商人员按照手册的内容来回答时，成功招商的概率会更大。

二、《加盟常见问题与回答手册》主要包括哪些内容

这本手册的核心内容是潜在受许人在签订正式特许经营合同前的一些疑问和特

许人相应的回答。

通常会包括如下这些内容。
- 本体系的这个加盟店的主要业务是什么？
- 加盟条件是什么？
- 我没有任何的从业经验，真的能从事这个行业吗？
- 我应该怎么选择加盟方式？
- 不同类的加盟店的加盟政策各是什么？
- 如果当地有加盟店了，我还可以加盟吗？
- 总部给予的支持都有哪些？
- 我们的店与其他同类店的区别在哪里？
- 可以把店做成商场专柜的形式吗？
- 商场专柜和独立店哪个好？
- 我们与同行竞争的优势是什么？
- 我们的产品或服务的特色是什么？
- 为什么我们的产品折扣定为这个数额？
- 加盟金为什么那么高（或那么低）？
- 加盟你们能稳赚不赔吗？
- 总部如何保证加盟店盈利？
- 任何一处的当地消费水平都适合加盟吗？
- 产品或服务项目的成本怎么样？
- 我们当地至今还没有类似的店，开这样的店能行吗？
- 其他公司都有装修费的补贴和返还，你们为什么没有？
- 其他品牌都有很多的仪器、产品之类的配送或免费赠送，你们为什么没有？
- 能不能一个城市只设一家加盟店？
- 我想先做小点的类型，以后升级可以吗？
- 我加盟是不是一定要到总部去呢？
- 怎样选择合适的地址？
- 应该招聘什么样的员工最合适？
- 总部能为受许人提供员工吗？

- 加盟店的员工怎么进行培训？培训什么内容？
- 装修的大概花费是多少？
- 为什么你们的单店店面装修各有不同？
- 从筹备到开业大概需要多少天？
- 开业时你们派人过来指导吗？主要指导什么？
- 每个店面都有其主打项目，那我们的主打项目是什么？
- 总部做活动打折时，受许人的利润如何保证？
- 签特许经营合同时为什么没有公证？
- 我们的产品可以出口吗？
- 到总部考察的交通路线是什么？
- 如果加盟店打广告也吸引不来顾客，怎么办？
- 我们这个行业的未来发展趋势是什么？
- 加盟店销售好，进货数量大时，拿货折扣能否降低？
- 某些产品知名度不高，产品会销售得好吗？
- 受许人如何知道产品新信息？
- 公司能经常有培训吗？
- 产品供货及时吗？产品齐全吗？
- 加盟店的销售情况好，但没达到总部要求的底线怎么办？
- 总部如何实施全程的开业支持？
- 装修一定要和总部完全一样吗？
- 加盟店招聘不到合适的员工怎么办？
- 装修完后，按照总部的开业促销方案实施却未达到预期的效果，怎么办？
- 总部如何对加盟店的选址结合当地实际情况提供具体建议？
- 加盟店在开业前期的广告宣传不够到位，导致店面生意清淡，怎么办？
- 公司提供的宣传资料能适合受许人的当地情况吗？
- 没有顾客进店怎么办？
- 顾客对我们不熟悉，能销售得出去吗？
- 怎样发展新顾客呢？
- 加盟店生意不好的时候公司会给予什么样的支持力度？

- 店员专业技术和受许人经营管理知识十分欠缺怎么办？
- 总部驻店指导人员的驻店时间是多少？
- 做了多种形式的广告，效果不大怎么办？
- 总部的广告支持是怎么样的政策？
- 配送的内容包括什么？
- 特许经营的费用都有哪些？如何交付？
- 加盟期满后可以续约吗？
- 店内设备可以由受许人自己购买吗？
- 总部现在有多少家加盟店？多少家直营店？
- 总部实施特许经营是合法的吗？
- 总部有区域加盟或区域代理政策吗？
- 除了单店之外，公司的产品还走别的渠道销售吗？
- 公司有什么专利？
- 总部如何保障受许人的区域专卖权？
- 如果受许人的第一家店生意好，再加盟一家时加盟金会便宜吗？
- 总部会为受许人做单店投资预算吗？
- 具体的加盟流程是什么？
- 总部在营销上会给予受许人什么支持？

当然，手册里也可以包括回答者的名字、回答的方式（固定电话、手机、传真、e-mail、QQ、微信、信函、短信、面谈、论坛留言等）、回答的时机、回答的地点、回答的记录、回答的技巧，等等。

3.7 《受许人的成败案例手册》的编制

相比较理论上的说教，人们更容易相信事实上的案例，比如软文的广告效果就比硬广更好，所以，为了打动客户的心，如果招商人员能根据客户的问题举出实际的受许人案例来，那么，招商的效果自然会更好。

因此，《受许人的成败案例手册》的编制就变得非常重要。这本手册的主要内容是收集特许人自己体系中的成功与失败的受许人案例，以备招商或其他时候（比如媒体宣传、培训、作为编制手册的素材、选拔现身说法的受许人等）引用。当然，特许人也可以辅助性地收集非自己体系的成功与失败的受许人案例。

寻找什么样的案例以及如何寻找呢？运用反向思维便不难得出答案，这些案例都应该能够从正、反两个角度去支持或辅助招商人员对于咨询加盟者的问题的回复，所以，我们可以围绕加盟的常见问题去寻找对应的案例。

为了便于迅速地查找到所需要引用的案例，在本手册的目录上，应将案例的核心亮点用简明的语言直白地显示出来。比如，具备以下几个核心亮点与主要情节的案例都可以编到手册中。

一、成功的受许人案例的核心亮点与主要情节

（1）核心亮点：从怀疑、否定到成功。

主要情节：某受许人从怀疑项目、不相信项目甚至否定项目到抱着试试看的心态加盟了，结果竟然取得了巨大的成功。

（2）核心亮点：穷小子加盟后变大款。

主要情节：某受许人本来是一个穷小子，但他借了好多债，抱着赌一把的心态加盟，结果取得了巨大的成功。

（3）核心亮点：开门红的惊人销售额。

主要情节：某加盟店或区域受许人开业当天就取得了巨大的销售业绩。

（4）核心亮点：销售百万，仅需3天。

主要情节：某加盟店或区域受许人在最短时间内创造了销售纪录或奇迹。

比如：笔者的全案顾问咨询项目卡儿菲特童装连锁的正常的单店每天销售业绩为1万多元，但是有一个受许人，单店面积不大，位置也不特殊，却在开业的前三天就销售了75万元！在一次卡儿菲特的招商说明会上，该受许人亮相现场并亲自讲述自己的营销业绩与营销方法，一下子激发了全场的加盟热潮。

（5）核心亮点：一个月，全额回收投资。

主要情节：某加盟店或区域受许人创下了最短时间的投资回收期。

比如：笔者的全案顾问咨询项目新疆湘鹅庄火锅连锁，正常的单店回收期为10个多月，然而其在若羌的一个并无任何特殊性的加盟店，只用了不到45天就收回全部的初期投资，一时成为美谈。

（6）核心亮点：反复加盟。

主要情节：反复多次加盟的受许人故事。

（7）核心亮点：督导让加盟店起死回生。

主要情节：受许人本来生意不好，但督导人员去了，受许人按照督导人员的建议落地实施之后，受许人的生意起死回生。

（8）核心亮点：外行照样加盟成功。

主要情节：外行成功地运营了本项目。

（9）核心亮点：无经验者照样加盟成功。

主要情节：根本没有行业经验的人成功地运营了本项目。没有行业经验的人可以再细分为几类：大学应届毕业生，下岗工人，能源工矿企业类受许人，根本没做过生意的人，原国企或央企职工，家庭妇女等。

（10）核心亮点：按时汇报财务换来的成功。

主要情节：受许人每月坚持把加盟业务的财务三张表如实地报告给特许人，在得到特许人根据报表给出的经营建议后，生意有了很大改善。

（11）核心亮点：总部装修好省快，自己装修差费慢。

主要情节：自己找装修团队的受许人花费了巨大的装修成本还没能保证质量，而使用特许人统一装修团队的受许人却节省了很多，质量更好。

（12）核心亮点：货比百家，终选我家。

主要情节：某受许人选了好多家特许经营项目，花费了不少的时间、精力、财力，最后还是回头加盟了本体系。

（13）核心亮点：自己创业山重水复，加盟我们柳暗花明。

主要情节：某受许人自己独立创业了好多年、好多次，或者加盟了别的品牌，均以失败告终，在几乎山穷水尽之际，发现了本项目并加盟，从此之后柳暗花明，他的事业真正走上正轨，生意蒸蒸日上。

（14）核心亮点：一技之长，足以大成。

主要情节：某受许人借助自己的独特资源，取得了成功。

（15）核心亮点：没背景，照样成功。

主要情节：某受许人没有任何的社会关系或背景，他只是按照总部的指导去坚定地、老老实实地实施，结果取得了成功。

（16）核心亮点：在大家都不看好的地方，他成功了。

主要情节：某受许人在大家都不看好的商圈或四五线城市加盟，结果却非常成功。

（17）核心亮点：名人、明星消费者。

主要情节：比如笔者的顾问咨询项目、著名美发连锁东方名剪，就经常给潜在消费者展示演艺界诸多大牌明星来店里消费的照片。

（18）核心亮点：名人、明星、知名企事业单位、外国人等受许人。

主要情节：比如最让赛百味的招商人员津津乐道的案例，就是著名球星乔丹也是赛百味的受许人之一。

（19）核心亮点：产品或服务的巨大功效。

主要情节：比如笔者的全案顾问咨询项目"瞳益康"视力优化连锁的对外宣传上，就有大量的实际视力优化的案例，像有的青少年只是接受了一次45分钟的按摩式服务，视力检查时竟然在视力表上提升了两行，做了4次之后竟然摘掉了眼镜；等等。产品或服务的如此巨大功效，自然会成为招商人员信手拈来的案例，会深深地打动加盟咨询人，大大增强其加盟的决心。

二、失败的受许人案例的核心亮点与主要情节

（1）核心亮点：不参加培训，自行其是。

主要情节：某受许人自以为是，不愿意参加总部的培训，结果生意直线下滑。

（2）核心亮点：标准不统一。

主要情节：某受许人背离总部的统一化标准，结果引起了顾客投诉，生意失败。

（3）核心亮点：完全依赖特许人。

主要情节：某受许人对加盟有理解误区，加盟后完全依赖特许人，自己不去努力，结果这个本身具有很好的客观条件的受许人经营失败了。而特许人企业收回店铺或换了一个别的受许人之后，经营得却非常成功。

（4）核心亮点：不按总部计划行动。

主要情节：某受许人不愿意按照总部的促销计划行动，担心盈利变低，结果生意远远比不上按照总部的促销计划行动的受许人。

（5）核心亮点：犹豫不决而留下遗憾。

主要情节：某受许人一直犹豫着要不要加盟，结果被别人在他看中的商圈加盟了而且经营得非常成功，某受许人后悔莫及。

还要说明的是，既然是案例，那就要至少包括以下几个内容：人物、时间、地点、故事情节、结果、启发性意义、前后对比。如果案例能配以实际的照片、视频、音频、文件等的话，效果会更好。

案例的编制需要简洁，把核心亮点表达清楚就可以，千万不要啰唆，因为招商人员不可能记住那么多细节，同时，加盟咨询者也不会一直有耐心去聆听大量、冗长的案例。所以，案例应该都是一个一个的短故事。

从理论上讲，案例能惊心动魄、出人意料、生动有趣最好。

有确切的数字和事实、有代表性、有普适性是案例的最基本要求。

练习与思考

1. 选择一个特许人企业，为其编制《加盟指南》。
2. 选择一个特许人企业，为其编制双版本的加盟条件。
3. 选择一个特许人企业，为其编制招商战略规划。
4. 选择一个特许人企业，进行开店数量以及直营与加盟比例的计算。
5. 选择一个特许人企业，为其列出加盟档案可能会有的全部内容。
6. 选择一个特许人企业，为其编制《招商部工作手册》。
7. 选择一个特许人企业，为其编制《加盟常见问题与回答手册》。
8. 选择一个特许人企业，为其编制《受许人的成败案例手册》。

第 4 章　招商的渠道管理

[**本章要点**]

本章第 1 节主要讲解特许人自主招商和外包招商的对比，第 2 节主要讲解招商渠道之被动的"等"式营销或销售，第 3 节主要讲解招商渠道之主动的"找"式营销或销售。本章的目的是让读者掌握关于招商的各种渠道和实际操作方法。

4.1　特许人自主招商和外包招商的对比

在特许权的营销或销售中，最关键和重要的内容之一就是选择合适的营销或销售渠道即招商手段、方法或途径。

从招商的实施者角度，招商可以分为特许人自主招商和外包招商这两个基本的类别。当然，特许人可以把这两者结合起来同时使用，比如对于某些项目、某些地区或在某些时间段，可以分别以不同的招商方式为主。

自主招商和外包招商，这两者也各有利弊。假设招商外包公司是合格的，那么，通常情况下这两种招商方式的对比如表 4-1 所示。

表 4-1　通常情况下特许人自主招商和外包招商的对比

序号	对比类别	特许人自主招商	外包招商
1	初始成本费用	较低	较高
2	单次招商收入	较高	较低
3	单位时间招商数量	较少	较多
4	难度	较大	较小
5	成交率	较低	较高
6	风险	较高	较低
7	速度	较慢	较快
8	适用性	常见于成熟的特许人	常见于新兴的特许人

续表

序号	对比类别	特许人自主招商	外包招商
9	对潜在受许人的合格把关性	较严	较松
10	招商团队	在全员招商原则下，专职的招商人员数量不固定	每个特许人项目配5个左右的招商员

招商外包公司通常会在招商外包中收取三种费用。

第一种是用于梳理、包装特许人企业的策划费，从几万元到几十万元不等。由于招商外包公司擅长的是招商，并不是特许经营体系的构建，所以他们对于特许人企业的所谓梳理、包装几乎全部是关于招商方面的，而很少从整个特许经营体系的角度来进行，所以这种头疼治头、脚疼治脚的策划的恶果之一就是为了招商而招商，他们仅仅是片面地追求受许人的招募数量，对于受许人是否真的适合于特许人企业的项目却并不关心，所以他们招募上来的受许人加盟店的存活率一般较低，和特许人产生纠纷的可能性也较大。而如果特许人企业本身具有科学的特许经营体系，再加上合格的招商外包公司助力的话，招商的数量和质量就可能比较令人满意。

第二种是押金。在招商外包合同结束后，如果特许人没有违约的情况，招商外包公司就会退还给特许人该押金的本金，不计利息。押金的数值从几万元到几十万元不等，现在的市场价通常为一个项目10万元左右。

第三种费用就是招商返点。随着市场上招商外包公司的竞争加剧，现在他们基本上都是采取事后付费的合作方式，即帮助特许人与受许人成交之后，特许人从收到的特许经营费用中拿出一部分作为返点支付给招商外包公司。招商返点的比率通常为40%~60%，其计算基数通常是加盟金或加盟店一次性缴纳给特许人的资金，但其绝对值数额通常不会低于每家店2万元。如果单店的加盟金或加盟店一次性缴纳给特许人的资金较低，比如在3万元以下，招商外包公司就会收取一个高于2万元的固定值，或者在加盟店后续从特许人的进货中再分一杯羹。

除了上述三种费用之外，特许人企业在招商外包的过程中，可能还需要支付以下一些费用。

- 对招商外包公司人员关于本项目的培训费用。
- 招商外包公司举办招商说明会时，特许人企业派员参会的食宿差旅费用，《加盟指南》、宣传海报之类物品的印制费用，参会的潜在受许人的食宿费用，现场促销时的奖品、折扣等费用。
- 招商外包公司人员以及潜在受许人体验特许人产品或服务的费用。
- 接待潜在受许人考察特许人单店、总部或者生产基地等的费用。

为了获得招商中所必需的潜在受许人的信息，招商外包公司与特许人的合作方式通常有两类：一类是特许人企业提供信息，招商外包公司帮助成交，或者特许人企业不提供信息，由招商外包公司负责做广告宣传等获得信息的活动或策划，由特许人企业付费；另一类是完全由招商外包公司自己做广告宣传等获得信息、然后努力促成招商成交。如采取前一种方式，招商外包公司收取的招商返点通常会比较低，比如40%；如采取后一种方式，招商外包公司收取的招商返点通常会比较高，比如60%甚至更多。

通常，招商外包公司会为了一个特许人的项目专门组织5人左右的招商团队。招商外包公司如果要求在某些区域独家代理招商的话，他们通常会承诺一个单位时间的招商数量。

刚起步的特许人企业喜欢与招商外包公司合作，成熟的特许人企业则更喜欢自己组建招商团队。

中国目前市面上的招商外包公司鱼龙混杂、良莠不齐，特许人企业在选择招商外包的合作伙伴时，一定要慎重，必须从对方的合法性、过往业绩、成功案例、团队专业性、全国渠道数量、经营历史、客户口碑、数据来源和数据库、社会责任感、收费模式、与客户的沟通顺畅性等几个方面进行仔细审查，或者可以去亲身体验其举办的招商说明会，大概了解一下单场邀约率、控场状况、签约率和现场收款数额等。记住，特许人企业需要考察的是上述这些方面的综合实力，而不能只看哪一个方面，比如有的招商外包公司虽然新成立，并没有多少成功案例，但其创始人为了打品牌，可能会更努力、收费更少，所以这样的新公司未必是不可选择的。相反，那些规模、实力已经很强而且做了很长时间的公司，却可能会有大公司的官僚主义习气，因为他们要招商的项目太多，所以可能并不太注重你的项目，招商效果可能还不如那些新成立的小的公司。另外，如果招商外包公司与客户的纠纷多、客户口碑差、不好沟通、社会责任感差等，那么这样的招商外包公司最好不要签约。无论如何，特许人企业都应仔细、慎重地选择招商外包公司，而不要匆忙签约，比如一旦签订了单位时间内的独家区域招商外包合同，而招商外包公司又没有按时按量完成招商任务的话，这种损失对于特许人企业而言可能是非常巨大的。

目前市面上的招商外包公司主要有如下几类。

1. 从零开始专职从事招商外包的公司

这些公司从创立伊始，就定位为专职、专业的招商外包公司。他们的招商人员相对专业，但是因为没有创业人或潜在受许人的数据，所以他们需要花费较多的资金去通过广告、会议等方式获取潜在受许人的信息，招商成本较高，也因此对于特许人企业的收费较高，在招商外包的业务中也会要求分得更多的招商返点，通常为50%～60%。

因为招商是这类公司的主要业务和收入来源，所以其招商的平均实际成交业绩还是不错的。

2. 由联展平台转化而来

由于竞争的加剧，以及国家对于买卖个人信息的严管，一些原本从事各类特许经营项目或代理类、经销类项目的招商网站或联展平台生意越来越不好做，因此他们就转变模式，由原来的广告商、数据销售商转化为招商外包公司。

这类招商外包公司因为有大量的后台信息作为支撑，所以他们的数据质量和数量都非常好，但是通常其招商人员的水平一般，这也会影响到其最终的招商成交业绩。

3. 由一些媒体、自媒体等转化而来

一些媒体、自媒体因为频频发布关于创业、特许经营、加盟之类的文章或节目，从而吸引了大量的潜在受许人咨询关于加盟的事情。这些媒体、自媒体看到有利可图，就自己组建招商团队，开展招商外包的业务。

这类招商外包公司在宣传、推广上比较专业，但是在招商业务上几乎就是外行，而且他们本身就把招商外包当作非主要的业务，所以其招商的效果难以保证。

4. 由一些特许人企业的招商部门分化而来

有些特许人企业自己的招商成绩不错，尤其是一些专以招商而非让加盟店盈利为目的的快招公司，因为庞大的招商团队的维护成本较高、招商能力过剩，于是在自己的若干个项目都消化不了大量潜在受许人数据的情况下，把自己过剩的招商能力推向社会，承包起其他特许人的招商业务。

此类招商外包公司的私心较重，因为在承接招商外包业务的时候，他们会把外包业务不能消化的潜在受许人的数据留为己用，这就等于是外包招商的特许人企业花钱获得了潜在受许人的数据，但该数据的相当一部分却被招商外包公司用于自己招自己的商了。在这种私心的作祟之下，此类招商外包公司的招商成绩通常也一般。

另外，因为此类招商外包公司原本的招商团队是专注于某个行业的招商业务，所以他们通常只承接相同行业但又不会与自己的业务直接竞争的特许人企业的招商外包业务。

对于此类招商外包公司，最值得担心的是，由于他们多数是快招公司出身，所以其社会责任感比较缺乏，常常会采取包括隐瞒、欺骗、夸大、空头承诺、捏造等在内的一些手段去和受许人成交，而很少顾及受许人在加盟后是否能成功创业，也很少顾及那些假特许人、骗子特许人的项目是否合法合德，只要有钱赚就行。

无论是特许人亲自招商，还是外包给别的组织或个人招商，最终实施招商的方式都可以归为最基本的两类：被动的"等"式营销或销售和主动的"找"式营销或销售。下面就以特许人企业亲自招商为例，分别予以讲解。

4.2 招商渠道之被动的"等"式营销或销售

这种招募受许人的方法，简单地讲，就是特许人企业借助某种媒介发布了自己的招商信息，然后等待潜在的受许人去接受该信息，等待有意向的潜在受许人主动和特许人企业联系加盟事宜。

在这种方法中，特许人企业处在明处，而潜在受许人则处在暗处。

在特许人企业的实际操作中，下述这些方法都可以采用。

（1）在面向目标潜在受许人群体的媒体上发布招商信息。

媒体可以包括各种新老媒体，比如电视、电台、报纸、杂志、互联网（包括企业网站、联展平台、门户网站、可竞价的搜索引擎、微信、微博、抖音、头条、博客、贴吧、19楼、德意生活、知乎、豆瓣、篱笆、妈妈网等）、路边广告牌、交通工具媒体（包括出租车、公交车、飞机、高铁等）、直投杂志和酒店内的名片架、新媒体（比如厕所广告、电梯广告等）等，发布信息的形式既可以是硬性的广告，也可以是软文。

记住，在公开发布信息时一定要注意选择合适的媒体、发布内容、发布时间、发布形式等，并对发布全程进行跟踪。

在选择合适的媒体方面，如果你的特许权定位为大中型投资，则应该在飞机、高铁等上面做广告；如果你的目标受许人是在校大学生或刚毕业的大学生，则应该选择大学生们喜欢的媒体，比如微信、抖音等。

在发布内容上，虽然恒源祥的"恒源祥，羊羊羊"很俗，但却被成千上万人记住，而有的广告虽然是很优美的图片或视频，观众却常常不知道他们是在推广模特的服装，还是出现在广告里的家具、用品等中的哪一个。

在发布时间上，电视台之所以在不同时间段的广告收费差别很大，就是因为不同阶段的广告效果也有很大的差别。

在发布形式上，有些广告只是购买了高速公路上的一块牌子，有的则是连续购买了很多块，其结果是前者很容易被忽略或遗忘，而后者则在反复的广告中让观众记忆深刻。

在可能的情况下，特许人最好多留几种联系方式，比如固定电话、传真、E-mail、传统邮寄地址和邮政编码、手机、QQ、微信等，这样的话，可以给具有或偏爱不同联系手段和工具的受许人以更大的方便和更多的选择。

（2）参加全国性和地区性、行业性等与特许经营有直接或间接关系的展览会。

企业既可以实际参展，在展会上租赁一个位置，也可以借助展会的人流量，向参展人群发放自己的招募宣传册。

但要注意的是，如今展会招商的效果正呈现下降趋势，其原因有很多，比如各地展会的数量太多、展会中可能会有欺诈性的特许人、展会的门票价格开始上升、参展企业的行业分布不均匀、布展费用不断增高、展会本身的宣传推广程度不够、诸如网络与媒体广告之类的展会的替代性招商渠道异军突起，等等。

企业在参加各种各样的特许经营展会时，应仔细分析和研究，在展会的性质、展摊位置、参展费用谈判等方面仔细论证，以使参展的效果达到最佳。

（3）参加目标受许人群体可能会出现的会议、论坛、培训、活动等。

如果企业能分析出你的潜在受许人的主要群体，那么参加这类针对性的集体活动，比如创业类投资洽谈会、商业计划书大奖赛、投资类培训班、公开的论坛或集会等，招商效果会更好。

比如，如果经过分析，你认为你的潜在受许人主要是商铺投资者，那么你就可以在商铺展、地产论坛等集体活动上招募你的受许人；如果经过分析后认为你的受许人主要是那些富裕的白领阶层，那么你就可以在白领们的一些集体性活动上展开招募行动；如果经过分析后认为你的潜在受许人主要是下岗和再就业的人群（比如适合于四五十岁者的小型项目），那么你就可以在这些下岗和再就业人群集中的活动上，比如专项招聘会上，进行招商活动，或者直接和市、区、街道的就业办等机构联系；如果你认为你的受许人主要是刚毕业的大学生，那么在每年夏初的时候，各大高校的毕业典礼或许就是你招商的最佳场合。

（4）在专门为特许经营、连锁、加盟等服务的网站或其他媒介上发布招募信息。

需要注意的是，由于特许经营市场的火爆，目前这类专门用于发布招商广告的网站或其他媒介特别多，但他们的各自定位（比如有的针对小型投资创业项目，有的针对大中型投资创业项目；有的只针对某特定行业招商，有的则不分行业）、风格、有效性、价格等各有不同，所以特许人企业应多方比较，谨慎选择。

（5）召开地区性的招商发布会即 OPP 会议，现场发布加盟信息。

招商发布会又叫项目说明会、招商说明会、OPP 会议，指的是特许人企业召集潜在的受许人或投资人集会，然后特许人企业向这些参会人群集中性地发布自己的招商信息，并与参会者就加盟问题进行互动沟通，以达成现场或后续成功招商的目的。

在召开此类会议时，要特别注意如下几个方面。

一是参会对象。一般应为经过初步资格审核合格的潜在受许人或加盟申请者，但企业也可以同时邀请一些媒体参与以做宣传，邀请一些现实的受许人现身说法，邀请一些明星、名人、专家等站台，邀请一些艺人来表演节目以活跃气氛。

二是时间。根据特许人企业自己的邀约能力，可以每周、每月或每季度举办一次。

举办会议的时间可以设在潜在受许人都有空闲的日子，如果他们多数是上班族的话，招商说明会的时间就可以选在周六日；会议的时间长度最好不要超过一整天，要在潜在受许人们对特许人的项目热情达到高潮的时候迅速现场成交，而超过一天，或潜在受许人在酒店里过上一晚的话，他们对特许人项目的热情就会有不同程度的减少，招商成交额就可能会降低。

三是地点。最好是在企业的特许经营总部、分部或样板店或生产基地附近，这样特许人就可以带领潜在受许人以参观的形式展示自己企业的实力、方便潜在受许人现场体验特许人的产品或服务、增加潜在受许人对于特许人项目的好感。

为显示实力和档次，除了使用自己的会议室之外，特许人招商说明会的会议场所也可以租用级别比较高的酒店会议室。通常，高大上的会议场所和布置对于招商的成交是有很大帮助的。因为潜在受许人参加招商说明会通常都是自负差旅食宿费，所以对于需要居住酒店的人，特许人应事先帮助谈好不同星级的酒店的协议价。

四是人数。不宜太少或太多，人太少的话没气氛，人太多的话，企业就需要配备更多的咨询与互动、服务和现场成交的招商人员。一般而言，来参加项目说明会的潜在受许人的人数下限是30人，人数上限则要根据特许人企业的招商人员数量来定，但最好不要超过特许人企业参加此次招商说明会的招商人员总数的7倍，这样的话，每个招商人员就可以应对不超过7名潜在受许人，沟通比较轻松和有效。

五是会议流程。可以采取特许人企业先做演讲（主要是介绍企业的特许权情况），然后和潜在受许人或投资人互动答疑的形式。当然，企业也可以配合采取其他一些会议内容，比如参观总部或单店或生产基地、现场消费体验、受许人现身说法、明星名人专家站台演讲、现场促销、现场抽奖、艺人表演等，同时还可以给参会者发放一些企业的资料、产品或小礼品。

六是演讲人。因为这类会议在开始时一般都是企业进行自我介绍，所以这个演讲特别重要，特许人企业要在演讲人（一定要富于感染力）、演讲内容（见下文）、演讲形式（最好是采用多媒体的形式，这样会更生动）、演讲时间（比如最好不要超过1小时）等方面好好研究和设计。同时，特许人企业为了避免给参会者造成"王婆卖瓜，自卖自夸"的印象，增强企业的说服力和可信度，还可以请一些另外的人士来演讲，比如代表第三方的特许经营领域的专家、企业的现实受许人等。

七是特许人企业的演讲内容。应至少包括企业《加盟指南》上的内容，具体而言，可以包括如下几个方面。

·市场的容量、前景、政府支持等简介。

·特许人简介（名称、历史等）及联系方式，包括电话、传真、E-mail、网站、地址、邮政编码、来本企业的交通路线、微信、QQ 等。

·特许人特许经营体系的优势及其所提供的支持。

·一些宣传口号或企业文化的摘录（通常为企业理念，即 MI 部分）。

·已有的加盟店及本招募文件所要招募的受许人的数量、地区。

·对合格受许人的要求即加盟条件。

·成功的受许人、满意的消费者的简要情况。

·专家、背书、奖证牌匾、荣誉等。

·关于加盟的常见问题回答，即 Q&A。

·特许经营相关费用。

·单店投资回收预算表，即单店的投资回报分析表。

·加盟流程。

关于 OPP 会议的详细介绍，参见后文相关内容。

八是事前策划、事中掌控、事后跟踪。要对项目说明会进行全程的管理，事前一定要做周密的策划，包括时间、地点、人物、事件、费用、物品、流程、设备等；在招商说明会举行的时候，一定要随时监控、掌控局面，确保按事先的计划进行，但也要有临时的机动性和灵活性；在招商说明会结束之后，一定要汇总所有参加会议的潜在受许人的情况，包括其联系方式、初步洽谈结果等，并对他们进行分类，比如分为现场成交者、交纳定金者、迫切加盟者、一般加盟者、不愿加盟者、犹疑不定者等，然后根据不同类型确定下一步的招商成交策略。

（6）注册企业的网站、微信、微博、抖音、博客等，发布招商信息。

在信息数字化的今天，这个非常重要，因为越来越多的人习惯于在网上搜索相关信息，所以可能的话，企业最好应注册自己的网站、微信、微博、抖音、博客等。同时，应该把它们做得丰富多彩，以更有利于推广企业的项目。如果一个特许人企业做得有声有色，却连自己的网站、微信、微博、抖音、博客等都没有，或做得非常不好，那么该特许人企业的投资、经营、现代意识往往就会让人怀疑，这必然会影响到特许人的招商。

事实证明，那些拥有良好的网站、微信、微博、抖音、博客等，并通过类似于搜索引擎竞价排名、网站链接、广告宣传、精准信息流推送等方法使自己的网站、微信、微博、抖音、博客等的点击率或粉丝量达到一定数量的特许人，在获得潜在受许人咨询方面占有相当大的优势，而且因为网络的普及程度越来越高，利用这种方式进行宣传与推广的效果也会越来越好。

企业在做搜索引擎的竞价排名时要注意，为了节省费用，未必一定要排在第一位，只要排在浏览者一眼就能看到的名次中即可。有的时候，一些不正当竞争者会故意从搜索的结果里点击竞价者的网站，以此种方式来"花掉"竞价者的竞价费用，这一点需要企业注意。同时，在关键词选择、名称确定和简短描述上应反复仔细推敲，以使竞价的整体效果达到最佳。

（7）委托信息公司、顾问咨询公司、培训公司、营销中介等进行招商。

（8）电话营销、手机的短信营销。

（9）邮寄营销，包括普通信件邮寄、电子信件（E-mail）发送（比如可以利用有效的电子邮件群发软件进行）等。著名的宜家家居连锁起家的时候，就成功地运用邮寄营销获得了大量的顾客。

（10）鼓励已有受许人推荐。

（11）鼓励特许人企业的合作伙伴和关系户推荐。

（12）鼓励特许人企业自身的员工、股东等推荐。

（13）利用特许人已有的单店发布招商信息。

比如，在自己店的门头上印刷招商电话、在店内陈设招商海报、在店内摆放本企业《加盟指南》等。事实证明，相当一部分受许人是因为在特许人的单店里消费了之后产生的加盟意向，而且每天从特许人的各个单店门前路过以及进店消费的人群数量是相当可观的，所以这个基本等于免费的招商好渠道千万不要错过。

（14）利用特许人企业产品及其他信息渠道进行发布，比如，在企业产品的包装袋、手提袋、优惠卡、会员卡、宣传单、产品说明书、名片等上面印刷招商的信息。

（15）利用聊天工具。

比如，将QQ、微信等聊天工具起个特许人企业的名字或在名字后备注"招商""加盟"等字样，然后在各种各样的群、自己的空间或朋友圈里发布招商信息，但要注意，这些招商信息一定要措辞委婉、隐秘，否则很容易被群主删除出群。

（16）在门户网站的"热点""焦点"等新闻、栏目、文章等后面的"我要说两句""评论"等上面发布信息。但要注意，相比较直白露骨地做广告，还是要尽量措辞委婉、隐秘，以防被删除或拉黑。

（17）借助一些网站的留言板、BBS、论坛等类似栏目发布信息。

企业可以在上面发布自己的招商信息，比如以提问、回答等委婉的方式在百度知道、搜狗问问等里面发布信息，但要注意，相比较直白露骨地做广告，还是要尽量措辞委婉、隐秘，以防被删除或拉黑。

（18）和一些机构联合。

可以联合一些招商机构比如餐饮、服装、美容等行业性的协会，地区性的协会，街道办事处或就业办，再就业办公室，高校就业办，青年、妇女协会，创业类的孵化园，拆迁办，专门为退伍军人服务的机构等。特许人企业可以和这些机构合作，向其会员或成员定向发布招商信息。

（19）发布间接的招商信息。

比如在传统或新兴的媒体上发表一些不像广告的软文，这样的话，含有特许人企业招商信息的案例性论文、专业观点、新闻、文章等被其他媒体转载、收录的可能性就会大些。

（20）主动接受媒体采访或参加一些电视、电台、视频、音频类的节目。

企业应积极主动地联系媒体，接受他们的采访，向社会传播自己的招商信息。同时，企业也应积极主动地参加一些电视、电台、视频、音频类的节目，成为嘉宾、观察员等，从而借助这些节目举办方的推广来传播自己的招商信息。

（21）积极主动参加一些论坛、峰会等。

如果可能，要争取成为论坛、峰会等的演讲者，这样的招商信息传播效果会更好。

（22）利用信息抓取的技术或工具在网络上抓取创业人信息。

现在已经有这样的科技技术或工具，可以收集特定对象的信息，实现企业招商信息的精准推送。

（23）直播招商。

不管你承认不承认，10多年前就存在的直播，现在终于火起来了。直播经济已经在中国大地落地生根、开花结果了。据统计，2018年仅淘宝的直播平台带货就超过了1000亿元，同比增速近400%。

在连锁领域，运用直播成功卖货的企业比比皆是，包括麦当劳、肯德基、星巴克等，效果非常不错。麦当劳走进淘宝博某网红的直播间，短短几分钟时间，单价112元的麦当劳5~6人套餐就卖出了2万多份；肯德基超级App在某网红的直播间进行了全球首次直播，当晚，3万份4.5折潮汉堡欢享餐（4~5人）电子券刚上架即售罄，另外上架的13个肯德基特色产品电子券供不应求，上架一个售空一个，直到肯德基专场结束时，还有很多粉丝没有抢到；星巴克联手某网红的第一次直播卖货，当晚共有829万名粉丝观看，直播5个小时，卖出9万多杯星冰乐双杯券、3.8万多杯拿铁电子饮品券、3万多杯橙柚派对双杯券，光是可以兑换的饮品加起来就近16万杯，相当于一家出杯量大的茶饮店五个月的销量。此外，这场火热直播还帮星巴克卖出了6000多个不锈钢杯、3000多个塑料吸管杯、3000多个定制版天猫精灵。

2019年的"双十一"，超过50%的淘宝商家都在当天开启了直播。不到9个小时，直播引导成交额超过百亿！

直播的作用其实远不止卖货，它还可以挑起话题并引起媒体的报道、传播与展示企业形象、吸引更多的消费者、提高知名度等，所以企业应利用直播的形式吸引潜在受许人，使之成为招商的利器之一。

4.3 招商渠道之主动的"找"式营销或销售

这种方法的实质就是，特许人企业主动寻找受许人，并直接与之洽谈加盟事宜。具体可以采用下述这些方法。

（1）在自己的员工、上下游合作伙伴等中间寻找。

现在有很多特许人都采取了这样的做法，事实证明效果非常好。比如，企业发展自己的员工作为受许人的话，那么这样的受许人会具有许多独特的加盟优势，包括不需要更多的培训、更认可企业文化等。

（2）在一些"供""求"类网站、栏目等媒介上寻找。

比如，某些网站上会有一些公开的"供""求"信息，特许人可以据此主动地与合适的需求者联系洽谈。

（3）在诸如百度知道、搜狗问问之类的留言、帖子里寻找。

特许人企业需要注意的是，即便留言的人想寻求餐饮的项目加盟，而你恰巧是做干洗店的，你也不能放弃这条寻求加盟项目的信息，相反，你应努力说服想加盟餐饮的这个人转而加盟你的干洗店。毕竟，加盟任何行业和项目都是有利有弊的，如果你能充分运用你的超级销售话术，那么，将一名意欲加盟餐饮项目或别的行业项目的人说服加盟你的项目是不成问题的。

（4）在一些中介、顾问咨询机构、培训机构、投资性媒体之类的机构里寻找。因为一些潜在的受许人可能会寻求这些机构的投资帮助，这些机构也可能会积蓄一些潜在投资人的联系信息。

比如维华商创（北京）企业管理策划有限责任公司，因为其在中国特许经营与连锁经营领域的培训、咨询、策划、资源对接等方面的专业性，很多创业者在选择项目时都会征求维华商创的专家对于项目的看法，专家的意见有时会起到决定性的作用。如此，维华商创就积累了大量的潜在受许人的信息，特许人企业完全可以借助这些潜在受许人的信息进行招商。

（5）直接联系现有的同行业或甚至不同行业的单店所有者。

比如，很多便利店的特许人在发展受许人时，因为地址难以寻找等原因，他们往往会"收编"甚至"策反"现有市场中的同类便利店经营者，劝说他们成为自己体系的受许人。操作得当的话，那些经营状况不好、市场竞争激烈的单店所有者很有可能会成为体系的受许人。

也有一些诸如汽车后市场、快餐店、美容院、美发店等的特许人，因为看到了行业内大量的个体户、夫妻店、路边摊等的小、散、脏、乱、差，以及他们急切需要正规的特许人企业的培训、物流、品牌、获客方法等资源或能力的现状，这些行业内的规范化的特许人企业就会采取业内招商的手段，即通过资金、信息、技术等的合作，把这些个体户、夫妻店、路边摊等变为自己的受许人。

（6）在职业介绍的机构、媒介里寻找。

对于求职的人而言，他／她寻求的是一种职业，而加盟无疑也是职业中的一种，所以特许人企业可以选择性地联系一些求职者。这个方法特别适合于那些小本投资的特许经营项目，因为一般而言，求职的人群不具备大投资的足够意识和能力。

（7）寻找意欲创业的人群。

这些人群的可能存在处包括创业类的孵化园、教育培训机构、协会、沙龙、培训班、论坛、政府管理部门、展会等。

（8）寻找意欲投资的人群。

这些人群的可能存在处包括孵化园、投资类的教育培训机构、协会、沙龙、培训班、论坛、政府管理部门、展会、投资公司等。这些人群的一个显著特征是他们通常在经济上比较富裕，所以白领、小资等富裕人群集聚的地方、场所或机构等常常是某些特许人寻找受许人的佳处。

（9）寻找商铺，尤其是空闲商铺和待转商铺。

通常，对于商铺而言，其开店的主要方式无非就是自己单干和加盟别人，所以，只要特许人企业能寻找到这些适合做加盟商铺的意欲经营者，那么就一定有成功招商的概率存在。

（10）已有受许人的二次、多次开发。

成功的受许人在尝到了甜头后，就可能想再开新的加盟店，特许人企业可以采取对二次加盟、多次加盟优惠等方式，吸引已有受许人再次开设新加盟店。

在美国，麦当劳最大的受许人 Century Management 拥有 69 家门店，最大的 9 家受许人平均每家拥有 40 家门店。

（11）和别的特许人交换潜在受许人或投资人的信息。

按照笔者研究的结果，在所有咨询加盟的潜在受许人之中，特许人企业能最终签订特许经营合同或成交的比例通常不会超过 30%，所以，特许人用广告资金或别的资源努力换来的 70% 多的潜在受许人就浪费了，或者说，这 70% 多的想创业的人群没有找到理想的加盟项目。如此，特许人就可以和别的特许人企业交换这 70% 多的潜在受许人的信息，或许，这 70% 多的没成交的潜在受许人会加盟别的特许人项目。

当然，更多的特许人企业加入到交换潜在受许人的商业模式中来，其益处是显而易见的：一是每个特许人都可以在花费不变或稍微增加的基础上获得更多的潜在受许人数量，加入这种商业模式的特许人数量越多、每个特许人提供出来的多余潜在受许人的数量越多、参与交换的特许人项目的可替代性越强，则每个参与交换的特许人可获得的潜在受许人数量就越多，甚至可以达到几何倍数的增加；二是每个进入信息交换过程中的潜在受许人找到自己心仪的项目的概率会大大增加，这对于创业人圆梦以及整个国家、民族经济的发展都是非常有利的。

上述这一交换的商业模式，也正是中国特许经营第一同学会"维华会"创立的初衷之一。

（12）借助科技或工具。

比如，现在市面上有一种能自动检测并收集周边一定距离范围内的手机号码的科技，其硬件装备只有香烟盒般大小。获得这些手机号码之后，特许人企业就可以用移动或联通的网络对这些号码发送短信或拨打电话。

需要注意的是，无论是被动的"等"式营销或销售，还是主动的"找"式营销或销售，或者是这两大类方法中的每一个小类的具体方法，都有利有弊，主要区别体现在营销或销售的成本、难度、执行人力、时间、概率等方面。对于有条件的企业，完全可以全面开花，广泛地采用上述的各种方法，"东方不亮西方亮"，这样的营销或销售效果会最好；而人力、财力不充裕的企业，则可以根据自己的情况，从上述方法中选取出最适合自己的来加以实践。

练习与思考

1. 企业选择自主招商或外包招商时，应该采用什么样的模型呢？试着建立这个模型。

2. 试着在书中所列的"等"式渠道和"找"式渠道之外，分别再列出几种"等"式渠道和"找"式渠道。

第 5 章　招商的人力资源管理

[**本章要点**]

本章第 1 节主要讲解招商部部门职能、组织架构与岗位职责，第 2 节主要讲解招商人员的激励管理，第 3 节主要讲解《特许人企业招商部薪酬体系及绩效考核管理制度》的编制，第 4 节主要讲解特许人如何防止招商和后续营建等工作的脱节。本章的目的是让读者掌握关于招商的人力资源管理的理论与实战方法。

5.1　招商部部门职能、组织架构与岗位职责

一、招商部部门职能

通常，招商部应该具备如表 5-1 所示的职能。

表 5-1　招商部部门职能与详细内容

序号	部门职能	详细内容
1	部门与人员管理	不断优化组织结构和岗位设置、小组划分 严格按照招商部的工作要求招聘、培训、培养、激励，管理各职位人才的增减、进出、升降、奖罚
2	招商体系建设	积极参与公司整个特许经营体系的建设，重点是招商体系的建设 不断收集整理市场上有关招商的法规政策、趋势、模式、竞争者等信息，为本公司的招商体系建设与维护、升级提出建议并在获批准后落地实施 与时俱进地更新招商战略、战术规划，广告与宣传推广计划，招商政策、制度与流程，招商系列手册，特许经营系列合同，加盟档案
3	市场拓展	负责招商活动等的策划并实施 发布招商信息与主动寻找受许人 负责新受许人的招募及老受许人的裂变，按质按量完成招商任务 负责从回答咨询、指导填表、组织受许人评定小组、签订加盟意向书、协助选址、邀约考察与接待、邀约参加招商说明会、到客户处考察等，一直到招商谈判、签订特许经营合同，最后协助财务部收取特许经营费用

续表

序号	部门职能	详细内容
4	渠道管理	建立并管理招商渠道
5	关系维护	全程维护、协助维护良好的受许人关系 做好与法务、营建、培训、物流、督导、财务、人力、行政等公司其他部门的交接与配合等工作 做好与招商媒介、展会公司等的关系维护
6	其他工作	完成领导交代的其他工作

二、招商部组织架构、人员配置与岗位职责

1. 组织架构

下面仅列举大公司的招商部组织架构与人员配置，中、小公司参照这些内容做减法即可。

通常，对于大公司而言，其招商部的组织架构如图5-1所示。

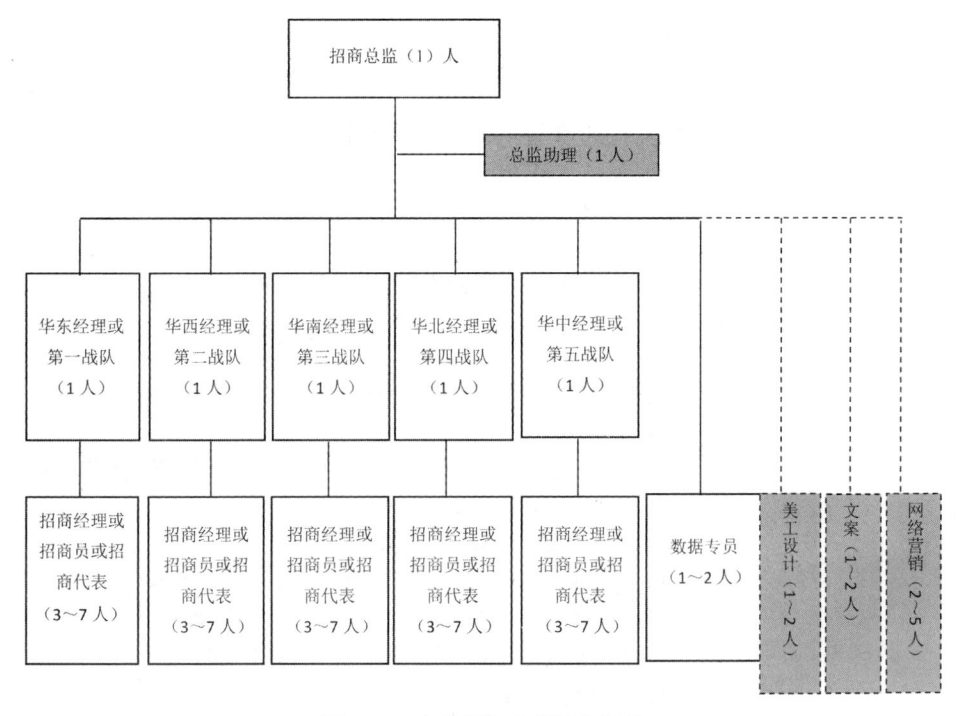

图5-1 大公司招商部组织架构

需要注意如下几点。

（1）为了招商方便，通常公司内部会分为招商员、招商主管、高级招商主管、招商经理等职级，但对外时都称为招商经理，如此，客户会感觉被重视，招商人员也不会因级别太低而减少信心。

（2）招商需要用到的美工设计、文案、网络营销等并非招商部所独有的职能岗位，即便是不做特许经营的公司也可能会有，所以招商部的这些岗位通常会和公司其余部门共享，在此处的组织架构里不单列出。当然，特许人企业也可以将其归于招商部。

（3）为提高工作效率、节省人力支出，招商总监的总监助理可以由下属的大区经理、招商经理、招商员或招商代表、数据专员、美工设计、文案、网络营销等岗位中选择一人兼职即可。

（4）每个招商战队或招商小组的人数可多可少，但通常不同小组的人数应相同，否则，任务量的分配、考核以及相互的评比等不好掌控。通常，一个招商战队或小组的成员数量3~7人比较合适。

2. 岗位配置与主要职责

因为总监助理、美工设计、文案、网络营销等岗位的职责和其他公司相似，所以此处不再赘述，在表5-2中仅列出特许经营招商部所独有特色的四类岗位的主要职责。

表5-2　招商部岗位配置数量与主要职责

岗位名称	配置数量	主要职责
招商总监	1人	负责整个招商体系的建立、维护与更新，拟定公司招商战略战术规划 招商政策、手册、合同、制度、流程、策划、活动等的起草、报批、确审、下发、执行、更新 部门日常会议、培训等的主持召开 协调与公司外的政府、媒介等关系，以及公司内部其他各部门之间关系，协调招商部内部各小组、成员之间的关系 管理整个招商部的人、财、物，使其胜任与合格 建立并管理招商渠道 全程维护、协助维护良好的受许人关系

续表

岗位名称	配置数量	主要职责
总监助理	1人	（略）
大区经理	5人	负责各大区招商指标的跟进、监督与达成 对招商经理日常工作的监督管理 区域市场重点客户的关系维护 团队人员培养及专业技能培训 建立并管理招商渠道 全程维护、协助维护良好的受许人关系
招商经理	20人	负责分配的招商指标的达成 空白市场的开发及新受许人的招募、老受许人的再开发 老受许人不定期回访，收集加盟信息及时上报 记录加盟档案 建立并管理招商渠道 全程维护、协助维护良好的受许人关系
数据专员	1人	潜在受许人、受许人信息资料汇总并归档 部门人员考勤及工作纪律的监督管理 部门内部工作会议的记录等工作 收集整理市场上有关招商的法规政策、趋势、模式、竞争者等信息
美工设计	1~2人	（略）
文案	1~2人	（略）
网络营销	2~5人	（略）
总计	32~37人	

三、招商人员职业素质要求

招商是特许经营总部的重要工作之一。总部配置有相应职业素质的人员专职负责该项工作，招商人员需要具备以下一些特别的职业素质。

1. 关于特许经营

· 熟悉特许经营的有关知识。

· 熟悉国家有关特许经营的法律法规和政策。

2. 关于本企业

·熟悉本企业的历史、经营理念与企业文化等基本内容。

3. 关于本企业的特许经营

·熟知本企业的特许经营业务。

·熟知本企业特许经营合同的各项条款。

·熟知本企业招募受许人的条件即加盟条件。

·熟知本企业的加盟政策、流程等。

4. 关于销售

·良好的沟通能力、亲和力和人际关系。

·丰富的谈判经验和谈判技巧。

5. 关于个人

·正直诚实、强烈的责任心。

·形象好，给人诚实、敬业、专业的感觉。

·勤奋、坚持。

·强大的心理承受力。

5.2 招商人员的激励管理

为尽快扩大特许经营体系规模，更好地激励与表彰招商有功人员，更好地实施全员（包括总部员工、分部员工、分公司员工、直营店员工、受许人、加盟店员工、供应商等合作伙伴等）招商工程，推动招商工作，特许人应制定一些有效的精神与物质激励办法。

物质激励办法可以分为两个大的类别，分别针对非专职的招商人员和专职的招商人员。数额可以为加盟金、单店投资额、受许人进货额等的一个比例，也可以是按加盟店面积、受许人所属地区等确定的一个固定数值，这两种招商提成的方式各有利弊，到底选择哪种，需要根据其特许人企业的实际情况来定。

假设特许人企业的店分为三类：大店、中店和小店，相互之间加盟金的差别在3倍之内，比如说大店是10万元，中店是8万元，小店是6万，那么按照同一个加盟金的比例设计招商提成的话，招商提成在三类店之间的差别也在3倍之内，如此，招商人员通常不会刻意地只招募大店或中店的受许人。如果是另一种情况，比如大店、中店和小店的加盟金之间的差别超过 3 倍，那么按照同一个加盟金的比例设计招商提成的话，招商提成在三类店之间的差别也会超过 3 倍，如此，招商人员就可能会刻意地只招募大店或中店的受许人而放弃小店的招商。大店、中店和小店的加盟金之间的差别倍数越高，招商人员刻意地只招募大店或中店的受许人而放弃小店招商的可能性就越大。这样的坏处是显而易见的。一是大店、中店的潜在受许人的基数较小，因此其招商的数量就少、招商进展就慢。还有可能发生的情况是，招商人员会刻意地鼓动原本加盟小店就能盈利的潜在受许人，让其经营盈利可能性较小的大店、中店，如此，受许人的成功率自然会变低，从而影响特许经营体系的发展。

一、对于非专职招商人员的激励办法

（1）提供信息奖。凡是提供潜在受许人的联系方式和信息，并由招商人员确认是真实的，不论最终是否招商成功，总部都要向提供信息者发放一次性奖金，比如 50 元 / 条。由招商人员与该潜在受许人谈判并签订特许经营合同，在正式特许经营合同生效且受许人单方解除合同的期限已过的一定时间（比如 2 周）内，对于最终签订单店特许经营合同的，由总部向提供信息者发放一次性奖金；对于最终签订多店特许经营合同的，由总部向提供信息者发放一次性奖金（比如可以是上述一次性奖金乘以店数的总奖金）；对于最终签订区域特许经营合同或区域代理特许经营合同的，由总部向提供信息者发放一次性奖金（可为固定值；也可为比例，比如区域受许人加盟金或区域代理商代理费的百分数）。对于这种激励办法，为了防止虚假信息，公司还应制定针对提供虚假信息的相关处罚办法或规定。

（2）全程谈判。是指非专职的招商人员不但提供潜在受许人信息，而且全程和受许人进行主谈判（招商部人员可以协助）并最终签订特许经营合同的，在正式特许经营合同生效后且受许人单方解除合同的期限已过的一定时间（比如 2 周）内，对于最终签订单店特许经营合同的，由总部向提供信息且全程谈判者发放一次性奖金；对于最终签订多店特许经营合同的，由总部向提供信息且全程谈判者发放一次性奖金（比如可以是上述一次性奖金乘以店数的总奖金）；对于最终签订区域特许经营合同或区域代理特许经营合同的，由总部向提供信息且全程谈判者发放一次性奖金（可为固定值；也可为比例，比如区域受许人加盟金或区域代理商代理费的百分数）。

但要注意的是，因为招商是一个很专业的工作，所以为了不浪费每个加盟咨询信息，提高招商的成功率，特许人企业应鼓励非专职招商人员尽可能地提供信息给总部的专职招商人员并由专职的招商人员去沟通和成交，而不是鼓励非专职招商人员去全程谈判，为此，非专职招商人员因为全程谈判而最后签约得到的奖金数额不应高于只是提供信息者所得到的奖金数额。

通常，特许人企业会规定一个对于不同受许人招商成功的奖励机制，比如招商提成的比例为受许人加盟金的20%。那么，专职招商人员和非专职招商人员共同参与并与受许人成交的提成机制是，将总提成即受许人加盟金的20%按照一定的比例分配给专职招商人员和非专职招商人员，因为专职招商人员起的作用更大，所以在非专职招商人员只提供信息的情况下，非专职招商人员与专职招商人员的分配比例一般为2∶8；在非专职招商人员参与全程谈判的情况下，根据其所起的作用大小，与专职招商人员的分配比例可以为3∶7或4∶6。

特许人企业应尽量不能让非专职招商人员的分配比例超过40%，否则，专职招商人员的动力就会减少，非专职招商人员也可能会因此而不务正业，耽误自己的本职工作。

（3）如果非专职招商人员为本公司员工或受许人员工、受许人，公司可以在物质奖励之外同时给予一些精神奖励，比如在公司内部书面通报表扬，并作为评优、晋级、晋升的重要依据。

如果非专职招商人员是股东、供应商等合作伙伴，则其招商提成比例或数值应比本公司的员工或受许人员工、受许人的提成比例或数值高一些，比如高出50%。

（4）非专职招商人员如果要申请专职招商人员的协助，必须填写联合招商申请单，由招商总监统一安排招商人员。

二、对专职招商人员的激励办法

在特许经营合同生效后且受许人单方解除合同的期限已过的一定时间（比如2周）之内，对于最终签订单店特许经营合同的，由总部发放一次性奖金；对于最终签订多店特许经营合同的，由总部发放一次性奖金（比如可以是上述一次性奖金乘以店数的总奖金）；对于最终签订区域特许经营合同或区域代理特许经营合同的，由总部发放一次性奖金（可为固定值；也可为比例，比如区域受许人加盟金或区域代理商代理费的百分数）。

三、递进奖

对于上述的奖励数额，特许人企业还可以采取递进的方式来刺激招商人员不断出单，比如在一定时期内，签第一个单时奖励2000元，签第二个单时奖励数额比上一单增加一个比例，比如5%，以此类推。

四、层级奖

比如招商数量在5个受许人以下时是一个提成比例或固定值，5～10个时再高一些，10个以上时更高一些。

五、团队奖

需要注意的是，由于上述这些激励办法是针对个人的，所以必然会出现个人利益与团队利益冲突的问题，即每个招商人员都可能倾向于更多地去追求单兵作战，团队的意识被淡化。因此，企业在个人激励之外，还应设置专门的团队奖，即每个受许人的成功招商，所有招商人员都可以得到一份奖励。

为了刺激招商人员的团队精神，企业还可以采用一些"捆绑"式的正面办法。

比如某公司有3个招商人员，公司规定，每签一个受许人，公司奖励成功签订此单的招商员2000元。公司规定每个招商员每月至少要完成2个签单任务，也就是说，这三个招商员的每月最低任务是签约6个单。

那么，如何使用"捆绑"式的激励办法而使招商人员更有团队精神呢？

对于公司而言，他们可以增加一些规定，比如，如果某月招商总数为7个的话，则每个招商员的每单奖励由2000元提高至2200元；如果某月招商总数为8个的话，则每个招商员的每单奖励由2000元提高至2400元；以此类推。

如此，每个招商人员都会明白，他／她协助别的招商人员成功也会给自己带来直接的利益，这样其团队精神或意识就会更强烈一些。

六、任务量

招商人员的任务量分为两个部分，一个是日常工作的任务量，另一个是成交的目标任务量。

1. 日常工作的任务量

没有量变，就没有质变。所以为了保证招商人员的最终成交业绩，特许人一定要规定每个招商人员每天的日常工作任务量，至少应包括：

（1）最少电话数，以能打通为计数依据，通常每人每天200个以上。

（2）最少"准成交客户"数，以签订特许经营合同或加盟意向书的意愿、时间确定为依据，通常为每人每周 2 个及以上。

（3）最少"强意向客户"数，以明确表示愿意考虑加盟为计数依据，通常为每人每天 3 个及以上。

（4）最少"意向客户"电话数，以没有明确拒绝、但也没有明确表示愿意考虑加盟为计数依据，通常为每人每天 15 个及以上。

（5）最少新客户数，以之前没联系过的为计数依据，通常为每人每天 50 个及以上。

（6）最少私发短信数，通常为每人每天 200 条及以上。

（7）最少私发微信数，通常为每人每天 500 条及以上。

2.成交的目标任务量

特许人企业应对整个招商部门、每个招商小组、每个招商人员都设定每天、每周、每月、每季、每年的最小招商任务量，其每月提成的比例和任务量的完成度有关。任务量应至少包括实际成交的受许人数量以及实际收到的特许经营费用。

虽然特许人会规定招商的提成比例或固定值，但是招商人员实际拿到的招商提成比例或固定值并不一定是这个事先规定的比例或固定值，因为其最终还应与任务量的完成度挂钩。

比如，特许企业规定每个招商人员的每月最低任务量是成交 n 个受许人，每个受许人成交后的招商提成比例是 m，受许人当月完成的任务量是 x。那么，每个招商人员每月的实际招商提成比例的计算公式为：

实际招商提成比例 $= x \div n \times m$

为了防止实际招商比例过低或过高，上式中的 $x \div n$ 应设定一个下限与上限，比如下限设定为 20%，上限设定为 300%，总的实际招商提成比例应能使得特许人企业有满意的分配比例。

除了以成交受许人的数量计算之外，还可以实际成交收到的特许经营费用来计算。比如，特许人企业规定每个招商人员每月的最低成交额是 n 万元，每个受许人成交后的招商提成比例是 m，受许人当月完成的任务量是 x。那么，每个招商人员每月的实际招商提成比例的计算公式为：

实际招商提成比例 $= x \div n \times m$

为了防止实际招商比例过低或过高，上式中的 x÷n 也应设定一个下限与上限，比如下限设定为 20%，上限设定为 300%，总的实际招商提成比例应能使得特许人企业有满意的分配比例。

5.3 《特许人企业招商部薪酬体系及绩效考核管理制度》的编制

下面是笔者为某某特许人企业设计的《招商部薪酬体系及绩效考核管理制度》，关于商业秘密的部分已经隐去，企业可以根据自己的实际情况进行修改。

第一章　总则

1. 本制度的宗旨是：建立更加科学合理的招商组织管理系统，规范招商系统的职位、职级序列体系，拓展招商人员的职业发展通道，建立更为科学、更富有活力与竞争力的薪酬激励体系。

2. 公司对招商部实行以岗位绩效考核与薪酬挂钩相结合的分配办法，采取"以岗定责、以责定量、以量定分、以分定薪"的科学方法，建立起目标考核评价体系，并依据评价结果发放绩效工资、晋级工资和奖金的薪酬模式。

3. 公司建立起目标考核评价体系，旨在科学地评价招商人员的工作业绩，激发招商人员的积极性和创造性，提高员工的满意度和成就感，提升员工的工作绩效，从而完成企业的招商战略目标。

第二章　招商体系业务人员岗位设置

1. 招商部组织架构，如图 5-2 所示。

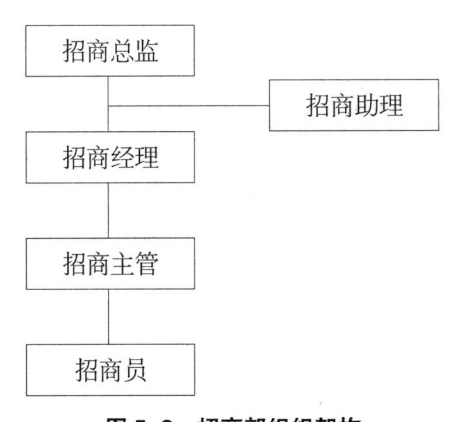

图 5-2　招商部组织架构

2. 岗位主要职责。

招商员：新客户的开发及老客户的再开发；按照公司的要求完成招商任务；客户信息的录入及整理；领导安排的其他工作。

招商主管及高级招商主管：新客户的开发及老客户的再开发；按照公司的要求完成招商任务；客户信息的录入及整理；对团队成员进行管理，协助成员完成目标任务的招商；对团队成员的培养及督导；领导安排的其他工作。

招商经理：新客户的开发及老客户的再开发；按照公司的要求完成招商任务；客户信息的录入及整理；对团队成员进行管理，协助成员完成目标任务的招商；对团队成员的培养及督导；目标计划的制订及执行督导；领导安排的其他工作。

总监助理：新客户的开发及老客户的再开发；按照公司的要求完成招商任务；客户信息的录入及整理；对团队成员进行管理，协助成员完成目标任务的招商；对团队成员的培养及督导；协助总监对全体招商人员的督导；协助总监开好晨夕会；在招商总监不在的时候，协助安排好招商工作；其他临时性工作。

招商总监：市场的开发及招商；目标计划的制订及执行督导；团队建设管理；其他临时性工作。

3. 招商管理职级包括：招商主管、高级招商主管、招商经理、总监助理、招商总监。

4. 招商职级序列：招商代表（专员）、客户经理。

5. 总监助理不单独设立岗位，由一名招商主管或高级招商主管兼任。

第三章　薪酬结构与计算方法

1. 员工薪酬结构与计算方法，如表5-3所示。

表 5-3　薪酬结构与计算方法

	构成	相关解释
员工薪酬	基本工资	即底薪部分，按照员工的职级计算发放，是计算员工出勤异常或旷工扣款的直接依据
	招商提成	依据个人业绩完成多少及提成制度规定的办法计发，业绩计算周期及提成计算周期以自然月为单位
	团队管理提成奖金	招商人员管辖下的团队业绩达到一定标准而获得的奖金。团队业绩仅指团队成员的业绩，不包含本人业绩，本人业绩按照个人提成计发，计算标准及方法见第六章内容
	全勤奖	当月在公司规定的上班时间内未出现迟到、早退、请假、旷工者，公司给予的奖金，全勤奖数额为500元
	工龄奖	在职时长每超过一年增加工龄月度奖金200元，工龄奖直接纳入基本工资之中进行考核
	费用补助	转正员工每月增加电话补助300元、交通补助300元，费用补助不纳入基本工资之中进行考核
	年度奖	100%完成年度任务，奖励2万元 超出120%以上完成年度任务，奖励10万元

2. 员工基本工资体系，如表5-4所示。

表 5-4　员工基本工资体系

岗位名称	基本工资体系	职级	职级工资
招商总监	20000	A1	700
		A2	0
		A3	-600
招商经理	15000	B1	600
		B2	0
		B3	-500

续表

岗位名称	基本工资体系	职级	职级工资
高级招商主管	10000	C1	500
		C2	0
		C2	−400
招商主管	8000	D1	400
		D2	0
		D3	−300
客户经理	6000	D1	300
		D2	0
		D3	−200
招商代表	4000	D1	200
		D2	0
		D3	−100

注：

1. 职级工资按照三个月为一个评定期，评定完成之后再进行职级工资的补发补扣。
2. 试用期薪资按照定岗时80%的薪资发放。
3. 每月8日为工资发放时间，如遇节假日则推迟或提前发放。
4. 总监助理薪资在原岗位薪资基础之上，每月增加补助500元。

第四章 招商人员的职级评定

1. 招商员的职级从低至高为：招商代表、客户经理。
2. 各职级人员的评定标准。

（1）招商代表：应届生及一年以内的工作经验，大专以上学历或者高中以上学历综合素质评定较为优秀者，表达顺畅口齿清晰，思维有条理，能专业地表达出自己的观点。

（2）客户经理：一年以上的招商经验，大专以上学历或者高中学历综合素质评定优秀者，良好的表达能力，思维清晰有条理，招商意识强，具备一定的招商技巧。

（3）招商主管：3年以上的招商工作经验，带过团队，大专以上学历。表达能力、招商能力都较为优秀。

第五章　晋级保级规定与标准

表 5–5　晋级保级规定与标准

	晋级条件	
招商总监	1. 关键指标	衡量标准
	最近三个月净业绩完成目标之和	不低于 90%
	最近三个月开发的有效新客户	不低于 20 个
	2. 考核指标	衡量标准
	团队合作、客户服务意识、管理能力、执行力	分别不低于 85 分
	3. 否决指标	衡量标准
	有严重违反公司规章制度及劳动纪律的行为	1 次
	保级条件	
	1. 关键指标	衡量标准
	每期目标完成率	不低于 80%
	最近三个月开发的有效新客户	不低于 16 个
	考核期内小组成员业绩为 0 的次数	不高于 1 次
	2. 考核指标	衡量标准
	团队合作、客户服务意识、招商能力、管理能力、执行力	分别不低于 85 分
	3. 否决指标	衡量标准
	有严重违反公司规章制度及劳动纪律的行为	1 次
招商经理	晋级条件	
	1. 关键指标	衡量标准
	最近三个月净业绩完成目标之和	不低于 90%
	最近三个月开发的有效新客户	不低于 15 个
	2. 考核指标	衡量标准
	团队合作、客户服务意识、管理能力、执行力	分别不低于 85 分
	3. 否决指标	衡量标准
	有严重违反公司规章制度及劳动纪律的行为	1 次

续表

	保级条件	
招商经理	1. 关键指标	衡量标准
	每期目标完成率	不低于80%
	最近三个月开发的有效新客户	不低于12个
	考核期内小组成员业绩为0的次数	不能高于1次
	2. 考核指标	衡量标准
	团队合作、客户服务意识、招商能力、管理能力、执行力	分别不低于85分
	3. 否决指标	衡量标准
	有严重违反公司规章制度及劳动纪律的行为	1次
高级招商主管	晋级条件	
	1. 关键指标	衡量标准
	最近三个月净业绩完成目标之和	不低于90%
	最近三个月开发的有效新客户	不低于12个
	2. 考核指标	衡量标准
	团队合作、客户服务意识、管理能力、执行力	分别不低于85分
	3. 否决指标	衡量标准
	有严重违反公司规章制度及劳动纪律的行为	1次
	保级条件	
	1. 关键指标	衡量标准
	每期目标完成率	不低于75%
	最近三个月开发的有效新客户	不低于10个
	考核期内小组成员业绩为0的次数	不能高于1次
	2. 考核指标	衡量标准
	团队合作、客户服务意识、招商能力、管理能力、执行力	分别不低于85分
	3. 否决指标	衡量标准
	有严重违反公司规章制度及劳动纪律的行为	1次

第5章 招商的人力资源管理

续表

	晋级条件	
招商主管	1. 关键指标	衡量标准
	最近三个月净业绩完成目标之和	不低于90%
	最近三个月开发的有效新客户	不低于10个
	2. 考核指标	衡量标准
	团队合作、客户服务意识、管理能力、执行力	分别不低于85分
	3. 否决指标	衡量标准
	有严重违反公司规章制度及劳动纪律的行为	1次
	保级条件	
	1. 关键指标	衡量标准
	每期目标完成率	不低于70%
	最近三个月开发的有效新客户	不低于8个
	考核期内小组成员业绩为0的次数	不能高于1次
	2. 考核指标	衡量标准
	团队合作、客户服务意识、招商能力、管理能力、执行力	分别不低于80分
	3. 否决指标	衡量标准
	有严重违反公司规章制度及劳动纪律的行为	1次
客户经理	晋级条件	
	1. 关键指标	衡量标准
	最近三个月净业绩完成目标之和	不低于90%
	最近三个月开发的有效新客户	不低于8个
	2. 考核指标	衡量标准
	团队合作、客户服务意识、管理能力、招商能力、执行力	分别不低于80分
	3. 否决指标	衡量标准
	有严重违反公司规章制度及劳动纪律的行为	1次
	保级条件	
	1. 关键指标	衡量标准
	每期目标完成率	不低于65%
	最近三个月开发的有效新客户	不低于6个
	2. 考核指标	衡量标准
	团队合作、客户服务意识、招商能力、执行力	分别不低于70分
	3. 否决指标	衡量标准
	有严重违反公司规章制度及劳动纪律的行为	1次

续表

	晋级条件	
招商代表	1. 关键指标	衡量标准
	最近三个月净业绩完成目标之和	不低于90%
	最近三个月开发的有效新客户	不低于6个
	2. 考核指标	衡量标准
	团队合作、客户服务意识、招商能力、执行力	分别不低于70分
	3. 否决指标	衡量标准
	有严重违反公司规章制度及劳动纪律的行为	1次
	保级条件	
	1. 关键指标	衡量标准
	每期目标完成率	不低于60%
	最近三个月开发的有效新客户	不低于4个
	2. 考核指标	衡量标准
	团队合作、客户服务意识、招商能力、执行力	分别不低于60分
	3. 否决指标	衡量标准
	有严重违反公司规章制度及劳动纪律的行为	1次

注：

1. 有效客户的界定标准：以签订特许经营合同并收到加盟金为准。

2. 若连续两次职级考核完成上级岗位指标任务，则在第三次职级考核时享受相对应上级岗位的待遇，职务不一定发生变化。

3. 若连续两次职级考核仅实现下级岗位指标任务，则在第三次职级考核时享受相对应下级岗位的待遇，职务不一定发生变化。

4. 以关键指标、考核指标、否决指标全部符合某一职级参数作为最终的核定。

5. 季度任务未能完成者将无法获得该季度的职级工资，但是年度任务（见表5-6）完成，则可以获得如下任务奖励（年度累计，达到年度任务则给予补发）。

表 5-6　年度任务表

序号	职务	销售额（万元）	单店受许人数量（个）	区域受许人数量（个）
1	招商总监			
2	招商经理			
3	高级招商主管			
4	招商主管			
5	客户经理			
6	招商代表			

第六章　招商提成规定与标准

一、招商的提成

1. 个人奖金提成。

招商人员的奖金提成按照月度目标完成的不同情况，实施不同的奖金提成比例，如表 5-7 所示。

表 5-7　个人奖金提成

职位级别	提成标准
招商代表	业绩完成 10 万元（含）以下提成比例 10%
	业绩完成 10 万～20 万元（含）提成比例 13%
	业绩完成 30 万元以上提成比例 15%
客户经理	业绩完成 20 万元（含）以下提成比例 10%
	业绩完成 20 万～40 万元（含）提成比例 13%
	业绩完成 40 万元以上提成比例 15%

续表

职位级别	提成标准
招商主管	业绩完成 30 万元（含）以下提成比例 10%
	业绩完成 30 万~40 万元（含）提成比例 13%
	业绩完成 40 万元以上提成比例 15%
高级招商主管	业绩完成 50 万元（含）以下提成比例 10%
	业绩完成 50 万~60 万元（含）提成比例 13%
	业绩完成 60 万元以上提成比例 15%
招商经理	业绩完成 50 万元（含）以下提成比例 10%
	业绩完成 50 万~60 万元（含）提成比例 13%
	业绩完成 60 万元以上提成比例 15%
招商总监	业绩完成 50 万元（含）以下提成比例 10%
	业绩完成 50 万~60 万元（含）提成比例 13%
	业绩完成 60 万元以上提成比例 15%
营销副总	业绩完成 50 万元（含）以下提成比例 10%
	业绩完成 50 万~60 万元（含）提成比例 13%
	业绩完成 60 万元以上提成比例 15%

2. 团队管理奖金提成，如表 5-8 所示。

表 5-8 团队管理奖金提成

职位名称	提成标准
招商主管	团队业绩完成当月目标额 60% 以下，没有提成
	团队业绩完成当月目标额 60%~80%(含)，提成比例为 2%
	团队业绩完成当月目标额 80% 以上，提成比例为 3%

续表

职位名称	提成标准
高级招商主管	团队业绩完成当月目标额60%以下，没有提成
	团队业绩完成当月目标额60%～80%(含)，提成比例为2%
	团队业绩完成当月目标额80%以上，提成比例为3%
招商经理	团队业绩完成当月目标额60%以下，没有提成
	团队业绩完成当月目标额60%～80%(含)，提成比例为2%
	团队业绩完成当月目标额80%以上，提成比例为3%
招商总监	团队业绩完成当月目标额60%以下，没有提成
	团队业绩完成当月目标额60%～80%(含)，提成比例为2%
	团队业绩完成当月目标额80%以上，提成比例为4%
营销副总	团队业绩完成当月目标额60%以下，没有提成
	团队业绩完成当月目标额60%～80%(含)，提成比例为2%
	团队业绩完成当月目标额80%以上，提成比例为4%

2.代理招商提成奖。

代理人提成奖＝代理额×提成比例（30%～50%）

员工提成奖＝（代理额—代理额×提成比例30%～50%）×个人业务奖金提成比例

其中，代理人指与公司签订代理协议的代理招商机构或者个人，未签订代理协议的机构或个人，公司不予认可；提成比例（30%～50%）的标准按照代理人代理额的大小来界定。代理额100万元（含）以下的提成比例30%，代理额100万～300万元（含）的提成比例40%，代理额300万元以上的提成比例50%。

二、受许人进货的奖金提成

1.员工直接达成受许人进货的奖金提成比例为货款的10%。

计算公式：受许人进货的奖金提成＝实际到账进货金额×提成比例10%

2.代理人达成受许人进货的奖金提成比例为扣除代理提成后的3%。

计算公式：受许人进货的奖金提成＝（实际到账进货金额—代理提成）×提成比例3%

三、网络营销部与招商部合作单子业绩提成比例分配

网络营销部人员业绩分配比例为60%，招商部业绩分配比例为40%。

计算公式：网销部奖金提成＝受许人加盟金×60%×个人奖金提成比例

招商部人员奖金提成计算公式：招商部奖金提成＝受许人加盟金×（1－60%）×个人奖金提成比例

四、非招商人员独自完成招商的奖金提成和招商人员一致

提成比例在招商人员奖金提成比例基础之上统一下浮10%。

五、非招商人员与招商人员合作单子奖金提成比例分配

非招商人员的奖金提成比例为40%。

计算公式：非招商人员的奖金提成比例＝受许人加盟金×40%

招商部人员奖金提成计算公式：招商部奖金提成＝受许人加盟金×（1－40%）×招商员个人奖金提成比例

合作单子说明：网络营销部与非招商人员提供的有效客户名单须包含客户姓名、联系方式、公司全称、咨询业务或者合作意向；招商部须后期跟进且最终成交。

六、总经理基金

每月从招商总额中提出2%作为总经理基金，由总经理论功行赏发放给各职能部门人员。

七、招商提成发放的时间

以当月实际产生的招商提成收入结算，在次月8日发放。

第七章 招商人员的绩效考核方案

1. 招商人员实行目标关键指标、软性综合素质以及否决指标考核，每月由公司给招商部下达目标考核任务，招商部门负责人将目标任务分解到个人。考核结果将以目标完成为准，晋升降级时附带对综合能力及否决指标进行考核。

2. 待目标下达后，各责任人上报目标考核任务，公司依据各目标任务对各责任人进行考核。

3. 招商部在目标任务基础之上，超额完成的可获得该超额部分10%的奖金作为部门奖金，然后由招商部负责人进行制订内部奖金分配方案，经公司审批通过

后，发放给招商部门成员。

4. 绩效工资的计算周期为一个自然月。如果一个目标考核周期跨两个及以上月份的，那就按照所跨的月份相加进行计算。例如，一个目标考核周期跨了2个月，其绩效工资的计算方法为绩效工资标准×考核系数×2。

5. 考核时间为每月的3日，3日是休息日或节假日的则顺延到下一个周一，当月没有考核任务的则顺延到考核任务期结束后的3日进行考核。

6. 每期考核结束，都要进行考核面谈。考核面谈人由招商部负责人与人力资源部及被考核人组成，招商部负责人进行主谈，人力资源部进行监督和指导。面谈内容主要是帮助被考核人分析没有完成目标任务的主观原因，找到解决办法，制订下一步的行动方案。

第八章　招商人员的转正考核方案

1. 招商人员的转正考核周期为1~3个月。

2. 考核评价维度为：遵章守纪、敬业度、学习能力、执行力、招商能力、忠诚度、正能量、团结度。

3. 考评标准：迟到不超过2次、硬抵制与软抵制上级命令不超过1次、掌握招商的基本知识、具备和客户正常沟通的能力。如果在考核周期内业绩达到15万元以上的可即时转正。

第九章　其他政策说明

1. 由招商总监决定临时调用的专职招商人员A负责协助非专职招商人员的招商成交，在为非专职招商人员B的客户提供服务时，非专职招商人员B享受公司实际入账金额的提成奖励，专职招商人员A不享受提成奖励。

2. 部门之间因工作需要进行人员调动时，需通过相关部门负责人，如无法联络到部门负责人时，可以由招商总监审核后进行调动。

第十章　相关表单

1. 招商任务表，如表5-9所示。

表 5-9 招商任务表

_____招商任务表				
			签单日期 　年　月　日	
总任务额	单店受许人个数（个）	区域受许人个数（个）	成交金额（万元）	招商总监（签章）
招商一战队				招商经理（签章）
组员				（签章）
				（签章）
				（签章）
				（签章）
招商二战队				招商经理（签章）
组员				（签章）
				（签章）
				（签章）
				（签章）
招商三战队				招商经理（签章）
组员				（签章）
				（签章）
				（签章）
				（签章）
招商四战队				招商经理（签章）
组员				（签章）
				（签章）
				（签章）
				（签章）
招商五战队				招商经理（签章）
组员				（签章）
				（签章）
				（签章）
				（签章）
总经理（签章）				

注：本活动任务表一式两份，原件留存人力资源部备案，复印件留存招商总监处。

2. 联合招商申请单,如表 5-10 所示。

表 5-10 联合招商申请单

申请部门		申请人(签章)	
项目信息	潜在受许人名称		
	潜在受许人概况		
	跟进程度		
受请部门		受请人(签章)	
招商总监(签章)			

注:本活动任务表一式三份,原件留存人力资源部备案,复印件留存外联部长处。

第十一章 其他

1. 本制度自××××年××月××日至×××年××月××日施行。
2. 本制度的解释权归人力资源部。

5.4 特许人如何防止招商和后续营建等工作的脱节

在一些特许人企业里,经常发生如下的情况,使不合格的受许人进入了特经营体系。

比如,招商人员明知潜在受许人不适合做受许人,但招商人员却极力促成不合格的潜在受许人签订特许经营合同。其主要原因就是招商和后续的营建等工作脱节了。换句话说就是,招商人员只管招商拿提成,而根本不管潜在受许人是否适合做受许人以及未来的加盟业务运营是否能成功。

再比如,招商人员明知潜在受许人只有做小店才更盈利,却偏要强推给潜在受许人很难盈利的大店,甚至让其做区域受许人。最主要的原因也是招商和后续的营建等工作脱节了。因为招商人员的招商提成是和受许人的投资额或加盟金相关,所以招商人员为了拿到更多的提成,即便明知潜在受许人更适合做小店,也会极力向其推荐大店甚至做区域受许人。如此下来的恶果至少有三个:一是大店受许人或区域受许人的潜在受许人基数低，特许人招商的数量会变小，招商进展缓慢；二是受许人的"死亡率"增加；三是受许人和特许人的纠纷增加。

不管何种情况，在利益的驱使之下，招商和后续的营建等工作出现了脱节，招商人员就极有可能招募大量不合格的受许人进入本体系，这些不合格的受许人进入特许经营体系后，给招商之后的营建、培训、物流、督导、客服、财务等工作带来了巨大的困难和麻烦，该加盟的结果一定是特许人和受许人的双输。

解决上述这种状况的关键，就是要避免招商与后续的营建、培训、物流、督导、客服、财务等工作脱节，具体的操作方法有很多，举例如下。

（1）招商人员和后续的营建、培训、物流、督导、客服、财务等部门等组成一个受许人评定小组。

某潜在受许人是否合格不能由招商员一个人确定，而应由受许人评定小组成员的集体评判作为最终结果。受许人评定小组对是否和潜在受许人签约以及潜在受许人的具体加盟形式等具有最终决定权。当然，受许人评定小组也可以介入招商的其他一些工作，比如协助制定、审核加盟条件、加盟政策、加盟流程、招商推广与广告计划，乃至招商的其他战略战术等。

通常，受许人评定小组包括三类人：组长为特许人企业的董事长或总经理；固定成员包括招商、营建、培训、物流、督导、客服、财务等部门的最高领导或总监；流动成员包括招募某潜在受许人的招商人员，在针对某具体的潜在受许人进行最终评判时，就让对应的招商人员进入小组。具体的组织架构如图5-3所示。

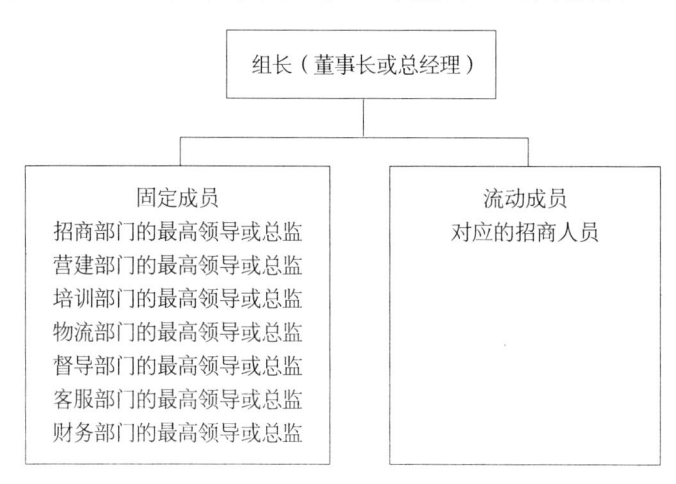

图5-3 受许人评定小组的组织架构

受许人评定小组采用打分制，打分的项目就是特许人企业加盟条件的内部版。企业可以规定，比如满分 100 分，只有超过 80 分的才可以签订特许经营合同。为了防止个人倾向等误差，可以去掉最高分和最低分，然后用剩下的分数计算平均数。

（2）招商人员必须与其招募的受许人长期利益相关。

招商人员必须与其招募的受许人长期利益相关，而不能只要签了特许经营合同就一次性拿走全部提成。

比如，可以将招商提成分批，签特许经营合同时提一部分，然后根据后续受许人的盈利状况再提另一部分。如果签订特许经营合同后招商人员一次性拿走全部提成，受许人后续的运营利益和招商人员无关，那么，招商人员就会"管生不管养"，明知潜在受许人不适合成为本体系的受许人，也会尽力促成签约，至于招商成功后的烂摊子，就全扔给了之后的营建、培训、督导、客服、财务等部门。

招商人员在受许人处取得的后续提成占其招商总提成的比例越大，就越会注重招收合格的受许人。

比如，招商人员的一部分提成必须在受许人全部或部分回收初始投资之后才能发放。如此，为了拿到提成，招商人员就会招募那些合格的或至少能回收初始投资的受许人。而只要受许人能回收初始的投资，其加盟业务盈利的可能性就会大很多，其与特许人的纠纷也就会减少很多。

再如，招商人员可以从受许人的权益金、日常运营收入或受许人从特许人总部的进货额中获得一定的提成或奖励。如此，为了拿到这部分提成或奖励，招商人员就会努力招募那些有能力成功运营加盟业务的受许人，并主动帮助受许人解决运营上的问题，帮助受许人成功运营。这部分提成或奖励的数值越大，招商人员就越会注重招收合格的受许人。

（3）把受许人的存活率加入对招商人员的考核中。

比如，可以这样设定，招商人员实际拿到的初次招商提成比例 = 设定的初次招商提成比例 × 受许人的存活率。

通常，只要受许人能在事先预估的回收期内回收初始投资，该受许人之后的存活率就一直都是 100%。如果受许人没有在事先预估的回收期内回收初始投资，则其已回收资金占初始投资的比例就是该受许人的存活率。

假设某受许人的初始投资是 10 万元、事先预估的回收期为 3 个月，设定的初次招商提成比例为加盟金的 10%。

如果该受许人在 3 个月内回收了初始投资 10 万元，则在全部回收初始投资的那天，特许人就可以为对应的招商人员发放初次招商提成，发放比例为设定的初次招商提成比例 × 受许人的存活率 =10%×100%=10%。

如果该受许人在 3 个月内只回收了 8 万元的资金，那么，该受许人的存活率 =8÷10=80%。在事先预估的 3 个月回收期期满的那天，特许人就可以为对应的招商人员发放初次招商提成，发放比例为设定的初次招商提成比例 × 受许人的存活率 =10%×80%=8%。

练习与思考

1. 选择一个特许人企业，为其编制《招商部工作手册》。

2. 你还有哪些对于招商人员的好的激励办法吗？

3. 为了防止招商和后续的营建等工作脱节，你还有更好的办法吗？

4. 寻找一个特许人企业，为其量身编制《特许人企业招商部薪酬体系及绩效考核管理制度》。

第 6 章 招商的沟通管理

[**本章要点**]

本章第 1 节主要讲解招商的沟通方式或工具管理,第 2 节主要讲解招商中的时间管理,第 3 节主要讲解招商中的电话管理,第 4 节主要讲解特殊的潜在受许人的招商技巧,第 5 节主要讲解潜在受许人的加盟特征与招商应对之策。本章的目的是让读者掌握关于招商的沟通理论与实战技术。

6.1 招商的沟通方式或工具管理

一、招商的沟通方式或工具对比

因为潜在受许人的咨询时间是不固定的,一天 24 小时之内的任何时候都可能有人来咨询招商问题,但企业的招商人员不可能随时都上班,电话随时都开通,随时都有人应答,如果这样的话,那招商成本就太高了。而且,并不是所有的问题都适合用电话来沟通,特许人企业可以多设置几种回答咨询的方式。

特许人企业招商常用的沟通方式包括固定电话(免费的和收费的)、手机、QQ、微信、抖音、微博、网站上的在线聊天工具、E-mail、传真、企业网站的论坛、传统的邮寄信件、面谈等几种,它们各有利弊,企业最好能同时设置多种沟通工具,并把它们都予以公开,以适应不同潜在受许人的沟通习惯或偏好。

如表 6-1 所示,是对招商的几种常用的双向沟通工具的利弊分析。

表 6-1　招商的几种常用的双向沟通工具的利弊

序号	沟通工具		利	弊	备注
1	固定电话	免费电话	免费会使更多的人拨打即时、直接沟通	企业需要支出一笔可能不小的费用 当竞争者恶意拨打或有无聊者拨打时，会使企业的此项花费变大 必须有人始终在电话机旁边守着 夜间或休息日无人上班时，电话无法即时应答，除非设成呼叫转移的形式 一次只能和一个人沟通	免费电话，比如400等
		收费电话	企业的电话费用减少即时、直接沟通	可能会阻止或限制一部分人的拨打 必须有人始终在电话机旁边守着 夜间等无人上班时，电话无法即时应答，除非做成呼叫转移的形式 一次只能和一个人沟通	这种限制性对于加盟店投资额小的企业可能会更大些
2	手机		可以随人员移动，方便随时随地接听 可以和喜欢发短信的潜在受许人发短信沟通 手机的其他功能也可以发挥作用，比如视频、录音、上网、拍照等 实现即时沟通	费用较高 打电话时，一次只能应对一个沟通者（发短信时，可以同时应对多个沟通者）	随着手机话费的降低，以及单向收费的普及，这种双向沟通工具将越来越普及

续表

序号	沟通工具	利	弊	备注
3	QQ	便于企业存档 适合于一些一开始不喜欢电话沟通的人士 成本低 即时沟通，也可留言 可以接收咨询者的留言 不受招商人员的工作时间限制 满足喜欢用QQ的潜在受许人的沟通偏好 传输电子文件方便、快捷，且一般不受文件大小的影响 可同时应对若干个沟通对象 可以作为邮箱使用	沟通速度受打字速度限制 纯文字的沟通可能会因看不到表情、听不到语气等而产生误解 企业必须保证上网条件 有些受许人不会利用这种工具 随着微信的出现，QQ的影响力、使用频率急剧下降	随着网络的发达和普及，这种沟通方式将会更加普及 如果企业能事先准备好问题的答案（比如电子版的《加盟常见问题与回答手册》），则招商员回答的速度会很快 除了QQ之外，当然也可以有别的聊天工具
4	微信	目前最流行的沟通工具 可以语音、视频沟通 可以直接拍摄视频并发送 可以在朋友圈发消息进行营销 可以建群并在群里发消息进行营销 可以用作支付的工具 可以传输文件 可以及时沟通，也可以留言 有群发消息功能	传输文件时有文件大小的限制 微信号申请时需绑定手机号，所以一个手机号码只能申请一个微信号。私人手机号申请的微信号在个人辞职后，微信号及其好友等资源就被个人化了 微信群有好友的数量限制 朋友圈消息很容易被屏蔽 群发消息有数量限制 文字可转发，语音不能转发 在朋友圈里，只能是没有屏蔽自己的好友才能看到，观众数量受到限制，更像私媒体	随着网络的发达和普及，这种沟通方式将会更加普及 如果企业能事先准备好问题的答案（比如电子版的《加盟常见问题与回答手册》），则招商员回答的速度会很快

续表

序号	沟通工具	利	弊	备注
5	抖音、微博	可以随时、生动地单向展示企业的信息 可以主动出击进行招商的信息发布或沟通 可以让所有关注和没关注你的人都看到，观众数量没有限制，更像公媒体	需要企业用心经营，不然没有任何宣传作用，也没有人用这种方式和你沟通 可能会遗漏掉有用的评论	宣传的作用往往大于双向沟通的作用 微博已经在走下坡路 抖音正在日渐火爆
6	E-mail	费用低 便于传输更大容量的电子文件 不受招商人员的工作时间限制 可以主动出击进行招商的信息发布或沟通 在商业文件的往来上，其"正式性"比QQ、微信要好 更适合和国外的伙伴进行商务联系	邮件有时会接收不到或迟收 必须在上网的状态下才能使用 传输的电子文件大小受到限制 经常收到垃圾邮件	有人已经开始忘记这种工具
7	传真	便于传输纸面文件 便于企业存档 在商务上更正式	费用较高 必须对方也有传真时才能使用 沟通的时间有迟滞现象，即不能实现即时沟通	一般只在合同等法律文件传输时使用
8	企业网站的论坛	可24小时留言 可增加企业的网站点击量 公开的信息交流有更高的可信度 费用低 便于企业存档 可以把不同的咨询与解答公开，这样可以避免重复地解答同一个问题 不受招商人员的工作时间限制	沟通的时间有迟滞现象，即不能实现即时沟通 对企业不利的留言若不能及时发现并清除，将会对企业造成一定影响 企业要建设自己的网站	有人已经开始忘记这种工具

续表

序号	沟通工具	利	弊	备注
9	传统的邮寄信件	便于传输传真机无法传输的文件或物品 不受招商人员的工作时间限制	沟通缓慢 信件邮寄丢失的话，还会耽误事情 费用稍高	很少使用
10	短信	能即时沟通 可以接收咨询者的留言 不受招商人员的工作时间限制	沟通速度受打字速度限制 必须有发短信的工具，比如手机 可以同时和多人沟通	如果企业能事先准备好问题的答案（比如电子版的《加盟常见问题与回答手册》），则招商员回答的速度会很快
11	网站上的在线聊天工具	使用免费的工具，几乎没有成本 可即时沟通 可查得咨询人所在地区以及通过本网站的哪个网页进入咨询处等信息 到企业网站并通过在线聊天工具咨询的人更接近于精准客户	前提条件是潜在受许人得浏览企业的网站，所在咨询量受到网站浏览量的限制 受到工作人员的上班时间限制 通常得有一台电脑 处于纯粹的等待咨询状态，无法主动出击进行营销 必须索要咨询人的电话、微信、QQ 或 E-mail 等联系方式，不然没法再次联系上咨询人	如果企业能事先准备好问题的答案（比如电子版的《加盟常见问题与回答手册》），则招商员回答的速度会很快
12	面谈	即时沟通 相互了解更加深入、直接 是所有沟通方式中成交率最高的	招商员同时接待的咨询者数量有限 受到招商员的工作时间限制 成本可能非常高 对招商员的素质要求高	这种沟通方式一般会在咨询的后期才采用

企业在开始时可以多设置几种不同的沟通方式或工具，待运行一段时间之后，再根据各方式或工具的使用频率、受欢迎程度、有效程度、成本支出等精选出几种

主要的沟通方式或工具，其余的就可以放弃或仅仅作为辅助。

二、招商沟通的"三策"论

在潜在受许人咨询加盟相关事项的时候，特许人企业的招商人员和他们进行沟通或谈判的手段是多种多样的，但基本上分为三个最常见的大类。

（1）文字沟通。包括网谈通、微信、短信、QQ、抖音或微博的评论、E-mail、传统信件、传真等。

（2）声音沟通。包括电话、微信、QQ等。

（3）面谈。又分为三种：邀约咨询者来总部面谈；总部人员去咨询者所在地拜访面谈；在其他如展会上、项目说明会上、路演现场等地方面谈。

上述三类沟通手段的特性各有不同，在通常情况下，其对比如表6-2所示。

表6-2　三类沟通手段的特性对比

对比项目	文字沟通	声音沟通	面谈	
			拜访潜在受许人	邀约潜在受许人来总部
沟通速度	慢	较快	快	
沟通内容	难以全面丰富	较全面丰富	很全面丰富	
沟通成本	低	可能会较高	可能会很高	一般
沟通难度	大	一般	小	
沟通误解	大	小	很小	
沟通顺序	最早	次之	最后	
沟通频率	高	较高	较低	最低
成功概率	低	一般	较高	最高

由上表的最后一行可以清晰地看出，三种招商沟通手段的成功率是逐次增加的，所以，我们就把这三种招商手段按照成功率的大小依次称为上策（面谈）、中策（声音沟通）和下策（文字沟通）。而上策中的邀约咨询者到总部来考察在面谈这个上策中的成功率又比主动上门拜访咨询者高，所以，邀约这种沟通手段又称为上上策。

显然，为了提高招商咨询的最终签单率，理想的招商谈判应该是采取上上策的沟通手段。然而在实际的工作中，潜在受许人咨询时采取手段更多的，或者说一开始的沟通手段通常都是文字沟通或声音沟通，即最开始的绝大多数沟通手段都只是下策，最好的状况也不过是中策，采取上策或上上策的几乎没有。

所以，为了提高招商签单的成功率，在潜在受许人咨询的时候，招商人员如果能迅速地把沟通手段升级，那么招商签单的概率就会随之升级或增大。也就是说，当潜在受许人咨询时，招商人员应在最短的时间内把双方的沟通手段由下策变为中策，然后再迅速地变为上策或上上策。当然，如果能直接由下策变为上策或上上策，是最理想的。

我们可以用图6-1示意如下。

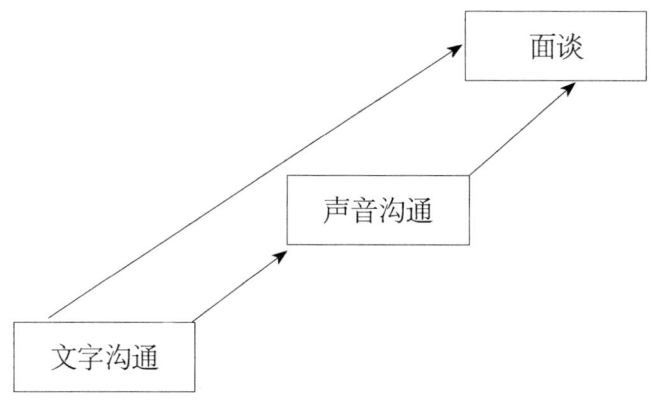

图6-1 招商的"三策"变化

举个实际的例子：潜在受许人刚开始用QQ或网谈通进行文字咨询时，招商人员应在简单地用文字聊了几个回合之后，迅速地找准时机，在最短的时间内索要咨询者的电话（即便特许人总部有免费拨打的比如400、800之类的电话，招商人员也尽量不要邀请咨询者拨打，因为他们通常不会愿意，而是继续采用成本更低的文字沟通方式；如果招商人员不是索要对方的电话，而是留下了自己的电话，那么，很有可能发生的情况就是，招商人员一直在等咨询者的电话，却很久才等到或根本等不到，这样的话，招商人员就会陷入被动中，招商效率也会大打折扣）。招商人员索要咨询者的电话本身也是对咨询者加盟诚意的检验，如果对方很快地留下自己的电话等联系方式，说明对方诚意很足，而拥有咨询者电话的招商人员也拥有了主动权。如果咨询者不愿意提供电话，根据我的实际经验，这样的咨询者多半是非成熟的潜在受许人或者根本无意加盟者，所以，招商人员可以不必把时间浪费在成功率低、沟通速度慢、沟通内容不丰富且容易产生误解的"陪聊"上，而应果断地将其搁置一边，或者交给专门负责文字沟通的人员，转而集中精力于那些能够提供电话、加盟成功率更高的咨询者身上。

记住，作为一名招商人员，如果你能把文字沟通成功地变为电话沟通，从下策变为中策，那么就要祝贺你，因为你的签单成功率已经大大增加了。

一旦接通咨询者的电话进入声音沟通阶段，招商人员就应在尽可能短的时间内，尽快地把声音沟通变为双方的面谈。在刚开始时，招商人员可以先邀请咨询者来总部考察，如果咨询者同意，那再好不过。如果咨询者拒绝，那么，对于成交额较大或很重要的咨询者，招商人员应迅速向其表达去对方所在地拜访、面谈的意愿。

所以，在大多数企业里最常见不过的招商困境就可以用这种下策变中策、中策变上策的方法实现突破了。特许人企业里的每个招商人员每天都在非常辛苦地和其所负责的一大批咨询者无休止地谈、谈、谈，有些甚至谈了数年，却迟迟没有达成签单的最终结果。在这个时候，招商人员就应明白，你的招商沟通手段需要升级了，你不能再这样继续下去了，也就是说，你应该趁热打铁努力促成和这些咨询者的面谈。

根据我的粗略估计，文字沟通的最终签单成功率平均只有不到三成，声音沟通的最终签单成功率可以达到五成，但只要咨询者同意到总部考察或希望在自己所在地与招商人员面谈，那么，最终的签单成功率基本都会在八成以上。

需要提醒你的是，虽然面谈的成功率较高，但这种沟通方式可能会更消耗时间，也因此需要花费更多的机会成本，所以，你要学会准确判断是否有足够的理由与对方进行面谈。如果对方意愿很强、面谈可以促进沟通进展或业务达成的话，那么，你就要毫不犹豫地选择面谈了。

6.2 招商中的时间管理

一、合理设置开始招商的时间

企业在招募受许人的时候，必须要考虑时间的因素。

不同的行业在开店时会因季节的不同而有淡季和旺季之分，同时一个单店从选址、装修到开业也需要一定的时间（短则几天、几周，长则数月，甚至以年为单位计算），而单店的开业对不同的行业而言，有的希望开门红、有的则希望有一个适当的过渡期，所以特许人企业在招募受许人的时候要事先计算好这个时间，以使加盟店开业时能满足本行业或受许人的要求。

比如，对于火锅店而言，一般情况下，夏季的六、七、八、九月份是淡季，从十月份一直到来年的四月份是旺季。所以一家火锅店如果在五、六、七、八、九几个月份开业，可能不是最佳的选择，生意可能会在较长时间内处于冷清状态，这自然会损害受许人的信心，并进而影响日后的营业积极性。所以，火锅类的特许人企业在招募受许人时，从为受许人考虑的角度，应该选择合适的招商开始时间。比如可以采用时间倒算的方法，即先假定加盟店的开业时间是九月底或十月初，也就是火锅的旺季开始日，然后计算特许人发布招商信息、回答咨询、互相考察、选址、签约、装修等流程的大概时间，最后用选定的开业时间减去前述的流程时间，得出的时间点就是火锅类项目开始招商的最佳时间。

再比如，每年的九月、十月被超市称为"金九银十"，因为这个季节是旺季，而七、八月份则是淡季，所以对于超市而言，也要把这个时间计算好，以确定企业到底该在什么时候开始招募受许人。

在选择招商开始的时间时，特许人还需要考虑其他一些因素，比如整个招商领域的招商淡旺季，按照历年的统计规律，招商的旺季通常是春节后的一两个月和下半年的十、十一月份。而如果你的主要招商手段是参加展会的话，那么就要结合展会的举办时间来设计你的招商开始时间。此外，一些行业需要招聘单店工作人员，尤其是中高层人员，而年底一般是员工们跳槽的高峰期，所以特许人在招商时也需要考虑加盟店的人员招聘因素，不能出现有店无人的状况。

二、回复一定要及时

一般来说，即时的回答是最好的。

所以，如果企业设置了传真、E-mail、QQ 聊天、微博和抖音的评论、微信、信函、短信、论坛留言等可能不能即时回答的方式时，应经常性地检查或查看，以免耽搁时间太久没有回答甚至遗漏了某些重要的回复。最好是当时就回复，时间久了的话，潜在受许人可能就会"移情别恋"，即便是再好的招商人员，恐怕也不能再赢得这个潜在受许人的兴趣了。

但是，对于那些新出现、没把握、有争议的问题，则不要即时回答，应该由企业的相关人员讨论之后再决定，以免回答错误或不当。

三、招募受许人需要耐心

因为潜在受许人变为实际受许人的时间不是固定的，通常，从发布招商信息、咨询、谈判、互相考察一直到双方签订真正的特许经营合同，短的要几天，长的则要几年。特许人企业要根据自己的实际情况，灵活地管理好时间，不能急躁。

有的企业发布了招募受许人的信息之后就非常着急，恨不得立刻就有大量的受许人盈门而入，以至于有时候对与潜在受许人的谈判很没耐心，总是急于立刻成交，这是一种错误的做法，需要纠正过来。

按照潜在受许人变为实际受许人的时间长短，可以把受许人分为如下最常见的几个类型。

1. 一见钟情型

此类受许人属于冲动型的投资人，他们很容易被别人说服、充满激情、做事容易冲动，属于非常感性的人群。一旦特许人企业的招商人员动用如簧之舌，就非常有可能把这类投资人迅速地变为受许人。

但这类受许人的热情来得快，去得可能也快。一旦他们在后期的实际加盟运作过程中发现了特许人企业的一些问题，比如原先的承诺没有兑现，那么这些受许人就可能会非常后悔，并采取一些激烈的抵制行为。而当这些受许人取得了实际的利益或取得了成功，则他们也会积极地帮助特许人企业宣传品牌或接着增开加盟店。

通常，在小型投资者中比较容易出现这种现象，越是大额的投资，潜在的投资人变成受许人的时间就可能越会长一些。

我们通过对那些受骗上当的受许人的调查和研究得知，他们当中有相当一部分人都属于这种类型。

2. 盲目热情型

有些投资者对于加盟非常有兴趣，但是很遗憾，他们自身并不满足加盟的条件。

在笔者的实际工作中就曾遇到过许多这样的事情，比如有一次，笔者正在为一家投资额在180万元左右的餐饮特许人企业指导招募受许人。有一个潜在的投资人非常热情，数次来到公司考察、恳谈，非要加盟，并表示可以立刻签约。但仔细地听了她的情况之后，我建议她不要加盟那家企业，主要原因是她的店面使用面积不到 400 平方米，规模太小，很难盈利。还有另外一个潜在投资人，也是非常积极地要签约加盟，但很遗憾，他的房租太高了，超过我们的估算两倍多，加盟后也非常难盈利。

特许人企业在遇到这类潜在投资人的时候，一定要保持冷静和对潜在投资人负责的心态，决不能为了眼前的利益就随便地把潜在投资人吸纳为受许人，这样的话，很有可能对特许人与受许人双方都会造成较大的伤害。

3. 谨慎小心型

有些潜在投资人对待加盟非常谨慎，对一个项目，尤其是大额的加盟项目，要反复论证、反复考察，难下定断。特许人企业把这类潜在投资人变成受许人的时间可能会较长。

但通常这类受许人的忠诚度和认真度也较高，一旦加盟，他们会更有可能全身心地投入到加盟的事业中去。这与所谓挑剔的顾客才是真正的顾客的道理一样，特许人企业对于这类潜在投资人一定要耐心。

招商人员的催促和主动的跟进联络是非常必要的，决不能因为对方的犹豫而丧失信心，但在催促和跟进时要掌握一个"度"，如果太急的话，很容易让这些受许人产生"警惕"心理，反而可能使特许人企业失去他们。所以，对于这类受许人，欲擒故纵有时是一个很不错的招商心理战术。

下面来看一个关于潜在受许人从咨询到实际加盟的时间长度的调查结果。环球资源举办的特许经营巡展统计结果显示，在半年内计划加盟的只占 40.50%，37.8%的参观者计划在一年内加盟，两年内计划加盟的占了 11.30%，根本没有加盟计划的占了 10.40%，如图 6-2 所示。

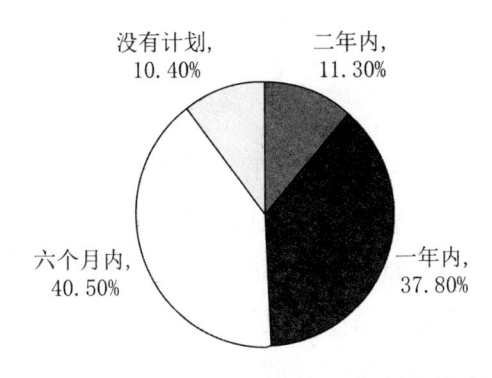

图 6-2　潜在受许人从咨询到加盟的计划时间长度

目前，随着特许经营市场的繁荣和不断发展，随着好事和丑闻的交替出现，整个特许经营市场正逐步走向成熟，潜在受许人群体也正逐步地从盲目、怀疑、狂热走向冷静和理性，因此，潜在受许人变为实际受许人的时间都会变得比以前要长一些，所以这就更需要特许人企业的耐心。

四、每天的碰头会非常重要

招商部门最好每天都能开一个下班前的碰头会，会议主要要达到几个目的，包括相互之间信息的沟通、公司新加盟政策的培训、与加盟相关事宜的通告、每个人的工作汇报、招商中的问题与建议讨论、第二天的招商工作安排、针对具体的潜在受许人的攻关建议，等等。

6.3 招商中的电话管理

一、主动拨打和被动接听电话的技巧

打电话是招商人员最为日常的工作之一。电话沟通主要可以分为两类：一类是潜在受许人主动打给特许人的；一类是招商人员主动打给潜在受许人的。招商人员要记住的是，这两类电话沟通的要求和流程是不一样的。

比如，在电话的拨打时间上，潜在受许人可以在任何时候打电话给特许人，而招商人员不管在任何时候接到这样的咨询电话，都要立刻进入工作状态，按照规定的接听加盟咨询电话的流程与潜在受许人进行沟通。但是，招商人员是不能在任何时候都主动打电话给潜在受许人的，这样做的话就有点类似于主动推销或促销，而应选择在对方方便的时候拨打，尽量避开休息日、节假日、午休时间、入夜以后、早上开始上班之前等时间段。尤其是对于那些通过投资信息平台找到的、非直接留下加盟信息的潜在受许人而言，招商人员更要注意这一点，否则的话，你的突然"骚扰"可能会使其产生很大的排斥心理。

再如，在电话的持续时间上，一般当潜在受许人主动打电话给特许人时，电话沟通的时间长短要由潜在受许人决定，招商人员千万不要有急于结束电话的意图、暗示或举动。但是，当招商人员主动打电话给潜在受许人时，除非潜在受许人有主动和你沟通的意图，否则，你应尽量控制时间，不要啰唆个没完。

又如，在沟通的内容安排上，如果是潜在受许人主动打给特许人的，那么招商人员应首先回答对方的问题，然后再寻找机会把话题引向对自己企业和加盟项目的介绍上。但是，如果是招商人员主动打电话给潜在受许人，则一般要反过来做，先介绍自己，然后再回答对方的可能的问题。

二、不要占线过久

招商人员在接听电话时一定要言简意赅，尤其是对于招商电话线路有限的特许人而言更要如此，如果你一直占线，可能就会有其他潜在受许人会因连续拨打电话不成功而放弃了。

三、画出电话的时间分布密度图

特许人企业要注意记录每个咨询电话的来电时间，然后经过一段时间的统计分析之后，画出一个咨询电话的时间分布密度图，然后根据它来合理地设置招商人员的工作时间、人员数量。比如，经过长时间的实际统计分析，发现来电大部分是在上午的9：00~11：00，中午的12：30~13：30，以及下午的15：00~18：00，那么就应在这几个时间段适当多安排一些招商人员等候电话咨询，而把会议、接待来访人员等活动安排在这些时间段之外。

四、最好随时接听

如果可能的话，特许人企业最好是使用可以随时随地接听电话的手机，来作为招商电话，因为招商人员不可能随时都坐在固定电话旁边，而潜在受许人会在什么时间打来电话也是不可预知的。通过手机，招商人员就可以随时接听在任何时间打来的咨询电话。

五、不要重复拨打

对于从各种途径得到的电话信息，企业招商部门要仔细区分和分配，避免把同一电话信息分给不同的招商人员。如果先后由不同的招商人员打电话给同一个人时，很容易使对方认为特许人企业的管理混乱，从而形成对企业的不好的印象。

六、预先准备好材料

招商人员在拨打和接听电话时，最好在身边放置可能需要的全部文件或资料，以备在回答问题时能够迅速查找。对于潜在受许人的咨询，如果招商人员总是以"您等等，我找一下资料"之类的语言来回答的话，就会使潜在受许人对企业产生非常不好的印象，并可能因此放弃继续咨询或谈判的打算。

6.4 特殊的潜在受许人的招商技巧

一、有效利用获得的潜在受许人的信息

现在有很多对外开放的收费或免费信息平台，上面有大量的潜在受许人信息，这些潜在受许人会在平台上提供诸如自己欲投资的项目名称、行业、地址、投资额、联系方式等信息。显然，特许人可以直接找到这些信息，并主动地去和他们沟通加盟事宜，这也是"找"式招商的营销办法之一。

但实际上，有些信息可能会在如下几个方面和特许人的意向不一致：比如一些潜在受许人所欲投资的行业和特许人不同，其投资额和特许人的要求不符合，还有一些潜在受许人甚至会明确地表示只对某些特定的企业或品牌感兴趣，其他企业或品牌"免谈"。那么，在这种情况下，特许人该不该主动去联系他们呢？

特许人最起码要本着一种精神，那就是，即便对方不愿意加盟，也可以和他们沟通一下，这样至少可以宣传一下企业。况且，如果聊得好的话，这些欲加盟其他行业、企业的人，是完全有可能转而加盟你的项目的。经过招商人员的推介，若他们真的认为你的项目是个好项目的话，即便资金不够、地址不合适，他们也都有可能为了你的项目去筹措更多的资金或重新选个合适的地址。

招商人员需要记住的是，这些潜在受许人的目的是加盟一个赚钱或成就事业的项目，具体选择什么项目加盟则仅仅是一个途径或手段的问题，所以即便他们原先有了初步的朦胧的加盟方向或目标，但让他们做出改变的可能性依然是存在的。只要有一点可能，就不要放过任何一次机会。

二、不要轻易放弃条件不符合的潜在受许人

有些特许人在招商的时候，会发现有相当数量的潜在受许人，他们虽然有着强烈的加盟意愿，但遗憾的是，他们总是缺少一些加盟的必备条件或资源，例如资金不够、没店址、店址面积太大或太小、店面租金太贵等。这些条件的不满足，常常使得他们和招商人员都很遗憾，双方虽然"情投意合"，但确实是"门不当、户不对"，最终的结果可能就是放弃这一次"联姻"的机会。

那么，作为特许人，真的要放弃这样的潜在受许人了吗？回答是否定的。

其实，特许人完全可以打开自己的思维，和这些条件不够的潜在受许人一起来解决困难，从而为自己，也为潜在受许人争取一次机会。

对于资金不足的潜在受许人，特许人可以考虑给他们提供设备融资，延缓特许经营费用的支付，货品结款延期，为其贷款提供帮助（直接贷款、贷款担保等），使用二手设备，增加加盟店的出资合伙人，提前销售会员卡，延期支付供应商的货款，甚至特许人出一部分资，等等。像麦当劳、7-11等著名的特许人企业，就都曾为特别优秀的受许人提供过设备之类的融资帮助。

对于没有店址的潜在受许人，特许人也可以有很多办法来帮助其解决这个问题，下面就是一些实际的例子。

·向潜在受许人推荐你所知道的一些商铺信息。

·向潜在受许人推荐一些专门从事商铺中介、出租或销售的公司，请潜在受许人去那里寻找一下。

·在自己的网站或其他大众渠道中征求商铺来源，或者是派人专门去寻找合适的商铺，日积月累之后，就可以形成自己的一些商铺资源，当有了合适的潜在受许人时，特许人就可以把这些商铺推荐给他们。但特许人要记住的是，这样做是有风险的，比如当受许人日后生意不好时，他/她可能会把最主要的失败原因归结于你所提供的店址上。因此，在推荐商铺之前，双方一定要签订一个协议或事先声明，让潜在受许人确认这个店址的选择是他自愿而非特许人强迫或引诱的。

·教给潜在受许人选址的方法，然后再全程协助其进行选址。当然，这样做之前，特许人最好要让对方签订一个意向书或交纳一定的保证金，不然，特许人指导、协助潜在受许人选址的成本就要由自己支付了，而且更让人担心的事情是，当你指导、协助潜在受许人选好地址后，他/她却去加盟了别的企业

对于店址太大的潜在受许人，特许人可以协助其将多余的面积进行合适的处理，比如投资别的项目、转租出去等。

对于店址太小的潜在受许人，特许人仍然可以对其提供一些好的建议，比如另租地址、把隔壁的空间租下、为其设计专门的迷你型加盟店等。

对于店址租金太贵的情况，特许人可以指导或协助潜在受许人与出租方谈判，争取把租金压下来，甚至可以通过其他的一些策略，比如减免特许经营费用、简化装修等，使该潜在受许人的总体投资额下降，保证其有一个可行的盈利方案。

总而言之就是，对于那些看起来不满足特许人某些加盟条件的潜在受许人，招商人员不要轻易地拒绝他们。在你说"不"之前，一定要再仔细想想，有什么办法

可以帮助受许人清除这些障碍。如果能找到合适的办法帮助到潜在受许人，那么，你的招商就不会总是遗憾了。而且，当你通过自己的努力为潜在受许人清除障碍，得到一个新的受许人同时，对方也会对你充满更多的感激和尊重，在后期的加盟店实际运营中会更加珍惜这来之不易的机会，而更努力地去运营加盟店。

6.5 潜在受许人的加盟特征与招商应对之策

对某个特许人企业而言，你的潜在受许人有着独特的一系列特征，你必须十分清晰地了解这些特征，包括他们的职业、店址、学历、性别、爱好、年龄、资金实力、生活习惯、投资心理、收入、消费、加盟目的、欲加盟行业、选择特许人企业的依据、浏览的媒体、对风险和收益的期望等，这些加起来就形成了一个潜在受许人的加盟特征，特许人企业只有对潜在受许人的加盟特征研究分析透彻了，才能制定与实施有针对性的招商战略战术。下面来列举其中的几个特征予以讲解，以期给读者以启发。

一、职业

没有职业的人群和有职业人群的投资特征不同。

有职业的人群在选择加盟时，他们更多的是将其作为一项"第二职业"或"兼职"。因为潜在受许人本身有一份职业，所以他们通常会希望特许人给予自己更多的支持，这样的话，受许人就可以有更多的时间来做自己的本职工作，而不会对现在的职业造成不利影响。对于这样的潜在受许人，特许人企业要特别谨慎，因为"兼职"的投资特征可能会使得受许人不能全力投入加盟店的经营。也正因此，一些特许人企业才会在特许经营合同里特别要求其受许人必须要"全力投入加盟店的经营"。类似这样的潜在受许人，其常见的加盟特征以及特许人的招商策略要点，如表6-3所示。

表6-3 有职业的潜在受许人加盟特征与特许人的招商策略要点

序号	有职业的潜在受许人加盟特征	招商策略要点
1	特别看重特许人提供的支持，对特许人的依赖性更强	越是一揽子的支持越能打动他们的心，所以特许人企业应加大对他们的支持、服务力度和内容的设计与宣传

续表

序号	有职业的潜在受许人加盟特征	招商策略要点
2	通常会在非工作时间打电话给招商人员	招商人员在非工作时间要特别注意，不要错过接听他们的电话
3	并不急于寻求一个项目，加盟甄选的时间会稍久	招商人员要有充分的耐心，先建立关系，再慢慢跟踪
4	考察项目时会选择非工作时间，比如节假日、周六日等	安排人员在这个时间进行接待
5	所选项目大多是中小项目	应为其提供投资额度较小的加盟项目
6	投资偏感性，会有一些投机心理	能言善辩、善于感情联络的招商人员，招商的成功率往往更高
7	只要赚钱，什么项目都行，品牌、行业意识不强	对于投资回报的强调常常会成为最终打动他们加盟的利器

没有职业的潜在受许人则更多的是把加盟看作其唯一的事业（即便将其看作职业，也会是最重要的或唯一的一份据以生存或成就一番事业的"职业"），他们希望加盟是长久的并能据此获得一生的依靠。类似这样的潜在受许人，其常见的加盟特征以及特许人的招商策略要点，如表6-4所示。

表6-4　没有职业的潜在受许人加盟特征与特许人的招商策略要点

序号	没有职业的潜在受许人加盟特征	招商策略要点
1	更看重加盟的成功率和长期性	要用具体、真实的数据或实例来说明投资的安全性与持久性
2	在任何时间都可能打电话给招商人员，也通常愿意花费更长的时间来讨论加盟事宜	随时准备电话沟通
3	因为没有一份职业，所以他们的任务就是"专职"选中一个加盟项目，加盟欲望比较迫切	加大沟通频率和力度
4	考察项目时会选择任何时间	安排人员随时准备进行接待

续表

序号	没有职业的潜在受许人加盟特征	招商策略要点
5	大中小项目都有可能成为其选择的目标	设计不同投资额度的加盟项目，以满足不同类型的潜在受许人的需求
6	投资偏理性	专家型、顾问型的招商人员更有说服力
7	不但项目要盈利，还要长久，对企业的品牌、创新力、可持久经营的要求会稍强	强调自己的品牌、实力与行业的"朝阳"性

需要说明的是，上面所说的有职业人群，除了拥有一份比较满意、比较稳定的工作者，还包括那些本质行业经营得不错的组织，其加盟特征都相似；而没有职业的人群，则包括对工作不满意、工作不稳定的潜在受许人，或者是那些面临经营转型的组织，其加盟特征也相似。

二、店址

有店址的潜在受许人，其常见的加盟特征以及特许人的招商策略要点，如表6-5所示。

表6-5 有店址的潜在受许人加盟特征与特许人的招商策略要点

序号	有店址的潜在受许人加盟特征	招商策略要点
1	急于寻求一个项目。因为每延迟一天，他/她的既有商铺就多付出一天的房租，或者损失一天的可能盈利，时间就是金钱	加大沟通频率和力度
2	因为店址的面积、商圈等已定，所以他们心中可能已经有了欲加盟的行业或企业的候选人	有时需要一个艰难的说服过程，才能使潜在受许人改变既有的选择倾向
3	会以既有的面积来筛选、匹配合适的项目	按照其既有面积，为其量身打造一个合适的加盟项目
4	可能会直接签订特许经营合同，而跳过签订加盟意向书这一环节	信息披露的时间应提前，以免违反《商业特许经营管理条例》《商业特许经营信息披露管理办法》的相关规定

没有店址的潜在受许人，其常见的加盟特征以及特许人的招商策略要点，如表6-6所示。

表 6-6　没有店址的潜在受许人加盟特征与特许人的招商策略要点

序号	没有店址的潜在受许人加盟特征	招商策略要点
1	希望特许人提供选址帮助或指导	强调特许人对受许人包括协助选址在内的"一条龙"服务会很有效，有商铺信息或能够提供店址的特许人会更有竞争力
2	心中没有欲加盟的行业或企业的候选人	只要用项目来说服潜在受许人，他/她就会为项目去选择匹配的店址
3	选址是需要时间的，所以通常要在合同之前先签订一个加盟意向书	协助、指导潜在受许人成功选址，是决定能否最终签订特许经营合同的关键因素和前提条件
4	加盟的欲望不是很迫切	招商人员要有充分的耐心，先建立关系，再慢慢跟踪

三、学历

通常，高学历（指大学本科以上学历）的人所选的项目和学历低的人在行业方面是不同的，比如教育培训、财务会计、律所、顾问咨询等专业性强、需要一定知识基础的人才能运作的加盟项目，就通常不会成为学历低的人的选择目标。高学历的潜在受许人所选择的范围一般会更宽，即他/她有可能进入任何一个领域或行业，但低学历的人选择加盟的范围一般会窄一些，他们通常不会选择那些知识性强的加盟项目。

高学历的人一般会特别重视合同和合法性，所以招商人员要与其谨慎沟通，有理有据，不要随便承诺。另外，他们对于招商人员的礼仪包括仪容仪表也可能会特别关注，这一点必须要引起招商人员的重视。

通常，高学历的人会使用现代的通信方式，比如 E-mail、QQ、微信等工具，因此特许人企业一定要设置并管理好这些通信方式。

四、性别

虽然女性可以从事几乎男性能从事的绝大部分行业，但女性的加盟行业倾向还是有的，比如一些时尚类的饰品、美容、幼儿教育、美甲、服装等，潜在受许人可能更多的是女性和年轻人。

女性和男性在谈判时表现的特征也有所不同。比如通常情况下，女性会很细致地询问每个方面，决策慢、感性因素多、直觉性强、更敏感，善于发现一些细微的问题，而男性则更关注宏观方面、更理性。所以针对女性潜在受许人，招商人员要细致、耐心、以情感人，不要有太强的主动性和推销攻击性，因为这样可能会使她们自然地产生警惕心理。

对于男性潜在受许人，则可以理性地推理，有时即便以没有"人情味"的商业对商业的态度来交谈，通常也不会造成负面的影响。

遵循同性相吸、异性相斥的道理，对于女性潜在受许人，最好由男性招商人员来接待，男性潜在受许人则由女性招商人员来接待，结果可能会更好。

五、年龄

招商人员一定要明白"姜还是老的辣"的道理。

年龄大的潜在受许人所选择的行业通常不会是知识性强、新潮时尚、很辛苦、需要长时间在室外工作的行业，他们更偏爱传统的服务或零售业；与盈利比起来，他们更注重投资的安全性；他们更注重特许人企业的支持和后续服务。他们具有丰富的人生阅历，所以在谈判时会很谨慎，招商人员的任何"信口开河"都有可能使潜在受许人立即打消加盟的欲望。

通常，年轻的潜在受许人所选择的行业范围会宽广一些，他们更注重盈利和行业的成长性；他们比较容易被热情和激情左右，所以充满激情的招商人员可以在较短的时间内就促成一份特许经营合同的签订。

调查结果表明，我国目前大部分的潜在受许人的年龄在 25～55 岁。

六、资金实力

通常，资金实力大的潜在受许人看起来会更"傲气"一些，投资大项目会更理性，投资小项目则可能会有些冲动，招商人员要根据自己企业项目的实际情况采取对应之策。但总的来说，他们要比资金实力小的受许人更加理性和冷静，所以其加盟最终确定的时间也会较长，招商人员要充满耐心。同时，这类的潜在受许人可能有自己的生活习惯，比如通常不喜欢自己的作息惯例被打扰，所以招商人员尽量不要在不恰当的时间或者大频率地主动与他们沟通，那样会使他们反感。

通常，资金实力小的潜在受许人会非常谨慎，因为他／她投资的可能是自己一生的积蓄和希望，同时，因为资金实力小，赚大钱的欲望很强烈，所以这些人可能更会相信一夜暴富的神话，所以这些潜在受许人也很容易被招商人员描绘的未来"钱"景说得头脑发热并做出不理智的行为来。事实证明，那些被欺诈的受害受许人几乎都是中小项目的受许人。

图 6-3 是一个环球资源展会的统计结果，可以看出，大部分参观者计划在特许经营项目上投资的资金在 50 万元人民币以下。

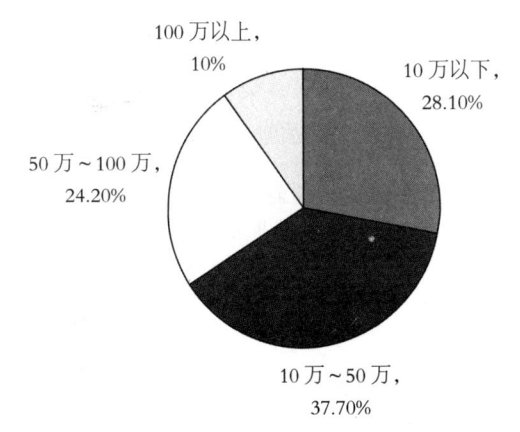

图 6-3　参观者计划在特许经营项目上投资的资金分布

七、收入

通常，收入高且稳定的潜在受许人会更加理性，也更有鉴别项目真假优劣的能力与意识，更注意研究与分析表面现象背后的实质，更注重品牌，其在加盟项目的选择上也不会很着急。

而收入低或不稳定的潜在受许人则可能会特别看重盈利，容易相信语言和表面现象，即更加感性化。

对待前者更适合"晓之以理"，对于后者则可以"动之以情"。

八、加盟目的

潜在受许人主要或最初的加盟目的是多种多样的，如表 6-7 所示。

表 6-7 主要或最初的加盟目的、特征与招商策略要点

序号	主要或最初的加盟目的	加盟特征	招商策略要点
1	赚钱	注重利益	强调加盟的成功概率和盈利性
2	成就一番事业	注重项目的成长性和品牌	用类似"朝阳"产业之类的前景吸引对方,并强调加盟的成就价值和特许人的企业文化、社会效益
3	过一把做老板的瘾	不喜欢特许人过多地干涉	强调加盟店的法人独立性,总部只是在"幕后"提供支持
4	找点事做	倾向于选择投资额不大、入行不难的项目加盟	强调加盟项目的兼职特征,以及总部对受许人的一条龙支持政策
5	为已有的店址找个生意	按面积来匹配加盟项目;已有大致的加盟行业或企业意向;急于找到合适的项目	为其店址量身定做一个合适的加盟项目;加大沟通的频率和力度
6	寻找新的工作或业务领域	注重加盟项目的未来前景	用类似"朝阳"产业之类的前景吸引对方
7	为将来的单干找个"师父"或过渡	特别注重培训	一般,企业不应吸收此类人群为受许人
8	安排一些人就业	注重加盟项目的就业解决量、长久与安全,以及加盟店的员工要求与潜在受许人欲解决的就业人员素质相符	强调加盟事业对于员工的需求数量大、长久性、安全性,并且对从业人员的要求不高,不需要过高的学历或经验

九、选择特许人企业的依据

不同的潜在受许人选择特许人的主要依据或特别看重的方面是不同的,比如项目的知名度、安全性、长久性、进入容易性、盈利性等,都可能成为他们看重的方面,这些其实也直接反映了潜在受许人的商业心理,所以招商人员要善于在沟通中迅速摸清楚对方的商业心理,然后一针见血直指要害,彻底打消对方的疑虑,如此便可大大增加招商的成功概率。

十、浏览的媒体

对于生活经历、所在地区、年龄、性别、学历、性格等不同的人而言，其主要或日常浏览的媒体是不同的，有的人偏爱网络，有的人偏爱报纸、杂志等传统平面媒体，有的人偏爱电视、广播，有的人偏爱实地考察，如此等等，不一而足，如果招商人员能准确地知道自己企业的受许人群体都经常浏览哪些媒体，然后把企业的招商宣传有针对性地集中于这些媒体上，那么投放的效果、效率就会好得多。

比如，你的单店投资额比较大，那么可能成为你的受许人的群体必须是具有相当经济实力的，因此，在招募受许人时，你必须要考虑这些具有较好经济条件的人在选择信息接收媒介上的特征（比如他们可能更熟悉一些投资、金融、创业类媒体，而不是休闲娱乐类的媒体），以便选择合适的媒介进行招商广告宣传。相反，如果你的单店投资额比较小，比如在 10 万元以下，那么你的潜在受许人群体的特征就与计划投资百万元以上来开店的人群的特征明显不同。

十一、对风险和收益的期望

不同的投资人对风险和收益的期望心理是不同的，有的属于冒险型，有的则属于保守型或中间型，招商人员要在前期短暂的沟通中迅速地抓住对方的投资特征，这样才能使双方接下来的沟通更有价值和效率。

练习与思考

1. 对于不同的企业或企业的不同发展时期，你认为采用哪种招商的沟通方式或工具更好？
2. 列举至少 5 个行业，为其设计招商的起始时间、终止时间。
3. 你认为在招商电话管理方面还应注意什么？
4. 除了文中所说之外，还有哪些特殊的潜在受许人？对其应采取什么样的招商策略？
5. 潜在受许人还有哪些加盟特征？招商的应对之策分别是什么？

第 7 章 招商的信息管理

[本章要点]

本章第 1 节主要讲解潜在受许人信息的分配，第 2 节主要讲解潜在受许人信息管理与招商的四类记录跟踪表。本章的目的是让读者掌握关于招商的信息分配技术，以及如何在招商过程中进行记录与跟踪。

7.1 潜在受许人信息的分配

在特许人开展招商的前期，所有有关潜在受许人的信息包括电话、邮件等，可以由行政人员或招商人员收集、整理、记录后交给总经理，然后由总经理统一分配给各个招商人员。但为了激励最初获得信息的人员，每条信息都应明确记录信息的来源，以便加盟成功后进行奖励。

待招商部门正式成立并开展工作后，如果是个人通过自己的资源或努力获得的信息，则属于个人；通过公司所做的广告、参加展会、与第三方合作以及公司的微信号、网站、博客、抖音、今日头条等公司资源获得的加盟电话、邮件等咨询加盟的信息，可采取多种方式进行分配。

（1）招商人员轮流接收加盟咨询信息。比如，由每个招商人员或招商小组组长负责每天轮流接听加盟热线或接收邮件等，当天所获信息由接听人员利用或分配给自己的小组成员。注意，可按周次进行轮回调换，例如，周一、三、五由 A 接收信息，周二、四、六由 B 接收信息，周日轮流值班；到下周时，周一、三、五由 B 接收信息，周二、四、六由 A 接收信息，以保证每个招商人员或招商小组组长接收信息的均衡性。

（2）由不同的招商人员或招商小组分别负责不同地区。把全国按地区进行划分，要注意地区差异和地区均衡，以保证所有招商人员或招商小组均能公平地接收到加盟信息。

由于各个省市地区的潜在受许人数量和质量有很大差距，比如在山东、河南、江苏、浙江、广东等地，潜在受许人的数量较多、质量较好，而宁夏、甘肃、新疆、西藏等地的潜在受许人的数量较少，其加盟能力（比如资金）、创业意识以及当地的市场消费力都相对较差。所以，具体划分时需要将不同的地区进行搭配，以免造成信息来源上的贫富不均。

（3）由专人负责接听电话或接收邮件等，并由专人负责分配，以保证每个招商人员或招商小组公平地接收信息。

在经过一段时间的信息公平分配后，企业应能分辨出优秀的招商人员或招商小组，即那些将信息转化为实际加盟事件概率较高者，然后，企业应逐步调整信息分配的倾斜度，即可以有意识地将信息多分配给这些优秀的招商人员或招商小组，而逐步淘汰掉那些成绩不理想的招商人员或招商小组。

此外，对于加盟信息的来源渠道，特许人企业应严格管理，确保信息畅通无阻、一个不漏，并且能够在第一时间反馈。

（1）在上班时间，招商热线必须随时接听，保证随时畅通；在下班时间，开通招商咨询手机，以招商团队成员轮流接听的方式保证加盟咨询者可以 24 小时咨询。

（2）每天至少间隔一定时间打开招商 E-mail 查看 8 次。

（3）招商 QQ、微信等必须随时保持在线状态，随时应答或在最短的延后时间内回答。

（4）在上班时间，网谈通必须随时保持在线状态，随时应答。

（5）每天至少间隔一定时间打开论坛、微博、抖音等查看留言 16 次。

7.2 潜在受许人信息管理与招商的四类记录跟踪表

一、成交信息终身制与未成交信息循环制

所谓成交信息终身制，指的是一旦由招商人员负责的潜在受许人成功签订正式的特许经营合同，则受许人终身所产生的利益都要和招募他／她的招商人员挂钩，即招商人员不但能拿到一次性的招商提成，还可以从受许人后续的运营中获得持续的收益提成。如此，既扩大了招商人员的提成范围，延长了提成时间，又会促使招商人员更多地招募合格的受许人，并在受许人的加盟期内持续地对其给予关注和支持服务等。

所谓未成交信息循环制，指的是在一定的时间（一般为 3 个月）内，如果某招商人员没有和其负责跟进的潜在受许人发生"实质性的业务关系"（包括签订加盟

意向书、签订特许经营合同、支付定金等），则该潜在受许人的信息将由招商总监重新分配，移交给别的招商人员负责跟进。此后的该潜在受许人的成交与之前的招商人员没有丝毫关系。这样做是考虑到招商人员可能是因个人原因而导致无法成交，而在换了其他人员后，可能会促进成交。

二、招商的四类记录跟踪表

每个招商人员都必须建立一个招商的四类记录跟踪表，用于记录潜在受许人签订正式的特许经营合同、受许人支付加盟金及之前的所有客户信息、活动等内容，以更好地管理客户信息和招商过程，促进招商成交。招商的四类记录跟踪表是加盟档案的第一份档案和重要内容，由招商人员负责记录。

我们可以把招商的四类记录跟踪表做成 Excel 的形式，易学易会、操作简单、成本较低，当然，企业也可以把它做成计算机软件。表 7-1 为跟踪表的大致框架（以 word 表格形式示范）。

表 7-1 招商的四类记录跟踪表

记录人_____职务_____所属部门_____记录起始时间_____年_____月_____日

受许人或潜在受许人的档案信息

序号	第一次沟通时间	加盟信息的来源	性别	年龄	籍贯	学历	…	备注
1								
2								
3								
4								
5								
6								
…								

上表中的"受许人或潜在受许人的档案信息"应该包括：与特许人的第一次沟通时间、沟通方式；受许人加盟信息的来源；性别；年龄；籍贯；学历；是否已婚；联系方式；居住区域；欲加盟区域；欲单店加盟还是多店加盟、区域加盟，或

别的加盟形式；欲自己加盟还是有合伙人；欲实施加盟的时间；可投资资金；资金来源；有无行业经验；有无商业经验（需说明从事哪类商业、多少年）；是否有职业，什么职业；是否有店铺；已有店铺的位置和面积；店铺是否自有产权；店铺租金；店铺楼层；每次沟通时间和内容精要；成交时间；其他。

我们可以把所有的客户分为如下四类。

（1）准成交客户，指的是签订特许经营合同或加盟意向书的意愿、时间已经确定的客户。

（2）强意向客户，指的是明确表示愿意考虑加盟的客户。

（3）意向客户，指的是没有明确拒绝，但也没有明确表示愿意考虑加盟的客户。

（4）非客户，指的是明确表示不会加盟的客户。

对上述四类客户，我们可以把他们统一记录在招商的四类记录跟踪表里，并用不同的颜色代表不同的客户，以便查找、统计。也可以分别为这四类客户建立不同的表格，然后根据招商沟通的进展情况，将其归到不同类别的表里。

记住，因为"非客户"已经明确表示不会加盟特许人企业，所以招商人员在确认某客户为"非客户"的时候，一定要慎重、反复斟酌、判断准确，因为一旦进入"非客户"的名录里，招商人员就不会再继续跟进。原则上，只要进入"非客户"名单，客户就应该转由另外的招商人员跟进了。

练习与思考

1. 对于加盟信息的三种分配方法，你认为哪个更好？你有更好的建议吗？

2. 虚拟一份至少包括 20 名客户的招商的四类记录跟踪表，然后对其进行统计分析，看看能否找到对于招商有用的结果或规律。

第8章　招商话术与实战攻略

[**本章要点**]

本章第 1 节主要讲解 90 个加盟招商常见问题与回答要点，第 2 节主要讲解回答潜在受许人咨询的说话技巧。本章的目的是让读者掌握关于招商的常见咨询问题及其回答要点，以及回答咨询时的一些说话技巧。

8.1　90 个加盟招商常见问题与回答要点

问题 1：我们这个行业的未来发展趋势是什么？

回答要点：以专家的口吻、用科学的数据来显示你对行业的精通和专业。

回答这种问题时，最好是采取定性和定量相结合的方式，也就是说，既要给咨询者一个感性的对于行业未来趋势的描述，同时还要辅之以具体的数据，这样会使你对未来趋势的描述更加可信，也显得更加专业和科学。

纯粹地引用别人对于行业的预测，会大大降低你的专业水平并有损你在咨询者心目中的印象，你要说出自己的判断，而不是别人的判断，要在心里记住：你自己就是行业的专家！

问题 2：我为什么要选择你这个行业？

回答要点：突出特许人企业所在行业的优势，以及这种优势对于潜在受许人的实用性，尤其是要强调本行业未来发展的灿烂市场。记住：投资人多数投资的是自己的未来，不是现在，更不是过去。

一般而言，针对不同的行业可以分别进行如下的回答。

（1）传统行业，如传统的餐饮、药店、零售、服装等。特许人企业要重点强调这种行业的"历史"性，既然这种行业存在了这么久，那么必然有其存在的道理。对于餐饮，可以用"百业食为首""民以食为天""吃穿住行，吃第一"等来强调说明行业的历史、存在的必然性、市场的巨大性和良好的未来发展性。对于药店，则可以用"生老病死，自然规律""人吃五谷杂粮，哪能不生病""病和医药是刚需"等来强调行业的优势。

（2）传统行业中的新兴模式，如餐饮行业中的休闲便餐、西式快餐、火锅吧，酒店行业中的经济型酒店、商务精品酒店等。特许人企业要在强调传统行业的"历史"同时，指出传统行业模式的弊端，而这些弊端恰又催生出了你的这个新兴的行业模式，因此，你就同时占据了传统的"历史"和新兴的"朝阳"这两个优势。

（3）新兴的行业，如汽车用品及服务、电脑及网络、美容健身、宠物用品及服务等。既然没有悠久的历史可言，你就要把强调的重点放在行业的未来与成长性上。

问题3：我为什么要选择你们的企业？

回答要点：**重点强调自己企业的优势和竞争实力。**

这些优势的内容可以有很多，包括经营理念、企业文化、品牌、企业历史、人力资源、财务资源、对受许人的支持政策、特许经营体系的完善度、产品或服务的优势、企业的市场地位、企业规模、名人明星等。

企业一定要事先对自己进行详细的分析，比如可以用SWOT分析法来列出自己的优势（S）、劣势（W）、外部机会（O）和威胁（T）。

需要注意的是，这些优势一定是你的企业"独到"的地方，不能是"大众化"的优势，否则潜在受许人一旦在别的特许人那里也听到了类似的话，他/她就不会认为这是优势了。比如，企业可以整理出自己的"十大优势""八大优势"来。挖掘自己的优势并将其用简明、震撼的语言表达出来，至关重要。

问题4：**本体系的加盟店的主要业务是什么？**

回答要点：**用简明的语言概括出加盟店的业务内容。**

在回答时要注意以下几点。

（1）先介绍你的特色或爆款业务。你的业务可能有很多，那些别人家也可能有的业务可以一带而过，要重点说明你的特色或爆款业务。

（2）语言不能平淡无味。最好把你的体系最吸引人或最出彩的亮点加在业务名称前，如果你做的是精品剪发，就不要简单地回答你是"剪发"的；如果你是主题型商务酒店，就不要简单地回答你是做"酒店"的；如果你是做京味涮羊肉的，就一定要说清楚你做的是"传统北京风味的涮羊肉"；等等。

（3）不要画蛇添足。比如一家做火锅店的企业，你只要按照上面第一条的要求告诉咨询者你是做什么口味的火锅就行了，不必把每道菜都告诉他/她。

（4）如果特许人企业的大小不同的店或不同地域的店经营不同的业务内容，那么你要分别阐述给咨询者。

问题5：加盟条件是什么？

回答要点：简明扼要地把你的企业的加盟条件告诉咨询者。

记住，不要遗漏某个条件，因为每个条件都是咨询者据以决策的重要因素。你可以把潜在受许人最符合的那个条件作为重点来说，这样会使潜在受许人产生骄傲和自豪的快乐感，从而有利于后续的沟通。

问题6：不同类的加盟店的加盟政策分别是什么？

回答要点：按照企业事先制定好的每类店的加盟政策详细讲解。

最好能以表格的形式展示给咨询者看，因为仅仅靠语言的讲解，咨询者有时会记不住或容易记混。记住，要先介绍或强调说明潜在受许人最适合或最想做的那类店的加盟政策。

问题7：如果潜在受许人的某个加盟条件不满足怎么办？

回答要点：千万不要断然拒绝咨询者。

你可以给他/她解释条件不满足的后果，比如，如果受许人的店址面积不够的话，盈利的可能性会非常小。你最好从为咨询者负责的角度来解释，这样会使咨询者更加感动和信服，并对你更加尊重。

如果那个不满足的条件是可以通过咨询者或者与特许人一起努力克服的，那么你就要试着和咨询者共同商讨出一个解决方案来，或对咨询者提供一些有效的建议。

记住，你要把自己定位为帮助潜在受许人创业加盟成功的专业顾问，而不是纯粹的销售员。

问题8：我没有任何的从业经验，真的能从事这个行业吗？

回答要点：打消咨询者对没有从业经验的忧惧心理。

这个问题的答案对多数企业来讲肯定是"Yes"，因为特许经营模式解决的就是对行业的不熟悉性所带来的风险，特许人的任务和价值之一就是帮助潜在受许人掌握和熟悉，迅速成为行业内的人士。为了证明你的观点，你还可以列举几个体系中已有受许人的例子，他们就是原本没有任何的行业经验，但在加盟后取得成功的典型。

但要注意，对有些行业或企业来说，因为其技术或产品、设备的独到性，会需要潜在受许人具备一定的行业经验、学历、关系资源等基本条件，这时你要如实地告诉咨询者，切不可不假思索地就回答"Yes"。

问题9：我应该怎么选择加盟方式？

回答要点：对这个问题的回答有三个渐进的步骤。

第一，你要先把本体系的几种加盟方式都列举出来，比如，从特许权的数量上来说，可以有单店加盟、区域加盟、多店加盟等，从特许权的产权与运营权的组合上来说，可以有特许加盟、合作加盟等。

第二，给潜在受许人简要地讲解每种加盟方式的大致内容和利弊。

第三，当潜在受许人对其中的某种或某几种加盟方式感兴趣时，你再重点地详细对其进行讲解，同时结合受许人自身的实际情况给他／她提出一个或几个加盟方式的选择方案。

问题10：具体的加盟流程是什么？

回答要点：给对方提供一个流程图及简单的介绍。

最好是把详细的加盟流程图发给咨询者看，同时对流程图做一个简要的介绍，并对关键的地方进行着重说明。

问题11：如果当地有加盟店了，我还可以加盟吗？

回答要点：要按具体情况来分别作答。

如果潜在受许人所说的地方还有市场容量，那么他／她当然可以加盟，但要告诉他／她哪些区域是允许再开设加盟店的，哪些区域是不允许的。

相反，如果潜在受许人咨询的地方本体系单店数量已经接近于市场饱和度，你就要如实地回答"No"，并且给咨询者一个解释：每个单店都有自己的商圈范围，我们的体系要保护每家店的商圈的独占权，所以不会让自己人"火并"的。但你可以试着建议咨询者是否考虑在其他地域开设加盟店。

问题12：总部现在有多少家加盟店和直营店？

回答要点：直接告诉对方一个真实的数字，如果数量太少，可以附加解释其原因。

如果你的总部目前的加盟店数较少，除了告诉对方确切的数量之外，你可以再多做几句解释或说明，比如你的企业刚刚起步，之前一直是直营，只是最近才开始放开加盟之类，以打消咨询者的疑虑。

问题 13：我们的店与其他同类店的区别在哪里？

回答要点：先说重点区别，再说次要区别，最后说一般区别。

本体系的单店和其他同类店的区别可以有很多，比如你可以从如下几个方面去分析：产品、服务、技术、专利、环境、品牌、定位、特色、盈利模式、市场空间，等等。

问题 14：可以把店做成商场专柜的形式吗？

回答要点：具体情况具体回答。

首先，你一定要和咨询者确认他／她口中的"专柜"是什么意思，以免发生误解。或许，咨询者认为的专柜其实是店中店呢。

其次，你需要如实地回答。如果你有这种加盟店的选址设计的话，回答就是"Yes"；如果没有这种设计，除了回答"No"之外，你还可以简要地解释一下原因。

问题 15：商场专柜、店中店和独立店哪个好？

回答要点：对比分析各自的利弊，不要否定任何一种。

你要帮咨询者分析对比这三种店面形式的各自利弊。比如可以从单店的面积、投资额、人流量、管理难度等方面进行比较。

当然，如果你有意让潜在受许人选择哪一种店面的话，就可以重点推荐这种店面，多说其优点，少说其缺点。

问题 16：我们与同行竞争的优势是什么？

回答要点：避弱就强，但不要过度贬损竞争者。

仔细、全面、客观地与同行进行对比，找出你的优势，并用准确、鲜明的语言表达出来。

你只要重点说明自己的优势就好，可以与竞争者做一些对比，但最好不要直接说出竞争者的名字，同时不要贬损竞争者，要以客观的态度来做客观的分析。

问题 17：我们与同行竞争的劣势是什么？

回答要点：客观、诚实、自信，巧妙地看待劣势。

有些挑剔的咨询者可能会问这样的问题，你千万不要回答你没有劣势。你要客观地分析自己的企业和外在环境等实际情况，对自己的劣势做一个公正的说明，但要记住，你在说明劣势的同时要告诉咨询者，企业已经注意到了这些劣势，并且正在采取有效的措施去变不利为有利。

同时，你还可以利用巧妙的语言，把你的优势当成是劣势来描述。比如，当你的加盟店数量很少时，你可以说企业为了保证加盟店的成功，多年来一直在做直营试验，直到单店模式完全成熟之后，企业才决定推出加盟的形式。你的这种为受许人负责的精神能够很容易地打动受许人，此时，你的劣势就会变成优势。

问题18：加盟你们能稳赚不赔吗？

回答要点：不要回答"Yes"，也不要回答"No"，要强调成功的概率。

对于这种问题，不要正面回答。如果回答"Yes"的话，你其实是给自己埋了一颗日后可能会爆炸的地雷；如果回答"No"的话，又可能会让咨询者因失望而放弃。

原因很简单，任何投资都是有风险的，任何的特许经营都不能保证加盟店百分之百成功。加盟店的成功取决于多种主客观因素，既需要特许人的支持，也需要受许人的努力，同时外在的条件和环境也会对该店的成功与否发生作用，所以加盟店只存在比独立开店更高的成功概率，但绝不能保证稳赚不赔。

如果你的加盟店的成功率较高，那么在回答时，就可以拿自己与同行业甚至非同行业企业的加盟店成功率进行比较，以说明加盟你的体系后成功的概率更大。

比如，我们可以用下面的两句话来回答。

第一句是，"我对您说实话，任何创业，包括加盟在内，都是有风险的"。记住，说完这句话以后就打住，不要延伸，否则就是画蛇添足，反而会有副作用了。你说的这句话，会给咨询者留下一个诚实、可靠、可信的印象，一旦形成这种印象，后续的沟通就会朝着好的方向发展。你必须首先获得对方的信任，这非常重要。

第二句是，"我们现在有100家加盟店，其中95家赚钱，3家持平，1家因为受许人两口子老是意见不一致、天天吵架而导致店面亏损，还有1家是因为自以为是地不参加总部的培训，所以经营一直上不去"。这样实事求是地告诉了对方现实的结果，比起说一些定性的话来更有力度。而且，话中也暗示了咨询者：你在加盟后一定要全力地用心经营，同时必须参加总部的培训。如此，可谓一举而多得。

问题19：总部如何保证受许人盈利？

回答要点：不要正面回答"Yes"或"No"，而是强调只要受许人在特许人的

指导下努力经营，盈利的可能性非常大。

遇到这样的问题，你要明确地暗示或委婉地告诉对方：总部不会保证受许人盈利，但我们会全力扶持所有的受许人，尽量促使我们的每个受许人盈利。

随后，你要把企业对于加盟店的扶持或支持措施一一地告诉咨询者。

同时，你最好能用事实和数据告诉咨询者目前的结果，比如你现在有多少受许人、盈利的有多少个。你也可以捎带着把体系内的受许人的盈利概率告诉咨询者，并且向咨询者列举几个盈利状况最好的店的具体数据。

问题20：产品或服务项目的成本怎么样？

回答要点：要告诉对方其更应关注的是成本和价格的差，即利润空间。

你要谨慎地告诉对方一些企业可以公开的成本数据，但一定要注意保密，因为有时咨询者或许是来自竞争者或潜在竞争者。

同时，不要忘了把市场的零售价告诉对方，这样也可以让咨询者有个明确的对于利润的认识。

问题21：产品或服务的价格是否全国统一？

回答要点：在统一的基础上进行"本店化"。

因为各地的经济发达程度和消费力不同，受许人的供货、配送来源不完全一致，市场竞争程度等不同，所以总部会和受许人一起研究当地的实际情况，然后在本体系整体价格一致的基础上，对受许人所在店的产品或服务价格进行"本店化"。

问题22：产品供货会及时吗？产品齐全吗？

回答要点：给以肯定的回答。

你不能只是简单地回答"及时"和"齐全"，还得简要地讲解一下你的企业为了保证"及时"和"齐全"而采取的一些具体有效的措施和手段，同时也可以配合地讲一些既有加盟店实际供货的"及时"和"齐全"的例子。

问题23：你们店的口味能符合我们这个地方吗？

回答要点：用理论分析 + 实际的例子来证明。

如果你们在咨询者的附近已经有店，而且其消费环境与咨询者意向加盟地差不多的话，你就可以拿这个店作为例子，这样的回答最具说服力。

如果没有这样的店，那你就只能从理论上进行分析了。可以告诉对方你们对那个地方的市场研究结果，最好再举几个其他地方的实例，比如你们一开始都不看好那个市场，但后来的事实却证明那些店的经营成绩出人意料的好。

同时，你要告诉对方，公司会针对当地的具体情况进行"本店化"操作，然后再举几个成功的"本店化"店面的例子，这样说服力就会更强。

问题24：某些产品知名度不高，产品会销售得好吗？

回答要点：要充满信心地回答，遵照科学的方法，产品一定能销售好。

如果你的品牌知名度比较高，那么你最好用一些数据、专家的评价、公开的报道、所获得的荣誉等来证明你的高知名度，而不要只是一味地自夸。来自别人的夸赞，比你自夸的效果要好得多。

如果你的产品确实知名度不高，那你就要实事求是地承认，但可以从两个方面告诉咨询者：首先，任何产品的知名度都是从小到大的，随着我们体系的不断发展，我们的知名度会逐渐增加。我们之所以给受许人提供这么低的折扣和这么多的优惠，正是因为我们的产品知名度在目前还不算太高。以后随着知名度的提高，折扣肯定也会提高，但对于那些初期和我们一起为提升知名度而奋斗的受许人，我们将继续给予最大限度的优惠。其次，知名度会影响产品的销售，但绝不是唯一的影响因素，价格、促销手段、消费者特性、广告宣传等都会影响销售，我们体系的营销手册已经编制了大量非常实用的营销方法和手段，这些都会大大地减弱知名度较低所带来的不利影响。事实上，根据各地店的情况反馈，销售效果非常不错（可以适时地列举几个具有吸引力的案例和数据）。

问题25：我们的产品或服务的特色是什么？

回答要点：突出重点。

找出自己的独特性，然后用准确、鲜明的语言表达出来。要注意突出重点，不要把你的产品和服务的所有方面都变成"特色"。

问题26：为什么我们的产品进货折扣定为这个数额？

回答要点：用数据说明你的折扣数值的科学性。

这时，需要你为潜在受许人详细地算一笔账，至少要说明三点。

（1）你的产品的成本是多少。

（2）你的产品的市场零售价是多少。

（3）你和受许人分别赚取的利润空间是多少。

当你把这三笔账都算清楚时，潜在受许人就会很清楚自己将来能赚多少，也很清楚特许人的分利原则是什么了。当然，如果你的折扣比同行的低，你就要强调你的企业对于受许人的扶持优势；如果你的折扣比同行的高，你就要强调你的零售价更高，或同行的折扣虽低但是他们在别的方面收费了，以表明你所定折扣的合理性、科学性。

问题27：加盟店的销售情况好，但没达到总部要求的底线怎么办？

回答要点：以"帮助未达任务目标的受许人解决问题"的心态来回答。

你要告诉咨询者总部在加盟店没达到底线时的一些帮助、扶持措施，其中应重点讲如何帮助受许人增加销售达到底线，而尽量不讲或少讲总部的惩罚性措施。

问题28：我们的产品可以出口吗？

回答要点：如实地告诉对方你在出口方面的现实和计划。

如果你的产品计划或已经出口，就一定要告诉咨询者，这会大大增加他们对你的产品的信心，当然能加入一些数据的话效果会更好。

问题29：加盟店销售好、进货数量大时，拿货折扣能否降低？

回答要点：直接、简单地告诉他/她公司的政策。

你要先直截了当、简明扼要地告诉其结果，然后再解释原因。

一般来说，企业都会按照进货量的大小给予不同的折扣，目的是刺激销售。但是，如果你的企业始终坚持一个折扣的话，你一定要向对方解释这样做的原因。

问题30：受许人如何才能得到产品的最新信息？

回答要点：告诉对方，"你会在第一时间知道产品的全部最新信息"。

你要提供给潜在受许人你所设计的各种与受许人24小时不间断沟通的方式和信息管理系统，并且告诉潜在受许人，你会在第一时间将最新的产品信息传递给所有的受许人。

问题31：除了连锁店之外，公司的产品还走别的渠道销售吗？

回答要点：如实地告诉对方你的企业的实际情况。

除了单店之外，如果你的企业的产品还走别的渠道销售的话，你一定要解释清楚这些渠道和单店体系渠道是不冲突的。因为咨询者之所以这样问，多数可能是担心自己的加盟店和企业的其他销售渠道产生冲突，从而影响加盟店的生意。

问题32：每个店面都有主打项目，那我们的主打项目是什么？

回答要点：简明扼要。

要把你的单店的特色化产品和服务告诉咨询者，记住，你的回答一定要简明扼要，免得让人起疑。

问题 33：我们当地至今还没有类似的店，开这样的店能行吗？

回答要点：具体问题具体分析。

针对不同的企业应有不同的回答。

如果咨询者所在地不适合开设加盟店，那就直接地告诉他／她，但可以建议他／她考虑在其他适合的地方加盟。

如果咨询者所在地适合开设加盟店，而只是目前没有类似的店，那么就可以恭喜对方：你加盟后，将会成为第一家。

当然，第一家的生意既好做，又不好做。好做是因为暂时没人和你竞争，你可以独占市场的垄断利益；不好做是因为你可能需要对当地的市场进行一个教育和培训的过程，即需要将你的产品或服务导入市场，导入的活动本身就有成本费用、难度和风险，而一旦市场成熟，你又会面临大量的竞争者。

问题 34：能不能一个城市只设一家加盟店？

回答要点：团队作战比单店作战效果更好。

提出这种问题的潜在受许人多是担心自己体系内的店会和自己竞争。因此，你必须要明白咨询者的心理，然后针对性地来回答，以使咨询者打消顾虑。

一般来说，大多数的企业都不会只在某个城市开设一家加盟店，除非这个城市的商圈只有一家单店的市场容量。

从另一个角度讲，当某个城市的市场容量可以容纳数家单店（包括直营店和加盟店）时，因为每家单店都有自己的商圈范围，顾客往往会选择就近的单店消费，所以与在一个城市只开设一家单店相比，某个企业在该城市的布点数量多时，会在这个城市形成更强大的品牌效应。各个模式相同、品牌相同的单店都会在团队作战中受益，比如在集中采购、物流配送、广告宣传、联合促销、多店互动、区域管理等方面，都可能会享受到"集体""团队"而非"单个"才有的利益。

问题 35：任何一处的当地消费水平都适合加盟吗？

回答要点：具体问题具体分析。

这个问题要根据不同的企业做不同的回答。

因为每种单店都是定位在一定的社会消费水平和环境之上的，所以有些单店并不适合在有些地方开设。比如高档消费的单店不适合在经济不发达的地域开设，时尚前沿的单店不适合在落后贫困的地域开设，要求人口数量达到一定标准的单店不适合在人口少的地域开设，文化要求高的单店不适合在落后地区开设，等等。

你要问清楚咨询者具体说的是哪个地区，然后给他/她一个可以开或不能开的明确性答复，或者和他/她一起分析，建议他/她尝试考虑在适合的地方开设加盟店。

问题36：其他公司都有装修费的补贴或返还政策，你们为什么没有？

回答要点：比较整体费用，不做单独的比较。

你可以明确地告诉咨询者，每个公司都有自己的财务规定和优惠战略，我们不能拿别人的"有"来比较我们的"无"。

需要提醒投资人的是，在目前的特许经营市场上，有些公司确实有这样那样的补贴或返还政策，但是你要记住，商界没有免费的午餐，他在这个地方返还你了，可能就会在别的地方加倍地收回来，羊毛最终是出在羊身上。所以，投资人应该比较的是在加盟期内整体支付给特许人的费用，而不仅仅是某几项单独的费用。

问题37：其他品牌都有很多的产品、仪器或设备配送，你们为什么没有？

回答要点：提示受许人应综合、整体比较。

和上一个问题的答案差不多。各个公司的加盟政策、优惠政策、特许经营费用组合不同，潜在受许人应综合性地、整体性地比较不同特许人体系之间的费用、优惠和性价比，而不能只看哪一个方面。

问题38：如果我加盟，是不是一定要到总部去呢？

回答要点：肯定回答。

咨询者从咨询到最终签订特许经营合同有一个流程，其中有的环节是要求潜在受许人必须来总部的，比如受许人来总部考察、签订合同、在总部参加培训等。

问题39：到总部考察的交通路线是什么？

回答要点：问清对方使用的交通工具后再回答。

你首先要问清对方在哪个城市，然后根据城市的位置，判断对方可以选择的交通工具。

记住，你要详细地告诉咨询者从机场、火车站、长途车站、渡口、市内某地到达总部的路线。如果有对潜在受许人或考察者的接车计划，别忘了说明白。

最好能给咨询者提供一个示意总部位置的市内交通简图。

问题40：我是先选址，还是先加盟呢？

回答要点：先签订意向书，再去选址。

因为特许经营合同需要针对具体的店址签订，所以潜在受许人必须有了地址以后才能签订特许经营合同。但各个公司的选址要求不同，而且总部都会对受许人的选址方法和技巧等进行指导，所以潜在受许人应先签订加盟意向书，然后在意向书所允许的时间与范围内，在总部选址人员的指导下选址。

别忘了告诉咨询者，如果选址成功，则签订意向书所交纳的费用会冲抵加盟金，否则的话，总部在扣除必要的支出外，剩余的意向金会不计利息退还给潜在受许人。

问题41：怎样选择合适的地址？

回答要点：不要一下子说全，要给咨询者意犹未尽或有所保密的感觉。

你可以这样回答咨询者：我们根据自己的多年选址经验并结合现在最先进的理论，已经编制了一本专门针对我们体系的各种类型地域的科学选址手册，其中包括了关于选择一个合适地址的方方面面，如总部对选址的扶持、指导、帮助政策，合适的单店地址的条件，选址的流程，对于地址的评估，时间的分配，商圈图的制作，价格谈判，资金管理，合同签订，等等。总部会对签订加盟意向书的准受许人提供合适地址的条件，并对受许人进行选址指导。待准受许人选定了意向地址后，总部将派人前去亲自考察其可行性，如果可行，则双方签订正式的特许经营合同。

问题42：总部如何结合当地情况，对受许人选址提供具体建议？

回答要点：强调总部的工作主要是"指导"，而不是"代替"他/她选址。

特许人企业主要通过如下几种途径来帮助潜在受许人进行选址。

（1）根据选址手册对潜在受许人进行全程指导，包括选址的方法、技巧等。

（2）随时和潜在受许人的选址人员进行沟通。

（3）对潜在受许人选定的几处候选地址进行最后的现场确认。

（4）必要时派人员亲自协助受许人选址。

（5）总部提供已经选好的地址。

问题43：招聘什么样的员工最合适？

回答要点：点到为止，详细的内容等加盟后再说。

可以这样回答：关于员工的问题，我们有专门的手册，其中有对于员工的招聘、面试、复试、录用、考核、培训、升职、换岗、激励、辞退、岗位类别、岗位职责等全套的操作流程和规定等。我们会对所有受许人进行培训，教会他们这些内容。具体什么样的员工最合适，手册里专门有叙述，包括员工的性别、经验、学历等要求。但要等到签订了正式的特许经营合同后，我们才能把手册交付给受许人，并且对其进行培训。

问题 44：总部能为受许人提供员工吗？

回答要点：即便不提供员工，也要提供相关的帮助。

对于这个问题，不同的企业有不同的设计。有的特许人企业会为受许人提供全部员工，有的会提供关键员工，有的会提供部分员工，有的会代招代培，有的则不提供员工，只提供培训。你一定要明确地告诉咨询者企业在加盟店员工方面所提供的帮助和支持政策。

问题 45：公司经常会有培训吗？

回答要点：肯定的回答。

你的回答一定是非常肯定和毫不犹豫的："当然有。"

经常性的培训是特许人企业取得长久成功的基石，是特许人对受许人的重要支持，是特许人企业不断创新与不断进步的标志。

此外，你还可以把企业的培训总体计划简要地向咨询者讲一下。

问题 46：对加盟店的员工怎么进行培训？

回答要点：强调总部培训的全面、全程和全员性，让咨询者彻底打消疑虑。

一般而言，特许人对加盟店员工的培训可以分为三类。

第一类是在总部及总部样板店的培训，受训的员工主要是受许人、加盟店的管理人员、关键岗位人员或骨干人员、各岗位的代表（比如班组长之类）或者加盟店的全部人员，培训内容主要是专业知识和技能，包括理论学习与实习、考核。这类培训通常是在加盟后最先进行的，交纳加盟金之后，培训一般是免费的，受许人只需要自负差旅食宿费用即可。

第二类是在加盟店所在地的培训，培训讲师除了总部的培训人员（一般针对的是督导在加盟店运营中发现问题之后进行的培训）之外，还有在总部接受过培训的加盟店人员（由其以师傅带徒弟的形式，对未能亲自到总部接受培训的受许人员工进行培训，通常在加盟店开业前进行)，受训的人员通常可以包括受许人的全体员工，培训内容除了基本的专业知识、技能之外，还有企业文化等。这类培训通常是免费的，但是受许人需要承担总部培训人员的差旅食宿费用。

第三类是在受许人的加盟期内，由特许人组织的持续终身的培训，比如关于特许经营业务的新方法、新工艺、新政策、新产品等。这类培训通常也是免费的，受许人只需要自负差旅食宿费用即可。

问题47：加盟店的员工培训包括哪些内容？

回答要点：四类培训。

对加盟店员工的培训内容通常包括如下四类。

(1) 硬知识：包括具体的生产、加工、服务等技术。

(2) 软知识：单店运营的人、财、物、产、供、销等管理技术。

(3) 企业文化：特许人的企业文化。

(4) 游戏规则：特许经营模式的游戏规则，主要包括特许人和受许人双方的权利、义务。

问题48：加盟店招聘不到合适的员工怎么办？

回答要点：告诉对方特许人有成套的人力资源手册，以及公司的应急措施。

你首先要告诉咨询者，如果按照总部的《单店人力资源手册》来操作的话，招收不到员工的可能性几乎没有，而且你还可以用事实来说明，你们的所有加盟店迄今为止还没有一家出现招不到员工的情况。或者举一些特殊的例子，比如某某加盟店，在某某时间点开业时，大家都担心招不到员工，结果竟然还多招了！

然后再告诉咨询者，万一出现招不到员工的极端情况，公司也会采取一些应急措施，比如临时从别的店调派、总部亲自派人协助招聘等。但千万别忘了告诉咨询者：应急措施只是"应急"，绝不是永久解决之道，受许人必须掌握招聘到合适员工的技术和方法。

问题49：装修的大概花费是多少？

回答要点：给出一个标准值，但同时一定要告诉咨询者，因为各地的实际市场情况不同，所以装修花费会有差异，甚至是较大的差异。

你要把按照具体地点的单位面积的标准装修费用告诉受许人，并且一定要提醒受许人各地的装修价格可能会不同，因为原材料购买价格、人工费用、每个受许人在装修方面的资源、装修期间的监督管理水平等都不同。

问题 50：为什么你们的单店店面装修各有不同？

回答要点：说明是由公司的悠久历史所导致的现状，但同时一定要强调今后装修的一致性。

这个问题经常出现在那些做特许经营之前就已经做了多年多店经营的特许人企业。由于历史的原因，特许人企业在做特许经营前，并没有刻意地去标准化、统一化，但在标准化、统一化之后，又不愿意或觉得没必要花大价钱去重新装修既有的店面，所以众多直营店的装修才会各有不同。或者，特许人企业的装修设计一直在与时俱进地更新，所以才会导致直营或加盟店面的装修有差异。

你应该把它说成是企业的一个巨大优势。因为这其实也是企业历史的一个印证，说明企业有着一定的发展历史，而且企业一直在不断地摸索成功的模式，不断地改进、不断地创新、不断地与时俱进，所以才会出现不同的装修风格。

同时你一定要告诉咨询者，对于受许人而言，必须要按照总部要求进行统一化的装修，并且把标准化的装修样板展示给咨询者。

问题 51：装修一定要和总部的要求完全一样吗？

回答要点：以"大同小异"的原则来讲解。

首先，你要告诉咨询者，所有的受许人都必须按照总部的要求来装修，这一点不容置疑。

其次，在回答"Yes"的同时，你还可以顺便讲一下统一装修的好处。

最后，别忘了告诉对方，总部会根据不同地区的实际情况，在加盟店的装修上可能允许其与总部的标准店式样有些许的不同，也就是装修方面的"本店化"。

问题 52：从筹备到开业大概需要多少天？

回答要点：最好给出一个相对准确的数字。

不管怎么样，你首先要给咨询者一个明确的数字，比如通常情况下会是多少天左右。然后再解释一下之所以会出现"左右"的原因，以及可能会在什么地方出现。

一家单店从筹备到开业，需要做很多工作，包括选址、招聘、人员培训、装修、验收、办证、铺货、开业策划、试营业等，这些工作有的是可以同时进行的，所以你事先应做出一个合理的时间统筹规划，争取使总的用时达到最小化——因为在租或买下房子后，每过一天，受许人就会承担一天的费用或付出一天的机会成本。

时间就是金钱，你不能浪费受许人的时间。

问题 53：开业时你们会派人过来指导吗？主要指导什么？

回答要点：先肯定回答，然后再简要解释一下公司驻店指导的系列政策。

这个问题会因特许人企业的不同安排而不同。

有的企业会派人去加盟店进行开业指导，比如派一个店长、督导或关键岗位的技术人员，主要是协助加盟店开业并帮助受许人度过开业初期的营业磨合阶段，即所谓"扶上马"后再"送一程"。不过，要事先交代清楚驻店费用、天数、人员等问题。

问题 54：总部驻店指导人员的驻店时间有多长？

回答要点：根据你的企业的具体政策来回答。

有时，特许人企业驻店指导工作的人员会分为不同的岗位，不同岗位的驻店时间不等，这些都要告诉咨询者。

另外，有的特许人企业还会提供一些更好的驻店指导人员计划，比如在免费驻店指导期过了之后，只要受许人愿意承担一定的费用，指导人员的驻店时间就可以延长。

问题 55：总部给予的支持都有哪些？

回答要点：有序地把所有支持内容都说出来。

企业一定要仔细、全面、深度地挖掘，把你能够给予受许人的支持内容都罗列出来，尽量不要有任何遗漏，正所谓"韩信用兵，多多益善"。既然你有这样的支持，就一定要让潜在受许人知道。

对受许人而言，你的支持多了绝不是坏事，特许人企业给予的支持越多，受许人就会认为自己的成功度越大，换句话说就是，加盟越"值"。

当然，如果能把你所给予的支持按照某种原则逻辑化地排列起来会更好。比如按照时间顺序，可以分为开业前的支持、试营业期的支持、正常营业期的支持等；按照支持内容的不同，可以分为物品支持、人员支持、广告支持、财务支持等。

问题 56：总部做活动打折时，受许人的利润如何保证？

回答要点：强调总部和受许人是"一荣俱荣"的一体性关系。

首先你必须明确地告诉咨询者，加盟店必须遵守总部的统一化活动，这是特许经营的基本游戏规则，而且总部的所有活动都是最终为了所有加盟店增加盈利而特别精心策划的。

其次，你还要进一步地解释，总部会通过如下的几种途径来保证受许人的利润。

（1）零售价虽然打折，但总部给受许人的配送价也打折了。

（2）活动打折会促进受许人的销售，虽然薄利但多销了，受许人的利润仍然能够得到保证。

（3）即便短期内受许人因打折而损失了一些利润，但从长期来看，由此所增加的品牌含金量、知名度、顾客数量等隐性价值，却能够给受许人带来更多的利润。

（4）总部给予受许人的其他政策。

问题 57：总部如何实施全程的开业支持？

回答要点：对于"全程"的问题，回答要全面，不能遗漏。

你要把总部在加盟店开业前各个流程中的所有支持性工作（包括收费的和免费的）都讲出来，最好是按照时间的顺序来描述。

一般来说，所谓全程开业支持的内容会包括选址指导、地址租赁谈判、装修招标、装修设计、装修施工、工程监理、验收、办证、陈列与铺货、人员招聘与培训、开业策划、试营业等。

问题 58：加盟店生意不好的时候，公司会给予什么样的支持力度？

回答要点：根据公司的具体支持政策来回答。

通常，特许人企业在加盟店生意不好的时候，可能会给予如下几个方面的支持。

（1）派员去加盟店调查、了解情况，和受许人一起分析生意不好的原因，并一起制订解决措施并实施。

（2）给受许人派去关键岗位的人员，比如管理人员、营销人员等。

（3）减免部分特许经营费用，比如权益金、广告基金等。

（4）延长受许人应向总部支付款项的时间，包括货品费用、权益金、加盟店向总部的贷款等。

（5）总部直接接管加盟店。

（6）总部给予受许人广告宣传方面的支持。

问题 59：总部在营销上会给予受许人什么样的支持？

回答要点：如实地告诉对方你的企业的政策。

把你企业的营销政策简要地解释给咨询者。

问题 60：如果加盟店打广告也吸引不来顾客，怎么办？

回答要点：告诉咨询者，营销是个系统工程，广告只是其中之一。

具体问题需要具体分析。

首先你要告诉咨询者的是，顾客不来消费取决于多种因素，广告只是增加顾客消费的其中一种手段，而每种手段的操作都需要一定的科学性。

其次你要告诉咨询者，你的企业早已编制好了一本《单店营销手册》，里面对单店的各种有效的营销手段和方法进行了详细的讲解和示范，受许人只要严格按照手册上的讲解去操作，营销成功的可能性就会大大增加。

问题 61：按总部的开业促销方案实施却未达到预期效果，怎么办？

回答要点：针对"方案"和"实施"本身的问题进行分析，表达公司和受许人的"同仇敌忾"。

你要说明的是：其一，受许人要检查自己是否真的按照总部的方案去实施了，还是偷工减料地做样子；其二，即便是出现了开业不太顺利的情况，总部也会立即和受许人一道采取有效的补救措施。

要告诉咨询者：总部以及所有的体系内单店，包括直营店和加盟店，都会永远在你的身边支持你！

问题 62：开业前期的广告宣传不到位，导致店面生意清淡，怎么办？

回答要点：以实例来证明开业的成功率，同时点到为止地讲解一下单店盈利的系列方法。

你首先要向咨询者说明这种情况存在的概率是多大，告诉对方一个你的体系的实际统计数字。

然后告诉咨询者，其实在总部的营销手册里早已编制了大量的手段和方法来避免出现和补救这种情况。为了证明自己的观点，你可以点到为止地讲解 2~3 个单店生意红火的经验或实例。

问题 63：公司提供的宣传资料适合受许人的当地情况吗？

回答要点：企业的宣传既有统一化，也有本店化。

你要告诉咨询者两点。

（1）公司宣传资料中的大部分内容是在各地都通用的，不存在地方差异的问题（可以列举几个不同地方的例子）。

（2）如果受许人需要自己的独特的宣传资料，总部可以（免费或收取一定的费用）为其专门定做，或提供设计方案由受许人自己制作。

问题 64：没有顾客进店怎么办？

回答要点：实际例子＋理论解释。

你可以向咨询者解释，没有顾客进店的原因是多方面的，但总部经过很多年在很多地方的摸索与实践，已经编制出了不断完善的《单店营销手册》，单店的引客力非常强大，没有顾客进店的情况基本不会出现。

然后你可以举几个极端地区的例子，比如在原先不被看好的某个区域，单店经过多种方法的尝试，最终大获全胜。

你还可以把你的体系内的单店成功概率告诉咨询者，以使他／她对未来的风险系数有个大致的认识。

问题 65：顾客对我们不熟悉，产品能销售出去吗？

回答要点：一定要对自己的单店销售充满信心。

如果你的品牌比较有名，那你就应该回答咨询者，不熟悉的情况是不存在的，因为你的品牌早已被大众所熟悉。

如果你的品牌没有名气，那么你应该回答咨询者，顾客对任何一家单店及其产品或服务都有一个从不熟悉到熟悉的过程，只要受许人遵照总部的系列手册认真地经营，再加上特许人在全国全方位地宣传推广，那么就可以使顾客迅速地熟悉并喜欢上加盟店的产品或服务。

问题 66：怎样发展新顾客呢？

回答要点：不要啰唆，点到为止，具体内容要到签订特许经营合同后才能详细介绍。

你可以这样回答：发展新顾客、巩固老顾客是一个非常专业的技术，我们经过多年（如果年数较多，比如超过 5 年，那么最好是数字）的不断探索、试验和总结，已经有了一套完善、科学、有效的顾客营销技术和方法，并将其编制成一本专门的营销手册，我们会将此技术和方法在潜在受许人加盟之后全部给予培训，并免费赠送此手册。同时，我们的探索、试验和总结在将来仍然会继续进行，永不停止，一旦开发出了新的营销技术和方法，我们会在第一时间向所有受许人进行推广。

问题 67：店员专业技术和受许人经营管理知识十分欠缺怎么办？

回答要点：强调总部的支持政策，尤其是培训。

你可以回答：关于这点，总部早有准备，为此，总部已经制订了一个详细、科学的系统性培训计划，只要受许人及其员工按照总部的规定去认真接受培训，就一定可以变成专业的经营人士。而且，这种培训是贯穿加盟店终身的，即总部会不断地研发出新的技术，然后再不断地把最新的、更好的技术通过培训传授给所有受许人及其员工。

同时，总部为了给受许人及其员工一个实习的缓冲期，会给予加盟店全程的开业支持和辅导，并在加盟店开业后的一定时期内派遣总部资深人员亲自驻店指导，实际参与加盟店的经营。

如果你的特许人企业采用的是为加盟店提供全部或部分工作人员的方式，那么你也一定要说清楚这样做的具体计划和好处是什么。

问题 68：加盟店在经营过程中有了问题怎么办？

回答要点：把企业在加盟店经营过程中的支持政策告诉对方。

对于加盟店经营过程中出现的问题，特许人企业针对性的手段如下。

（1）让受许人自己去查询相关的手册。

（2）24 小时答疑与客户服务，随时解答受许人的各种问题。

（3）由专门的督导部人员终身跟踪加盟店，协助加盟店解决经营问题。

（4）督导人员在督导的过程中随时发现问题、随时解决。

（5）其他。

问题 69：做了多种形式的广告，效果不大怎么办？

回答要点：分析广告本身的原因，同时把咨询者的思维从广告延伸到营销。

你至少要告诉咨询者两点。

第一，广告本身是不是出了问题。广告的发布时间、内容、图文设计、媒体选择、频率等，都会直接影响广告的效果。

第二，做广告并不是营销的最佳和必需方式。

同时，你要提醒咨询者：关于如何做广告以及如何营销的问题，总部早已编制好了系列手册，受许人可以参照手册的规定进行实际操作。

问题 70：总部的广告支持是什么样的政策？

回答要点：把你的企业的广告支持政策告诉咨询者。

通常，特许人企业可能会采取如下的措施来对加盟店进行广告支持。

（1）为受许人划拨一定的广告基金。

（2）为受许人提供广告、宣传的设计模板或实际设计、文案或参考资料等。

（3）为受许人提供切实的广告宣传，比如在公司网站为加盟店做广告、在体系的其余单店里为加盟店做广告、在全国或加盟店所在地区为加盟店做广告等。

（4）总部派员指导、协助或和受许人一起制订专门的广告计划。

（5）为受许人提供宣传彩页、名片、海报等。

（6）就广告宣传的问题专门指导、培训受许人或其员工。

问题 71：配送的内容包括哪些？

回答要点：简明扼要而不是全部。

你要把你的公司所有统一配送的内容、是否收费、配送形式、配送时间等一揽子配送体系简明扼要地告诉咨询者，记住，是简明扼要而不是全部，是点到为止而不是倾囊相授。当然，你可以列举一些具体内容。同时要暗示或明示咨询者，全部的内容只有在正式加盟之后，特许人企业才会倾囊相授。

在正式签订特许经营合同之前，不要把详细的配送表让咨询者看到，因为这个表是企业的商业秘密，许多竞争者会试图通过咨询的方式窃取你的这个秘密。

同时你要告诉咨询者，在条件许可的情况下，比如物品形成标准化、统一购买比单店购买的价格更低、总部建立自己的生产基地等，总部会有计划地增加配送物品的范围。

某项物品是配送而不是由受许人单独购买的判断准则是：该物品是否有助于保持体系的标准化、是否能拿到更低价格、是否能保证加盟店的产品与服务质量、是否更便于加盟店、是否更便于体系的统一化管理等。

问题 72：在统一配送之外，我如果需要总部配送，总部会同意吗？

回答要点：根据你的公司的具体政策来回答。

有的特许人企业会对统一配送之外的物品为受许人提供便利，比如为受许人推荐能提供更好质量、更低价格的供应商，代受许人购买等。

问题 73：店内设备可以由受许人自己购买吗？

回答要点：如实地告诉对方你的企业的政策。

你要告诉咨询者，在你的特许经营体系里，什么设备是统一配送的，什么设备是允许受许人自己购买的。但也只是大致地说，不要全部详细地说出来，以防范竞争者的商业间谍行为。

对于允许受许人自己购买的部分，如果你的企业还有一些别的规定或制度，你也要告诉咨询者，比如有关设备的特性规定、总部代买的制度、因自购而产生的责任等。

问题 74：总部会为受许人做单店投资预算吗？

回答要点：如实地告诉对方你的企业的政策。

一般来说，总部都会为加盟店做一个单店投资预算，至少是一个粗算或指导受许人来做这个预算，根据你的企业的具体政策来回答即可。

问题 75：加盟投资总共需要多少资金？

回答要点：全面地计算，不要漏掉关键项目。

受许人初期主要需在如下一些项目上投入资金，你要详细地告诉受许人，并和他/她一起，根据当地的具体情况做一个粗略的估算。记住，对这些费用的粗算速度要快、项目要全、结果要准确，如此，你才能迅速地获得潜在受许人对你的"专业性"的认可。

- 房租；
- 装修；
- 机器、设备、工具、耗材等；
- 首期铺货费；
- 办证费用；
- 人员招聘以及前期的人员工资费用；
- 去总部参加统一培训的差旅食宿费用；
- 广告宣传费用；
- 开业花费；
- 备用现金，用于日常的经营花费和不可预见的费用等；

・加盟金、保证金等特许经营费用。

问题 76：加盟金为什么那么高（或那么低）？

回答要点：说明你的费用制定的科学性。

不管你的加盟金是高还是低，你都要告诉咨询者这样制定的原因是什么，并且肯定地告诉他／她，加盟金的数值是你们经过科学计算确定的，而不是拍脑袋想出来的。

如果你的加盟金偏高，你就要向咨询者说明你收取这个费用的理由，比如你的品牌价值高、赠送的物品多、为受许人的前期服务多等。同时，你也可以提一下，那些和本体系相似的企业收费低的原因是他们赠送的物品少、为受许人的前期服务偷工减料，等等。但要注意，不能直接、过度贬低竞争对手。

如果你的加盟金偏低，你也要解释其原因，比如正在优惠期间等。一般而言，潜在受许人提出这个问题时，他／她可能是怀疑你将加盟金转移到了其他费用中、怀疑你的品牌价值、怀疑你的后续费用高，等等，这时你一定要解释清楚，以彻底打消其心中的疑虑。

问题 77：特许经营费用都有哪些？如何交付？

回答要点：如实地告诉对方你的企业的政策。

这个问题非常关键，你要把详细的特许经营费用的计划安排都告诉咨询者，尤其是加盟金、权益金、广告基金、保证金、培训费、首期进货费等。

问题 78：特许经营费用能少些吗？

回答要点：最好不还价。即便降价，也决不能降得太多。可以采用延期支付、分期支付等方式来减轻受许人的资金压力。

每个潜在受许人其实都希望能减免特许经营的系列费用。作为特许人，最好是严格按照公司既定的特许经营费用政策来执行，而不要随意地跟咨询者讲价还价。你要记住，坚持一个价钱并且拒绝还价，其实给对方的感觉是，你制定的价格是科学的，不是随意制定的，而且他／她也不用担心其他的潜在受许人，比如后来者、善于讲价者，能从你这里得到更低的价格。这样的话，咨询者对你的做事公平感、信任感都会增强。

另外，即便你的特许经营费用可以下降，你也一定要记住，不能降低太多，因为这样会给对方一些不好的暗示，比如对方会认为你的定价很随意，认为他／她仍然有继续压价的空间，或者认为你给别的受许人的价钱更低，所以，即便你真的给了他/她一个最低的甚至是赔本的价格，但对方也会认为你从中大赚特赚了！

但是，对于那些优秀的受许人，特许人可以适当地降低特许经营费用，或者采用延期支付、分期支付等方式来减轻其资金压力。

问题 79：总部实施特许经营是合法的吗？

回答要点：非常肯定地回答。

如果你是合法的，你就用非常肯定的语气回答咨询者：当然是合法的！

同时，你还可以为你的合法性举一些例子，比如请咨询者在商务部的网站查询企业的备案信息，说明你的企业商标是中国驰名商标、你的企业是中国最早一批实施特许经营的企业等。

问题 80：总部有区域加盟或区域代理政策吗？

回答要点：如实地告诉对方你的企业的实际情况。

如果你的企业有这样的政策的话，你可以简单地回答"有"。

如果咨询者进一步地追问具体的政策是什么，你可以给他/她详细地介绍一下。

问题 81：公司有什么专利？

回答要点：如实地告诉对方你的企业的实际情况。

把专利的名称和内容等信息简单地告诉咨询者即可，千万不要忘了那些最权威、最吸引人的专利项目。同时，你还可以附加上一句：这些专利都会授权给受许人使用。

如果你没有专利，那你也可以告诉对方："我们正在做专利申请的系列计划。"

问题 82：总部如何保障受许人的区域专卖权？

回答要点：把你的企业的商圈保护政策解释给咨询者听。

问题 83：合同的签订地可以是加盟店所在地吗？

回答要点：尽可能地拒绝。

由于法律管辖和可能的纠纷所引起的司法审判问题等，特许人企业为了方便、低成本、小风险、高效率地管理分布于不同地域的众多份合同，应尽可能地坚持把合同的签订地定为特许人的总部所在地。

问题 84：特许经营合同的内容可以更改吗？

回答要点：对于所有的受许人都一视同仁，合同的大部分不能更改，因为它是格式合同。

特许人需要记住的是，如果你和众多的受许人所签订的合同都不一样，千差万别，那么你管理合同的成本和难度将会非常之大。同时，合同所规定的内容不同，对于加盟店的营建、督导、客服、物流、财务等方面的管理也是个难题，因为总部的相关人员要不断地变化对受许人的支持、帮助、督导等内容。

所以，为了保持合同的整体性，不要给潜在受许人太多的更改机会，但在一些具体的问题上，特许人和受许人双方可以适当地、稍微地做些"本店化"的修改。

你要明确地告诉咨询者：我们公司对于所有的受许人都一视同仁，权利义务基本一致，这样对你们才公平。

问题85：签特许经营合同时为什么没有公证？

回答要点：明确地告诉对方，法律上没有要求签合同时必须公证。

问题86：加盟期满后可以续约吗？

回答要点：如实地告诉对方你的企业的政策，但不要把话说死。

应该说，多数特许人都会给予既有受许人续约的优惠，包括同等条件下的优先加盟、优惠特许经营费用等。如果你的企业有特殊的规定，也要告诉对方。

但要记住，你不要把话说死，因为如果你告诉对方加盟期满后不能续约，那么这个咨询者可能就会立即打消加盟的欲望。

问题87：加盟店办理执照等证件容易吗？

回答要点：肯定地回答。

在肯定回答之后，你要告诉对方至少两点。

第一，总部会协助、指导受许人进行一系列证照的办理工作。

第二，现在我们国家大力支持第三产业、服务业，而且在不断改进政府办事效率，所以，只要手续合法，各地单店的证照办理都会很顺利。

当然，你也可以告诉对方，迄今为止，本特许经营体系的所有加盟店没有一家办不下或很难办理证件的。

问题88：如果受许人的第一家店生意好，再加盟一家时加盟金会便宜吗？

回答要点：如实地告诉对方你的企业的政策。

不同的企业会有不同的政策，比如有的企业再加盟的加盟金不变，有的会减少，有的会增加，有的虽然加盟金不变，但在别的方面可能会有优惠。你要把这些关于再加盟的政策向咨询者解释清楚。

问题 89：我想先做小店的类型，以后升级可以吗？

回答要点：提示咨询者日后升级可能遇到的利和不利。

对大多数企业来讲，对这个问题的回答都是肯定的。

如果潜在受许人因为资金缺乏，或想先做个尝试，在刚开始时只想开一家体系内的小型店，等他从这个店里取得利益之后再开大些的单店，那么企业应该允许潜在受许人这样做。

但需要提醒咨询者以下几点。

（1）从小型店升级到大型店，特许人企业可能需要加收一些费用，比如加盟金、权益金等，甚至可能会重新签订一份特许经营合同。

（2）如果该区域内的加盟店和直营店已经铺满，即该区域已不存在一个合理的单店商圈的话，那么为了保护每家单店的独有商圈范围，要升级到大些的店，就需要潜在受许人另行寻找一处地址。

（3）按照总部的政策，在该区域发展新的加盟店时，在同等条件下总部会优先考虑既有受许人。

问题 90：加盟未到期，可以退盟或转让吗？

回答要点：可以退盟或转让，但要承担责任。

受许人可以退盟或转让，但要首先提出书面申请，总部批准后方可。如果退盟或转让的话，受许人要承担由此而导致的自我损失，并补偿特许人企业因此而遭受的损失。

8.2　回答潜在受许人咨询的说话技巧

在回答潜在受许人咨询的时候，话术非常重要。说话是一门博大精深的学问，招商人员一定要在实际的工作中不断地学习、实践和领悟。

一、说话技巧

在回答咨询时，要特别注意以下几个说话技巧。

1. 准确

这是第一位的，招商人员一定要严格按照特许人企业既定的招商政策及《加盟常见问题与回答手册》来回答受许人的疑问，不能任意发挥。碰到新问题时，必须请示招商主管，由大家共同研究，制定一个"标准答案"。

2. 简洁

对于潜在受许人的问题，回答要简明扼要，切忌啰唆。尽量围绕问题进行回答，不要随意延伸至其他问题。当然，觉得确实有必要涉及其他问题时，也可以顺便讲讲。

3. 不要随便承诺

你的任何承诺都可能被潜在受许人记住，并在潜意识中把它们作为合同的内容或特许人的义务，一旦企业在后来的受许人经营过程中没有履行这些承诺，那么可能就会成为受许人不满、抱怨、起诉和双方分手的起因。

4. 不要直接、过度贬低竞争对手

要记住，当你对别的竞争对手进行直接、过度的贬低时，你其实也在贬低自己。如果非要强调竞争对手的劣势和自己的优势，也可以采用一些委婉的语言。

5. 自信

不管你的企业多么没有名气，或者是多么弱小，你都一定要底气十足、充满自信，毕竟，凡事皆有利有弊。如果你对自己都没信心，怎么能指望别人对你有信心呢？

6. 语言文明

粗鲁的、口带脏话的招商人员几乎不可能取得潜在受许人的尊重和信任。

7. 注意数据的妙用

你要学会不时地用准确甚至精确的数据来回答潜在受许人的问题，这会给人以很专业的感觉。

8. 科学

招商人员在回答咨询时一定要注意沟通技巧，因为你的每个失误都可能导致一个潜在受许人的流失。比如，你说话的音量、语速、节奏等，都会直接影响沟通的效果。

9. 保密

因为很多竞争者会通过假装潜在受许人咨询的方式来刺探你的商业秘密，所以你在回答关于企业商业秘密之类的咨询时一定要把握好度，只说大概，不说具体，保持一种意犹未尽的状态，比如暗示对方，详细的内容要等到加盟之后才能具体披露等。并且你要善于从咨询中探查出他/她是否有窃取商业秘密的嫌疑，一旦发现对方有此嫌疑，则更应注意保密。

10. 学会引导

你要学会引导潜在受许人去关注你的企业最能吸引人的地方，比如你的优势、你的核心竞争力、你的成功典范等。

11. 要"谈心"，不要一味地"做广告"

如果一上来就是赤裸裸的广告，三句话不离销售，很容易让客户产生反感。所以，好的招商人员都是语气柔和地与客户沟通，以对待朋友的心态与客户"谈心"。一旦成为可以谈心的朋友，销售成交就是自然而然的事了。

12. 不要惧怕被拒绝

客户也是人，最差的情况不过是出言不逊而已，作为招商人员，一定要大度些，不要太计较。销售人永远不要怕对方说"No"，要有屡败屡战、越挫越勇的狠劲，不能人家稍微一拒绝，你就彻底萎缩了。记着：绝大多数客户都是在至少5次积极的跟踪后成交的!

13. 不要着急

要大大方方地和客户"聊天"，不要因担心对方挂电话而着急地去推广告。你越着急，客户就越没兴趣与你交流，你的广告意图暴露得就越明显，沟通越容易失败。

14. 练好语言的基本功

说话的语速要适中，如果说得特别快，客户就会觉得你很着急，认为你没有沟通的诚意与自信。咬字、发音要清晰，含糊不清的语言或难懂的方言会让沟通变得很乏味。语调要抑扬顿挫，有节奏、优美的语言会增加别人与你沟通的兴趣和欲望。不要说话断续、夹杂太多的语气词或口头禅，干练的语言会增加别人对你的敬重感，并佩服你的专业素质。

15. 多用结论性语言，禁用询问性语言

比如，多用类似于"您看您那边计划什么时候来参观总部""您看完邮件后一定感觉我们的项目很不错吧""您一定会感兴趣的""我们之间一定会有非常好的合作"等"生米煮成熟饭"式的问句，禁用"您看您有加盟的计划吗""您看邮件了吗""您有兴趣吗""看看我们之间有没有合作的可能"之类的问句。

16. 快乐沟通

人的情绪是会传染的，事实证明，越是快乐的沟通，越可能达成交易。幽默既是打破尴尬的利器，也是获得对方好感的最好工具。

17. 不要否定客户

即便对方的观点有错误，你也不能直接指出，而应从侧面去表达你的看法。要知道，人们都喜欢和认可自己的人合作。

18. 要学会耐心地聆听

你不能自己一味地说，那样的单向沟通不利于相互的认可和最后的成交。只有多多地聆听，你才能对对方的加盟目的、资质条件、好恶习惯等有更全面、深刻的了解，知己知彼方能百战不殆。

19. 诚实

实事求是的人总能换得别人的尊重和信任，满嘴假话的人或许一时可以骗得到人，但长久下来，一定会被人鄙视和排斥。

20. 激情

你说的每句话都要尽量做到：让人听完之后热血沸腾、激情四射、不能自制。

21. 把劣势说成优势

你一定要学会这个技巧，把原本的劣势说成自己的优势。比如你的受许人很少时，你要告诉对方这其实是你们体系对受许人的要求较高，只接收精英（暗示对方一旦加盟，就会列入"精英"之列），你们的拓展遵守的是"发展一个加盟，就成功一个"的稳定、负责原则。

22. 学会外交的打太极式回答

对于有些问题，要避免正面回答，比如潜在受许人提出"加盟你们能保证我稳赚不赔吗""总部如何保证受许人盈利"之类的问题时，不要正面回答，要转而强调总部对于受许人"领进门，扶上马，送一程，保终身"之类的政策。

23. 学会点到为止的引诱话术

比如，当咨询者询问"如何保证单店盈利""如何吸引顾客进店"之类的问题时，你可以适当地透露2~3条企业《单店营销手册》里最有吸引力的招数或实际的案例，并且暗示或明示咨询者，他/她只要在加盟之后，就能获得全套的营销宝典。

二、最好由专职人员回答潜在受许人的咨询

虽然特许人企业的招商工作应以专职的招商人员为主，实现企业的全员招商，而且企业的老板与每个员工也都有可能碰到潜在受许人的第一次直接咨询，比如朋友、老同事、老同学、老乡、顾客等，但是，因为对于招商问题的回答，其内容、形式、技巧等都是非常专业的，所以按照分工合作的专业化分配原则，为了达到最佳的回答咨询效果，不放过每一个可能的潜在受许人，最好是由企业内的专职招商人员来回答咨询。企业内的其他人员，在遇到加盟咨询时，也都应尽快地转到专职的招商人员那里。

三、不要给受许人讨价还价的机会

一般情况下，受许人总会就特许经营费用的问题讨价还价，招商人员最好不要给对方这个机会，你应明确地告诉对方，这个费用是经过企业仔细研究后定的，已经非常优惠了，而且这个费用是针对所有受许人的，每个人都是平等的，企业不能为哪一个受许人搞特殊。

记住，如果你在加盟的一开始就对特许经营费用做出让步，那么这就等于是在暗示潜在受许人：企业的费用、价格等的制定是有"水分"或弹性的，并没有经过严谨的科学的计算；特许人企业在其他非费用方面也是可以"讨价还价"的。在这两种暗示之下，受许人在加盟后可能还会在其他方面继续和你"讨价还价"，这就为你们日后的关系处理埋下了许多隐患。

练习与思考

1. 选定一家企业，然后参考本章所述的若干具体问题，为该企业量身设计常见的加盟咨询问题与回答。

2. 你认为潜在受许人咨询加盟时还有哪些常见的问题，请列举出来，然后给出回答。

3. 你认为回答潜在受许人的咨询时，还有哪些技巧？

第 9 章 潜在受许人之成功加盟攻略

[**本章要点**]

本章第 1 节主要讲解全面客观地认识特许经营,第 2 节主要讲解成功的特许经营体系的特征,第 3 节主要讲解从五个方面判别特许人规范与否,第 4 节主要讲解你是否适合做受许人,第 5 节主要讲解成功加盟特许经营体系的九步攻略,第 6 节主要讲解受许人如何制订《加盟商业计划书》与筹集资金。本章的目的是使读者掌握成功加盟、规避特许陷阱的切实方法,同时,从特许人的角度了解和掌握潜在受许人的加盟攻略,以便特许人能更好地针对性地开展招商、体系构建等业务。

9.1 全面客观地认识特许经营

无论是在国外还是国内,每年都会有为数不少的特许经营纠纷,严重的还被称为特许经营欺诈。加盟的成败固然有特许人本身的原因(比如有的特许人就是在采取欺诈、圈钱的态度来对待受许人),但不可否认的是,受许人自身缺乏对特许经营的正确认识,没有掌握成功加盟一个特许经营体系的科学、合理的方法,也是导致失败的重要原因。

因此,所有的潜在受许人都应把特许加盟看作一个系统性的"项目"或"工程",并遵循科学的操作流程来进行,如此才能最大化地避免加盟陷阱。

同时,从知己知彼、百战不殆的角度出发,特许人企业也应该全面、全程、细致地掌握潜在受许人是如何选择、进入加盟事业的,如此,特许人企业才能更好地、有针对性地开展招商、体系构建等业务。

加盟一个成功的特许经营的前提是潜在受许人必须对特许经营有全面客观的认识,不能受外界尤其是鼓舌如簧的特许人企业人员的宣传影响,以至于头脑发热贸然将自己多年的积蓄投入一个特许经营项目之中。受许人盲目加盟的结果只能是为了特许人的商业而损失了自己的金钱和希望。

因此,潜在受许人除了对特许经营的历史、现状、发展趋势、基本知识以及特许经营的利弊、相关的法律法规、常见的案例等熟悉之外,还必须消除以下一些关于特许经营的误区。

一、加盟一定可以成功

虽然大量的事实证明，加盟比自己独立创业要有很大的优势，以加盟方式创业的成功概率也比其他创业方式大得多，但这并不表明，每一个加盟特许经营的受许人都会取得成功。

当然，失败的原因是多方面的，可能来自特许人、受许人、外界环境、竞争者、某些不可抗力等多种因素，不管如何，我们要认清一个事实，加盟并不能保证百分之百地成功。

二、受许人只需出钱，而不必做任何努力，一切都可以依靠特许人

事实上，特许经营是一个需要双方共同为之付出努力的事业。

特许人虽然给了受许人许多支持、帮助和指导并因此使受许人省去了许多辛苦和麻烦，而且，在受许人的日常运营中，特许人还会持续不断地将自己努力开发出来的最新技术、知识、方法、产品、服务、设备、工具等商业壮大的必备资源，出售、转让或传授给受许人，但是，更多的一线实际运作、与总部的配合、与同行受许人的协作、把总部的知识等无形资源"本店化"、努力勤奋工作等，仍然是受许人确保自己尽可能成功的必需条件。

而且，为了确保自己尽可能成功和整个体系的良性发展，确保其他受许人尽可能不因连锁反应而受到无辜的牵连，越来越多的特许人也更倾向于把自己的业务特许给一个勤奋而不是仅仅拥有钱或对总部抱有很大依赖意识的潜在受许人，同时，特许人还往往会在合同里规定受许人必须亲自参与加盟店的管理与实际运作。

三、受许人拥有了自己的企业，可以作为安家立命之本，并传给子孙

实际上，加盟店并不是一种真正意义上的独立的生意所有权形式。在大多数情况下，特许人根本就不会转让给受许人真正的所有权，受许人更像是在"租"一个企业。受许人并没有真正拥有自己的企业，只是一个特许人在限定条件下出让给受许人的企业。

即使受许人在经营过程中没有因违反合同而被提前中断特许经营，但是纯粹是特许人单方面的意愿也会导致特许经营的终止。特许经营在加盟期（目前国内特许经营合同的期限一般是 3 年，国外多为 10 年）结束后的续签与否更多地取决于特许人而非受许人；特许权的转让也要经过特许人的批准，同时，大多数合同都规定

了特许人的优先收购权,即特许人可以比任何人(包括受许人的子孙)都优先具有收购受许人即将转让的特许权的权力。

另外,特许经营合同多数还会规定,受许人在退出特许经营后的相当一段时间内(比如10年),不得从事该特许经营所在的行业。这意味着受许人在特许经营期间努力积累起来的经验、知识、人脉资源、行业技术等,将只能束之高阁。

四、特许人以受许人的最大利益为出发点

事实恰恰相反,特许经营体系,当然也包括受许人的事业,都是特许人事业发展中的一部分,特许经营只是特许人扩展自己事业、使自己获得更大利益的一种手段而已,因此,特许人首先考虑的是自己的利益,而不会是受许人的利益,好的特许人企业也不过是在强调双赢而已。

即便特许人非常注重受许人的利益,并以双赢作为自己特许经营体系的加盟原则,但其前提却明显是受许人必须对其整个特许经营体系以及特许人的事业有贡献,因为"一般而言,特许人从事特许经营的目的是增加他们的市场份额。他们没有义务致力于其受许人的财务成功"[1]。

五、只要特许人的直营店和所有加盟店都是成功的,那么加盟这个特许经营体系就一定可以成功

一个特许经营体系的基本单元——单店的成功,取决于很多因素,既有主观的,也有客观的;既有特许人的,也有受许人的;既有外在环境的影响,也有特许经营自己的内在因素。当这些条件千变万化的时候,没有谁可以保证某个单店的绝对成功。

即便特许人自己宣称所有店都是成功的,也不能避免你加盟的那家单店成为例外。世界上著名的特许经营企业几乎都曾经有失败的开店经历,何况那些历史、经验、实力、品牌等都要差得多的特许经营企业呢?

六、特许人会提供完全的培训

首先可以肯定的一点是,即便其培训是有一定水准的,但任何特许人都没有能力、财力、人力为受许人提供关于做生意的包罗万象的培训。通常的情况是,特许人提供的培训更多的是关于自己的生意在自己熟悉的环境中运作所需要的一些技术、知识和经验,至于这些在特定环境下可行的技术、知识和经验是否适用于受许人的

---

[1] 杜根.特许经营101[M].李维华,等译.北京:机械工业出版社,2003.

特定团队、地区和环境，则是没有保证或者没有经过论证的，往往需要受许人自己而非特许人派来的指导人员去灵活地把它们转变为适于受许人单店的运作模式。

当然，除此之外，还有一些别的其实并不完全正确的"神话"，比如受许人得到了一个经过验证的特许经营运营体系，特许经营为受许人提供了确定的产品或服务，特许经营创造了一个市场渗透的临界物质，受许人取得具有特定特许权商标、商号的有价值的资产，受许人为自己而工作但有特许人的支持[1]，等等。姑且不论其是否属实，最关键的是，如果你想跨进特许经营的大门取得成功而不是失败，那么你就必须要全面客观地审视特许经营，至少要多了解一些特许人及特许体系存在的问题（见表9-1）。

表9-1 特许人及特许体系存在的问题与被调查者认同的比率

存在问题	被调查者认同的比率
特许体系内维持标准、一致的程序有困难	83.3%
获利情况不如预期的设想	63.2%
受许人过分依赖特许人	58.8%
特许体系缺乏适当的加盟者	44.4%
缺乏适当地理位置的店面	44.4%
受许人被迫从特定的供应商进货	33.3%
政府政策与方法的滞后，造成经营上的困惑	33.3%

注：上表资料来源于国际特许经营协会的一项调查。

9.2 成功的特许经营体系的特征

为了使加盟的风险降至最低，受许人必须了解成功的特许经营都具有哪些特征，然后，当你准备加盟一个特许经营体系时，你就可以拿这些特征来对照你的意欲加盟对象，以判断其是否符合这些普遍的特征。这样就可以使受许人对于特许人的鉴别力大大提高，并使加盟风险得以降低。

---

[1] Robert Purvin. The Franchise Fraud：How to Protect Yourself Before and After You Invest[M].New York：Wiley，1994.

通常，一个成功的特许经营体系会具有如下特征。

一、特许人企业是合法的企业

对于像我国这样有专门的特许经营法规的国家来说，一个特许经营体系成功与否的第一个判断标准就是看这个特许人企业是否合法，比如其是否有注册的商标、是否符合"两店一年"的要求、是否按照要求进行了备案等。

二、特许人提供具有竞争优势的产品和服务并以此作为特许经营体系的任务

任何特许经营都是基于营销一定的产品或服务之上的，因此，具有竞争优势的产品和服务是一个特许经营体系能否生存和发展的基本保障。而且，更重要的是，特许人的产品或服务应该在未来（至少在受许人加盟期之内）以及在受许人的经营区域内，是有市场和竞争力的。

潜在受许人必须明白，特许经营的主要目的之一是发挥其作为销售产品和服务的分销网络的作用。当它按计划发挥作用时，从某种角度讲，特许经营只是产品和服务的一种分销方法。期望向消费大众销售他们的产品和服务的特许人最有可能建立并保护他们的分销系统。

受许人要注意辨别那些以转让特许权而不以授权出售优质商品和服务为经营目的特许经营公司，因为这样的特许人多半会给受许人设置欺诈性的特许经营陷阱。受许人应尽可能地不完全依赖于他们的个人经历或仅仅依据特许人的口头描述，而可以采取一些科学、客观的方法，比如查阅特许人的顾客信用等级系统以从中获得特许人的产品信息，阅读特许人的产品市场调查报告，要求特许人提供其产品和服务销售总收入的统计分析并将其与特许经营权转让的统计分析进行比较，亲自考察特许人的直营店和加盟店，询问那些已经退出体系的受许人，请教专家，亲自体验特许人的产品或服务，等等。

三、经过时间考验的特许经营体系

无论特许人用什么优美的词语来描绘自己的特许经营体系，作为受许人，都必须冷静地观察其体系的真相。其中，从存续时间上来判断常常是一个很好的办法，因为一个特许经营体系能否给受许人带来利益必须经过实践的验证，"实践是检验真理的唯一标准"。

通常，那些能够长时间存在的特许人会更为可靠一些，而那些成立时间很短的特许人企业是很有风险的。受许人要仔细思考，自己到底值不值得去做那些成立时间很短却宣称自己是一个充满魅力的特许人的"共同开拓者",因为受许人极有可能仅仅是该特许人的单店加盟体系的"试验者"。

四、特许人的有力支持

特许人的支持是特许经营这种商业运作模式对受许人最具诱惑点之一,受许人不但要在合同上获得特许人的支持承诺,还必须通过诸如拜访特许人的已有受许人、已退出的受许人之类的方式,考察在实际运营中特许人是否切实地遵守了自己的那些承诺。

特许人给予受许人的支持不仅包括最初的培训计划,还包括加盟期内的持续性支持(研发、新员工培训与帮助、现场指导、现场培训、年会、广告、促销、物流配送、区域专营保护等)。一般而言,特许人提供的支持内容越多、力度越大、切实性越强,受许人的风险就会越小。

五、足够的财政资金和管理经验

在高速发展的特许经营领域,特别是在雄心勃勃的扩张过程中,要实现预定的体系增长计划,特许人的财政资金和管理经验十分重要。

管理对于企业经营的重要性不言而喻。尽管特许人的产品和技术可能很好,但如果这个体系缺乏优秀的管理队伍和管理能力,那么它也不会存在太久。

六、特许人与受许人之间坚强的、良好的互利关系

除非双方都认识到他们之间是长期的合作伙伴关系,否则该特许经营体系很难发挥其潜力。而且,这种良好的关系对于投资巨大的受许人而言,从心理感觉上也会更舒适一些。

只要给特许人现在已有的、已退出的受许人打几个电话,你就可以很容易地确定该特许人与他的受许人关系是否融洽。那些曾经遭到受许人法律起诉的特许人必须引起潜在受许人足够的重视,但同时还是应该搞清楚起诉的原因以及最后的判决结果是什么。

七、特许人为受许人提供的是符合市场要求的畅销产品而不是所有的产品

这个特征与前述第二条有一个非常重要的细微差别。虽然特许人致力于销售产品和服务至关重要,但特许经营的主要属性是投资于经过验证或符合市场需求的畅销品的机会。每个潜在受许人都应该尽量经营最好的产品和最有效的服务。受许人必须记住,加盟特许人的目的是使自己从特许人经过市场验证的产品和服务中获得

利益，而不是替特许人销售一种新的或难于销售的产品或服务。

换言之，受许人只有享受特许人成熟的体系、产品、服务等的权利，而没有与特许人一起探索或做特许人"小白兔"的义务。

八、特许人拥有良好的声誉

可以反映声誉的客观指标有很多，比如来自顾客、已有或退出的受许人、政府管理部门、合作伙伴、社区群众、供应商、媒体甚至竞争者等的评价，都可以给潜在受许人的辨别提供有用的信息。

其中一个重要而简单的标志就是特许人是否拥有一个经认可的优质商标，这是特许权选择的一项重要原则。但需要注意的是，并不是所有的知名商标都是可以信赖的，也并不是所有似乎有些陌生的商标都是不值得受许人投资的，商标只能作为一种非常重要的鉴别特许人的标准，而不能把它列为特许权选择的第一原则。比如，20世纪90年代美国最强大和历史最悠久的特许经营体系是 E.K.Williams & Co.（有时也叫 Edwin K. Williams & Co.），但很多人根本就没有听说过它，虽然它确实是大型的会计和簿记特许经营体系，长期为加油站和汽车库提供成功的簿记惯例服务。因此，即使 E.K. Williams & Co. 并不是一个家喻户晓的商标，但它已经建立了提供优质服务的声誉，所以，这样的特许经营还是很好的加盟选择对象。

在现在的网络发达时代，受许人还可以有更简单、有效的方法，比如在网络的搜索引擎上搜索关于特许人企业的新闻、帖子、评论等信息，以此来获得更多对于特许人企业的评价。但要注意，有的不正当竞争者可能会故意在网络上散布虚假的诋毁竞争者企业的信息，特许人企业也会在网络上以自己或他人的名义散布自己的好名声，受许人要学会鉴别，不能仅仅根据某条信息就宣判某企业的声誉的"死刑"或断定某企业具有好声誉。

九、特许人制订有精心策划的营销和商业计划，并向潜在受许人提供重要的相对完整的培训

特许人的支持对于受许人是非常重要的，而这些支持的很大一部分其实都取决于特许人的战略、战术规划能力以及特许人对于受许人的培训。特许人的运营手册包含了绝大部分营销和商业内容，而运营手册也是特许人对受许人进行培训的教材核心与精华。

但一般情况下，特许人不会把自己的营销战略规划、商业计划或者营运手册交给潜在受许人阅读,因为这些都是特许人的绝对商业秘密所在。潜在受许人评价任何特许经营体系的必需而简便的方法就是,通过观察现有受许人的运营来评价特许人的实施系统。通常,只要通过拜访四五家已有的加盟店和直营店,受许人就能大致确定产品和服务的统一性以及职员培训和服务的统一性了。

十、加盟店的良好投资收益报表

无论如何,受许人加盟特许人最主要的目的之一是获得足够的收益而不是想体验破产与失败。所以,在短期内即可收回投资并在加盟期内拥有较好的利益增长率的特许经营体系是值得投资的。否则,即使过了加盟期后,加盟店的利润会呈直线式飞速增长,受许人也要慎重考虑或干脆拒绝这个特许权,因为没有任何人可以保证特许人在受许人加盟期满或单店开始大幅盈利的时候,仍然愿意和具有开拓功劳的受许人继续签订特许经营合同。所以,良好的特许经营应该是,能保证受许人在加盟期内完全回收投资并有一个不错的盈利。为此,潜在受许人应要求特许人提供相关的财务数据、运营预算和收益。

9.3　从五个方面判别特许人规范与否

一家准备实施特许经营的企业,必须具备一些基本的条件,包括法律、经营管理、技术、经济、社会效益等,这些条件是一家成功特许经营企业的必备共性。

一、法律法规的充分性

按照我国于 2007 年 5 月 1 日生效实施的《商业特许经营管理条例》的规定,一家准备在中国境内开展特许经营活动的企业,必须具备以下法律方面的特征或条件。

(1)一个受保护的注册商标。因为加盟店将来要在其余地域使用本企业的品牌名称,所以特许人企业必要有一个受法律保护的注册商标。如果特许人企业计划进入另一个国家,那么特许人企业也应在另一个国家注册一个受保护的商标。

(2)营业执照或者企业登记(注册)证书。

(3)至少 2 个直营店,并且经营时间超过 1 年。

(4)成熟的经营模式,并具备为被特许人持续提供经营指导、技术支持和业务培训等服务的能力。

(5)特许经营的产品或者服务,如果是依法应当经批准方可经营的,那么企业还应当具备有关批准文件。

（6）按规定进行备案和披露。

二、经营管理的充分性

企业可以一一对照下面所说的这些特征，如果都具备了，那么一般而言，我们就认为企业具备了在经营管理方面的实施特许经营模式的充分性。

1. 成功的实践

只有成功的企业才可以实施成功的特许经营。

如何界定成功？大多数的人是从盈利的角度考虑的，也就是说，企业如果想做一个特许人，其单店首先应该是赚钱的。公司的产品或服务是否具有盈利能力是受许人投资的重要考察依据，特许经营业务如果达不到合理的盈利水平，特许经营将不具备市场竞争能力，也就失去了其存在的基础。而且，成功的单店管理可使特许人从中吸取经验，统一管理标准，提升整体管理水平，以保证其运营制度日趋完善。当然，成功的标准不只是经济利益，还应包括企业的社会效益等方面。

2. 可知识化尤其是可显性知识化的模式

从某种角度理解，特许权的授予其实就是工业产权和／或知识产权的使用权或经营权的转让或出售，很大一部分就是广义的知识和其物化形式的出让，这就要求特许人在直营中取得的那些准备作为特许权内容来复制的知识和经验都是可以提炼、总结和物化的，即提炼成文字（或图片、视频等）、总结成可传授的技术与知识，并通过系列手册物化成为易于传播、复制和在不同时空条件下得以再现的形式。否则，成功的元素如果不能知识化，尤其是不能显性知识化，那就很难或根本不可能被复制、转移给受许人，再成功的模式也不能用作特许经营的形式。

3. 被克隆的模式

特许经营企业是通过对成功的克隆来发展的。针对各个不同地区的相同的目标消费群体，特许人应有一套普遍适用的运行模式。无论加盟店开在哪里，都是样板店的翻版，不管是店面设计、店堂陈列、产品特色等顾客看得见的，还是经营管理、企业理念等顾客看不到的，都和特许总部的样板店在本质上是相同的。有很多企业经营很成功，但其成功是依赖某个人的思想或技术，而这样的思想和技术又不能被别人模仿或复制，所以，这样的企业即使再成功，也没有办法被别人克隆，也就因此不能特许经营。

4. 清晰的定位及独特性

一个成功的企业应该是一个定位清晰的企业。做特许经营的企业更应该在品牌定位、企业定位、产品定位、消费者定位等方面全盘考虑，这样才能建立一个具有个性和特色的特许经营体系。定位不清晰，经营业务缺乏独特性，加盟店就没有独特、长久的获利能力。因此，欲实施特许经营模式的企业应认真分析并强化企业目前的经营特点和独特性，使其在众多的相同或类似企业中更具吸引力，在消费者心目中建立一个清晰明确的形象，包括商标、商号、独有业务、企业信誉等。

例如，运营一个汉堡包摊位的市场机会在当今商业社会中会非常的小。然而，如果拥有一种独特的运营方式，那么，在今天的市场上将其特许经营就是完全可能的。以温迪屋（Wendy's）的运营为例，它通过引入汉堡包的内嵌式制作系统来获得蒸汽，使旁观的顾客在等待他的订货时能够看到冒着的热气。而传统的汉堡包的制作方式是看不见的，需要制成后把它们放在一个暖气盘上等待人来订购。温迪屋给顾客造成这样的印象，即它就是在顾客的眼前为其制作汉堡包。凭着这一独特的定位，温迪屋的汉堡得以在竞争激烈的市场中脱颖而出。

5. 前景灿烂的市场

成功的特许经营企业的经营业务都有着很好的市场前景，都符合时代的文化与消费潮流。如果一个企业的业务只是在过去和当前短时间内有市场，缺乏长远的市场前景，就不会有受许人来加盟。即使加盟了，也会因生意不能长期盈利而导致受许人纷纷退出，最终导致整个特许经营体系的崩溃。

6. 完整的体系

一个成功的特许经营体系要具备完备的单店开发和运营管理、物流配送、培训督导、产品开发、促销推广、信息系统、客户管理以及企业 CIS 系统等。

目前我国的特许经营业在体系建设上还很不完备，很多号称特许经营的企业都缺乏体系的设计、建立和维护、升级。有很多企业把特许经营误解为只是有畅销产品或是一个孤立的单店特许，还有的企业误认为只要有广告炒作就可以特许经营，而不需要建立一个科学的特许经营体系，不需要特许经营总部的管理和支持。虽然有企业这样做成功了，但这种成功一定是暂时的，不可能长久。此外，在体系的设计上，也必须符合"3S 原则"，即：标准化（Standardization）、简单化（Simplification）、专业化（Specialization）。

7. 持续的创新

创新是企业与体系长久生存的生命力源泉。特许经营虽然是克隆成功的业务，但并不是刻板的克隆。再成功的业务，也需要具有针对不同地区的消费文化和习俗的适应性，也就是说，特许经营需要创新。特许经营鼻祖胜家公司的衰落，固然有多种原因，但其最重要的教训之一就是创新性太差，企业里"一劳永逸"的"吃老本"思想过分严重，比如到了20世纪80年代缝纫机市场竞争变得异常激烈时，其产品却仍然是老一套。但需要注意的是，特许经营的创新是有创新程序规定的，并不是受许人或特许人可以随心所欲地创新和改变。

8. 多赢的效果

成功的特许经营必然是兼顾了特许人、受许人、顾客、供应商和政府等多方的利益。只有各方利益的协调、稳定、持续增长，特许体系才可能成功经营下去。

9. 开发和实施特许经营项目的足够资本

在签下第一个受许人之前，特许经营企业会有一些实质性的支出，比如聘请特许经营的顾问策划费、招商费、广告宣传费、样板店试验费、体系设计及基本建设费等，所以特许人在特许经营体系能为其提供实质性的来自加盟的收入之前，必须具备一定的前期资本。

10. 合适的业务

从理论上讲，几乎所有的商业类型都可以采取特许经营的商业模式，但是从历史的实践上看，相比较而言，产品/服务零售企业更多地采取了特许经营形式。关于是否要从事特许经营，戴维曾对潜在特许人有如下建议（见表9-2）。

11. 拥有做一个特许人的合适心态

特许经营在许多方面不同于其他的商业扩张模式，比如你要和别人在数年时间内分享你的品牌、成功经验、know-how（技术诀窍）、市场份额和利润等；你要用"double"（双倍、双重）原则来考虑和运营你的新连锁商业帝国；你必须不断学习并掌握特许经营这种新商业经营模式的理论和技术；等等。所以，作为一名特许人应该做好这方面的心理准备。

12. 充足的受许人群体

无论如何，任何一个特许经营体系都必须要有受许人的支撑，否则就不成其为特许体系了。因此，准备实施特许经营的企业必须能确定：依据自己的加盟条件，可以招募到充足的受许人。

表 9-2 采用特许经营的最佳企业情形[①]

- 大多数餐馆可以采用特许经营方式，但是，那些需要厨师而不是厨子的餐馆、有复杂菜单的餐馆更难以特许经营化
- 产品或/和服务有广泛魅力、消费者认可的企业自然可以采用特许经营，只要市场趋势支持长期可行性和扩张即可
- 业务利润能够补偿加盟费，并为受许人、特许人双方留有充分利润余地的企业一般适合特许经营
- 条块分割行业的、受益于品牌联合的企业（大多数是小企业和/或独立企业）是特许经营的候选人。例如，30 年以前的美容美发行业大多数是由独立的理发店和美容沙龙所组成，现在则出现了大型特许经营连锁，例如"超级剪""大剪刀"，他们的实力雄厚到可以主宰市场。然而，美容美发行业仍然是条块分割市场，即使在 30 年后的今天也是如此。所以，扩张的机会仍然看好
- 稳定或正在成长的行业中的企业受到的管制明显要少，因此是可以采用特许经营的
- 拥有简单易行的内部体系、能够从劳动力大军中挖掘到合格候选人，或者可以培训受许人，使之在合理时间内学会使用技术的企业，可以考虑采用特许经营

三、特许经营项目的技术可行性

因为特许经营体系的建设是一项技术性、知识性的工程，并非每个企业凭借自己的已有人员、已有技术和知识、已有资源就能胜任的。所以，本部分的主要内容是对企业进行特许经营体系建设的技术可行性进行论证。

这里所说的技术应包括两类技术，即建设特许经营体系的技术以及建设之后的运作与维护、升级的技术。

1. 建设特许经营体系的技术可行性

一家企业建设特许经营体系的可能方法包括以下三个最基本的形式，其他方法都是这三种方法的组合或变体。

（1）聘请特许经营专家为本企业员工。

（2）求助于外界咨询公司或咨询个人、群体等"外脑"。

（3）组织自己的员工学习特许经营的有关知识，然后自己进行体系构建的操作。

[①] 改编自：David Thomas.Franchising for Dummies[M].New York：IDG Books，2000：288.

这些方法在项目成功风险、企业支付成本、体系构建质量、体系构建时间等各个方面利弊不同，企业应仔细分析，选择一种最为有利的方式。

2.特许经营体系建设后运作与维护、升级的技术可行性

主要包括特许经营体系建设之后的实际运作和管理维护、升级等，亦即企业是不是在人员、知识等技术以及资金等方面有保障。具体地讲就是，企业一旦成为特许人之后，能否保持自己的盈利性发展以及履行其对受许人的承诺，比如各种支持、研发、培训、信息控制、财务管理、市场营销、物流配送等。

四、特许经营项目的经济可行性

对企业的项目而言，经济性始终是必不可少甚至是最为关键的一个方面。对于特许经营项目本身的实施可行性以及特许经营体系运作后的经济效果都需要进行测定和评估，所以，特许经营项目的经济可行性分析应包括两个大的方面。

1.融资可行性

（1）资金来源可行性。筹措资金首先必须了解各种可能的资金来源，如果筹集不到资金，特许经营方案再合理，也不能付诸实施。通常，企业可能的资金渠道有：国家预算内拨款；国内银行贷款，包括拨改贷、固定资产贷款、专项贷款等；国外资金，包括国际金融组织贷款、国外政府贷款、赠款、商业贷款、出口借贷、补偿贸易等；自筹资金；其他资金来源。

在可行性分析暨特许经营战略规划中，要分别说明各种可能的资金来源、资金使用条件，利用贷款的，还要说明贷款条件、贷款利率、偿还方式、最长偿还时间等。

（2）项目筹资方案可行性。筹资方案要在对特许经营项目的资金来源、建设进度进行综合研究后提出。为保证特许经营项目有适宜的筹资方案，特许人企业要对可能的筹资方式进行比较选择。

在可行性分析暨特许经营战略规划中，要对各种可能的筹资方式的筹资成本、资金使用条件、利率和汇率风险等进行比较，以寻求财务费用最经济的筹资方案。

（3）投资使用计划可行性。投资使用计划要考虑特许经营项目实施进度和筹资方案，使其相互衔接。最好编制一个特许经营投资使用计划表。

（4）借款偿还计划可行性。借款偿还计划是通过对项目各种还款资金来源的估算得出的，借款偿还计划的最长年限可以等于借款资金使用的最长年限。制订借款偿还计划，应对下述内容进行说明。

- 还款资金来源、计算依据。
- 各种借款的偿还顺序。
- 计划还款时间。国外借款的还本付息,要按借款双方事先商定的还款条件,如借款期、宽限期、还款期、利率、还款方式确定。与国内按借款能力偿还借款不同的是,国外借款的借款期一般是约定的。还本付息的方式有两种:一是等额偿还本金和利息,即每年偿还的本利之和相等,而本金和利息各年不等,偿还的本金部分逐年增多,支付的利息部分逐年减少;二是等额还本、利息照付,即各年偿还的本利之和不等,每年偿还的本金相等,利息将随本金逐年偿还而减少。国外借款除支付银行利息外,还要另计管理费和承诺费用等财务费用。为简化计算,也可将利率适当提高进行计算,对此,在可行性分析暨特许经营战略规划报告中要加以说明。

2. 未来盈利可行性

对于企业实施特许经营模式后的盈利状况,企业必须事先做一个财务预测。

财务预测其实就是一个投资与收益的估计,这一部分非常关键,它既是特许人企业自己发展计划的信心支撑,也是吸引潜在受许人加盟的"亮点"。在许多时候,关于单店、多店以及分部或区域受许人等的财务预测表或其部分还会被特许人放到其对外公开招商的《加盟指南》或招募受许人、合作者的广告上,因此,为了企业的实际利益、为了受许人的实际利益以及为了企业自身的良好声誉和反映特许人的财务专业水准,企业在预测时,必须尽可能地详细、完全无遗漏、科学、准确、实事求是地进行投资费用以及项目带来利益的估算。

企业采取特许经营模式的财务预测应至少包括四个部分。

(1)特许总部的财务预测,预测时期可往后延伸至3~5年或更多。这是用以检测企业实施特许经营模式后的经济效益的,如果这个预测结果是亏损的,那么企业实施特许经营就可能是不可行的,需要改做其他的商业模式。

(2)受许人单店的财务预测,预测时期可往后延伸至3~5年或更多。这是用以检测单店受许人的经济效益的,它同时还是企业设计特许经营费用、加盟期等特许经营体系标准的依据。

(3)多店受许人的财务预测,预测时期可往后延伸至3~5年或更多。这是用以检测多店受许人的经济效益的。

(4)区域分部或区域受许人、次特许人、代理特许人等其他特许经营体系中的工作者的财务预测，预测时期可往后延伸至 3~5 年或更多。这是用以检测区域分部或区域受许人、次特许人、代理特许人等的经济效益的。

一般而言，只有这四个方面的预测结果都满意了，特许经营体系的诸环节的运营才能畅通。当然，对于完全采用单店加盟而拒绝区域分部或区域受许人、次特许人、代理特许人等形式的企业，就没必要进行区域受许人、次特许人、代理特许人等的财务预测了。

五、社会效益和社会影响分析

在可行性分析暨特许经营战略规划中，除对以上各项经济指标进行预测、计算、分析外，还应对项目的社会效益和社会影响进行分析。具体分析时，除可以定量的以外，还应对不能定量的社会效益或影响进行定性描述。

社会效益和社会影响分析的内容主要包括以下几个方面。

（1）项目对国家政治和社会稳定的影响：包括增加就业机会、减少待业人口带来的社会稳定的效益、改善地区经济结构、提高地区经济发展水平、改善人民生活质量等。

（2）项目与当地科技、文化发展水平的相互适应性。

（3）项目与当地基础设施发展水平的相互适应性。

（4）项目与当地居民的宗教、民族习惯的相互适应性。

（5）项目对合理利用自然资源的影响。

（6）项目的国防效益或影响。

（7）项目对保护环境和生态平衡的影响。

（8）项目与当地、行业的法律法规、政策制度的相互适应性。

在可行性分析暨特许经营战略规划中，可以根据项目的不同特点，对项目的主要社会效益和影响加以说明，以供决策者考虑。

9.4 你是否适合做受许人

一、受许人与独立创业人的不同

在讨论某人或某个组织如何加盟一个成功的特许经营体系之前，我们要先来看一下该人或组织是否适合做一个受许人。这是成功加盟的前提，如果你发觉自己并不适合做受许人，那么你就根本没有必要再去付出后面的努力了，你可以选择其他的创业或工作方式,那些可能会更适合你。否则,你强行把自己塞入受许人队伍中的行为,只会对你、对特许人、对整个特许经营体系的形象以及整个社会造成不必要的损失。

可以肯定的是,并不是所有的人都适合做受许人,也并不是所有的人都能成为一个成功或合格的受许人。有人认为,特许经营就是创业,就是自己做老板,因此,他们认为,适合做老板的人就适合做受许人。这种观点是不对的,因为受许人和老板、企业家或独立创业人的概念并不完全相同,他们既有相同的一面,也有各自独特的要求或特征。

为了正确理解特许经营关系,必须首先对受许人的职业身份有个清楚的认识:受许人是一种新的第三种职业。

一般而言,一个人的职业生涯可以有两种选择,比如他/她可以到一家企业或机构应聘从而成为一名雇员,或者他/她可以自己创业,成为一名雇主、老板或独立商人。

那么,受许人是雇员还是独立老板呢?实质上,这正是特许经营的独特之处:受许人既不是完全受雇于特许人的雇员,也不是独立老板,而是兼具雇员和独立老板的一些特色,因此,受许人是一种介于雇员和独立老板之间的第三种新的职业,如图9-1所示。

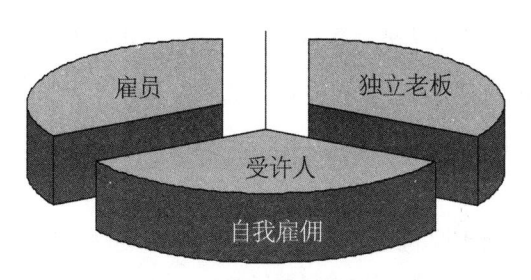

图9-1 职业生涯战略

所以,正是受许人的这种独特的职业形式,才造成了特许经营关系在许多方面的特殊性,才值得人们去认真研究特许经营关系的实践价值所在。

为区别起见,我们把不通过特许经营而完全由自己开创一个事业者称为独立创业人。虽然受许人和独立创业人都是创业者,无论是加盟别人的已有体系,还是自己独自开始创业,都属于创业的一种形式,也因此他们心中都是充满了创业的欲望,也都具有创业者的热情,但是,二者在许多方面还是不同的。

1. 独立创业人需要创新，受许人需要遵循

因为独立创业人没有来自特许人的成熟经验以及实际运作的强力支持，所以独立创业人只能完全依靠自己打拼，面对不确定的环境与未来，独立创业人必须有创新的头脑才能取得最终的胜利。

但受许人则不同，他／她必须按照特许人事先规定好的统一的固定模式来进行商业的运作，特许经营合同的约束使得受许人必须在经营上更多地遵循，以免违反契约而受到惩罚。同时，因为一个受许人的行为会对整个特许经营体系中其他受许人以及特许人产生直接的影响，所以这种互相影响的牵连网络也要求受许人以更多的遵循的态度来对待自己的事业。

2. 独立创业人高度独立，受许人必须愿意接受指导

独立创业人的创业过程完全是自己白手起家，一切从头开始，所以独立创业人必须有高度独立的精神和意识，依赖的性格成就不了成功的独立创业人，因此也常常有人以"孤独者"的称谓来形容独立创业人。

受许人并不是白手起家，也不是一切从零开始，因为他／她在创业的全过程中都时刻会得到特许人的指导和许多切实的帮助，但随之付出的代价就是，受许人必须按照合同的约定接受特许人的管理、控制。

正是因为做一名受许人需要具备这些特点，所以才有人认为具有军人性格的人是最适合做受许人的群体之一。比如在澳大利亚，特许人一般会倾向于选择当过兵的受许人，因为他们更容易接受命令，而且一般年龄合适并有政府的补贴金。

3. 独立创业人承受的风险比受许人高

独立创业人创业所需要的经验、技术、知识、市场以及其他资源，都必须依靠自己去创造，而受许人的许多资源则可以直接从特许人处得到，因而，独立创业人创业失败的概率要比受许人通过加盟的方式创业高得多。这也正是特许经营广受欢迎的最主要原因和加盟作为一种创业方式的最大优势之一，因为任何创业者都想最大限度地减少自己的失败风险。

4. 独立创业人需要广博的知识，受许人更注重专业的知识

因为独立创业人往往对企业运营的所有方面都必须很熟悉，所以需要拥有广博的知识。但受许人因为可以借助特许人的指导和支持，所以他们往往会更需要从事该特许经营行业的专门知识，而不需要面面俱到。

5. 独立创业人需要和创造的资源比受许人多

独立创业人企业的产、供、销、人、财、物等诸多事项都需要独立创业人自制或从外部取得，而受许人企业发展所需要的很多资源都可以从特许人处获得，因此，二者在对资源的需要以及创造资源方面是不同的，独立创业人往往需要的更多、创造的更多。

二、受许人应该具备的基本资源

做任何事情都需要一定的资源作为支撑。那么，作为一个成功的受许人，也同样需要具备一些基本的资源，这些资源是受许人进入特许经营体系的资格，也是保证受许人能够顺利、成功地经营加盟店的保障。

1. 资金资源

在受许人能够从加盟中获得足够的回报之前，受许人自己必须先期具有一定的资金资源，这是最基本的条件。

在准备加盟之前，受许人所进行的理论学习、市场调查、现场拜访不同的特许人、考察特许人的直营店和加盟店以及顾问咨询等，都需要花费一定的资金。

此外，在确定加入一个特许经营体系的时候，你首先必须支付特许人一个初始或入门的一次性费用——加盟金，而对有的特许人而言，这个数值可能会很大。如果特许人要求受许人支付别的费用，比如品牌保证金等，那么受许人还会有更多的支出。

然后，在签订了特许经营合同并正式开始特许经营之路时，受许人还要继续从自己的腰包而非已经获得的盈利中支付一些费用，包括接受特许人的培训、选址、筹建单店、装潢装修、采购设备、采购工具、必要的公关、首期铺货、宣传，等等。

最后，即使受许人的加盟店成功开业了，在加盟店的收入足够应付运营成本、受许人的日常开支（比如赡养家庭等）和赚取一定利润之前，受许人也还需要一定的资金来支撑，并且在投资完全回收之前，受许人会一直承受资金的压力。

所以，受许人在决定加入特许经营时，首先必须考虑的就是自己是否有足够的资金来度过在加盟开始产生回报之前的这段时间。

【实例】麦当劳对受许人的财务资源要求

麦当劳对加盟者的财务状况有非常明确且严格的要求。在加盟之初，加盟者必须先支付加盟费，中国的此数值约为 250 万元。如果加盟者购买的是新店铺，则需要支付总成本的 40%，如果是旧店铺，加盟者则只需要支付总成本的 25%。这些资金必须来自加盟者个人的自有资金（非借贷资金），麦当劳对"自有资金"这一概念的定义为：加盟者所持有的现金、证券、债券、固定收益的投资产品（除税之后），自有公司或者不动产（不包括自己居住的房屋）。由于每家店的情况不同，收取加盟金的多少也不能严格量化，通常个人非借贷资金在 17.5 万美元以上，麦当劳才会考虑其是否能参与加盟。

少数情况之下，麦当劳还允许设备租赁（BFL），这仅仅针对那些特别优秀的候选人。这些人的自有资金可能无法达到麦当劳的要求，但他们在其他各个方面都相当优秀，甚至超过通常的标准。这种情况下，可以采用设备租赁的模式，简而言之就是，麦当劳先代为购买设备（比如器具、座位、装修等），而后将它们租给加盟者。加盟者相当于获得一个期权，他们可以在三年内买入这些设备。不过即使是 BFL 模式，麦当劳仍然要求加盟者起码拥有 10 万美元以上的自有资金。

除了加盟费，加盟者还需要定期支付权利金。权利金包括两部分内容，一个是服务费，每月交纳餐厅收入的一定百分比（目前是 4%）；另一部分是租金，同样也是每个月交纳收入的一个百分比。

2. 个人资源

如果受许人是自然人，他/她还要具备如下一些适合成为受许人的个人资源。

· 创业的激情；

· 足够的耐心；

· 相关的知识与经验；

· 为顾客服务的平和性格；

· 坚忍不拔的意志；

· 来自家庭的支持；

· 接受特许人战略的能力以及受到指正时温和接受的能力；

- 容忍不同观点与接受多数人意见的能力；
- 高度信任特许人；
- 沟通的能力；
- 接受你的特许经营合同并遵守运营手册；
- 无人监督和管理的情况下能够自觉地勤奋努力工作；
- 为了事业可以失去相当多的私人时间；
- 承受失败的勇气；
- 健康的身体和心理；
- 管理他人的意愿和能力；
- 不同的特许人对其受许人的不同的资源要求。

新英格兰大学的一项调查显示，成功的受许人一般具有以下个性特点，如表9-3所示。

表9-3　成功受许人个性特点的重要度

性格特点	重要	非常重要	总和
努力工作的愿望	21.9	78.1	100
追求成功的欲望	34.4	65.6	100
承受压力的能力	31.2	68.8	100
良好的人际沟通能力	37.5	62.5	100
管理能力	46.9	53.1	100
独立自主性	46.9	53.1	100
充足的财务支援	65.6	25	90.6
承担风险的态度	59.4	28.1	87.5
远见	40.6	43.8	84.4
家庭的支持	21.9	53.1	25
曾有经营自己事业的经验	56.2	18.8	25
经营管理的经验	28.2	15.6	43.8

在有关特许人的调查资料中，特许人按1～5个等级排列出了他们选择潜在受许人的标准，下面是其中7个条件的平均得分，如表9-4所示。

表 9-4　特许人选择潜在受许人的标准的平均得分

序号	特许人选择潜在受许人的标准	平均得分
1	有能力"办好事情"	4.6 分
2	面谈	4.6 分
3	一般经营经验	4.5 分
4	财政状况	4.3 分
5	心理因素	3.1 分
6	专门行业经验	2.6 分
7	专门财政经验	2.2 分

从上面这个调查结果可以看出：

（1）很多特许人并不关心受许人是否有行业的专门经验和技术，因为这些都可以由特许人来培训形成。而且，有些特许人在招募受许人的时候还特别强调要求或希望受许人没有专门的经验或技术，这是因为特许人在自己的行业里独有一套特色化的东西，他们会担心受许人受自己思维或行为惯性影响而不能完全自觉地按照特许人的独有模式进行运作。

（2）受许人的能力和责任心备受特许人关注。特许人对受许人的要求是，受许人即使没有资金和专门的行业经历，但一定要有"办好事情"的能力。

（3）受许人在管理方面要有一定的经验。这也好理解，因为专门的技术和知识可以较快地学习到，但管理却是一门艺术加科学的学问，没有足够的时间磨砺，仅凭书本学习和接受培训是很难在短期内做好的。

（4）财政状况仍然是一个很重要的考虑因素。显然，没有一定的资金作为后盾，特许人是不会白白地把自己辛苦摸索出来的经验、技术以及打磨出来的品牌拱手交给受许人使用的。而且，从另一个角度讲，因为受许人把自己的资金投入了特许经营事业中，在资金压力的驱使下，他/她才会更加用心地去经营和管理。

著名特许经营顾问 Dennis Chaplin 从反面提出了一些不适于做特许经营受许人的个人品质，也非常值得我们借鉴，举例如下。

・自傲——认为自己知道的多，不想学习；

- 固执——拒绝遵循特许经营体系;
- 不现实——低估自己经营的要求;
- 资金不足——低估创建特许经营需要的资金;
- 持独立见解——不能像球员一样,从不合作;
- 懒惰——在自己的企业内满足于坐在后面当乘客;
- 满足——达到一定水平后,忽视增长;
- 没有自信心——需要增加业务时感到恐慌;
- 容易气馁——不坚强,不能杀出困境;
- 贪婪——试图多收客户钱,或逃避权益金;
- 没有支持——缺乏来自家庭的支持;
- 易受影响——容易被提供不良建议的债务人或朋友误导;
- 自我欺骗——认为自己可以做不能做的事;
- 劫难——没有生活阅历就想经营企业;
- 内向——不能交际,不能很容易地跟人混熟;
- 短视——不能从长远看待企业的发展;
- 过于乐观——凡事只看好的一面,没有风险意识;
- 急躁——不愿接受"回报需要时间",妄想一夜暴富;
- 轻率——把首次收入花在家庭、休假、汽车等上面。

3. 宏观环境资源

因为受许人将来要在某地区开设单店和经营自己的事业,所以,适宜的宏观环境资源对于受许人而言也是必须具备的。

按照环境与企业的边界关系或环境因素的范畴大小,企业所处的环境可以分为两大类,即微观环境和宏观环境。一般而言,宏观环境包括 7 个方面的因素:政治环境、经济环境、社会文化环境、技术环境、人口环境、自然环境(或物质环境)、法律环境。

(1)政治环境主要包括法律法规、方针政策、政治局势、政府机构以及各种组织,具体而言可以分为两类:国内政治环境和国际政治环境。国内政治环境包括政治制度、政党和政党制度、政治性团体、党和国家的方针政策、政治气氛等。国际政治环境主要包括国际政治局势、国际关系、目标国的国内政治环境等。

如果受许人想在某地建立单店,而当地的政治局势混乱,那么显然这种单店是不适宜开设的。另外,如果某地政府或当局对某特定特许人的事业进行限制,比如交战国家的特许人、敌对国家的特许人、外交关系不稳定国家的特许人等,那么受许人加盟这样的特许人企业也会冒一定的风险。

(2)经济环境包括生活费用、利率、储蓄、举债方式、收入的变化、消费者支出模式的变化、经济发展水平、经济体制、地区与行业发展概况、城市化程度等社会经济结构、经济发展水平、经济体制和宏观经济政策等四个方面的因素。

经济状况直接影响受许人加盟店的类型,比如在一个贫困的地区,受许人加盟开设一家高档商品的单店显然就是不合时宜的。而在一个经济起飞快的地区,加盟一些房地产、餐饮、家政服务、非生活必需品零售、娱乐之类的特许经营企业,则可能会大有赚头。

(3)社会文化环境指影响社会的基本信仰、价值观念、风俗习惯、宗教信仰、生活准则、世界观、偏好和行为的各种机构和力量等。

受许人意欲开设的单店必须和当地的社会文化不能有冲突,否则就会很快遭到严厉的抵制。

(4)技术环境包括创造性新技术的发展变化、技术发展趋势和力量,影响新技术、创造新产品和企业运营机会的社会科技水平、社会科技力量、国家科技体制以及国家科技政策和科技立法力量等几个方面。

这主要和受许人能否跟上特许人技术的变化、发现市场机会、招聘到合格的员工等有关,比如在一个技术和知识层次落后的地区,受许人如果加盟了一家软件制售、教育培训之类的单店,则盈利的可能性极小,而且,受许人也可能根本就招聘不来合适的员工。

(5)人口环境包括人口的规模和密度、地理分布、人种、种族、宗教结构、流动趋势、年龄构成、人口分布和构成、教育程度、家庭规模和结构、人口的出生率、结婚率、死亡率等自然变动、机械变动和社会变动等。

这些人口的状况为受许人提供了一个巨大的未来顾客的选择空间,这也常常成为受许人市场调查的主要内容之一。

(6)自然环境(或物质环境)指自然界提供给人类的各种形式的物质财富,如矿产资源、森林资源、土地资源、水力资源等。自然环境的发展变化对企业运营活动会形成一定的影响，如原材料短缺、能源成本日益提高、环境污染日益严重、政府对自然资源管理的干预等，这些也会影响到受许人的加盟类型、市场机会等。

（7）法律环境由对企业及企业运营环境有影响的各种政府法规、法律法令、组织、意识形态等组成，主要包括：法律规范，特别是和企业经营密切相关的经济法律法规；国家司法执法机关，在我国主要有法院、检察院、公安机关以及各种行政执法机关，与企业关系较为密切的行政执法机关有工商行政管理机关、税务机关、物价机关、计量管理机关、技术质量管理机关、专利机关、环境保护管理机关、政府审计机关，此外，还有一些临时性的行政执法机关，如各级政府的财政、税收、物价检查组织等；企业的法律意识；国际法所规定的国际法律环境和目标国的国内法律环境。

在任何地区，法律法规都是设立企业最重要的因素之一，这不但是因为企业必须遵守它们以避免受到惩罚的损失，还因为企业需要法律法规的保护，有时，这些法律法规还会给企业带来许多利益，比如规定的特殊优惠、开放政策、鼓励投资的制度、支持创业的氛围等。

任何一个企业都是处于一定的环境之内，必定要受到各种各样的外在环境因素的影响。按照战略学的观点：战略主要是涉及组织的远期发展方向和范围，它应使资源与变化的环境，尤其是它的市场、消费者或顾客相匹配，以便达到所有者的预期[1]。因此，正确、科学地看待、研究环境，是每个企业的必备工作。在具体的企业中，微观环境直接影响和制约企业的运营，而宏观环境则主要以微观营销环境为媒介间接影响和制约企业的运营。前者可称为直接环境，后者可称为间接环境。两者之间并非并列关系，而是主从关系，即直接环境受制于间接环境。而且，由于外部宏观环境资源本身不可由企业"自制"的特殊性，更是决定了企业对于外部宏观资源的获得是企业宏观资源运营的一个非常重要的组成部分。

上述宏观环境中利于／允许／支持受许人进行加盟的因素直接关系着受许人将来事业的成败，受许人应具备这些相应的资源。

4.一些基础性资源，比如一处可得的单店地址

一个地方的商业环境再好，如果符合加盟店要求的地址已被别人占满，那么，受许人最好还是另谋出路或转移至另外一处符合要求的地址，这对于那些有地址特

---

[1] 约翰逊，斯科尔斯.公司战略教程[M].金占明，贾秀梅，译.北京：华夏出版社，1998.

殊性要求的特许经营事业尤为重要。很多特许人对受许人的第一个要求就是"拥有符合开便利店的门面"。

现实中，有许多受许人加盟失败的其中一个重要原因就是，他们只是看到了特许人样板店的盈利，并据此推断自己也肯定能盈利，于是，在完全符合加盟店要求的地址并不存在的情况下，他们退而求其次，强行开设了单店，结果造成日日亏损而后悔不迭。

三、加盟成功，心态很重要

受许人的心态不好，必然会影响其和特许人的关系以及加盟店的日后经营，下面列举出几种常见的不正确的受许人心态，以提醒所有的受许人注意，如果你要想通过加盟的方式取得成功，那么你就必须拥有一个正确的心态。同时也给特许人企业提一个醒，如果你想和受许人保持良好的关系、想取得加盟扩张的成功，那么，提前了解并正确对待受许人的这些常见心态是非常必要的。

1. 受许人常见的不正确心态之一："特许人总是在赚我的钱"

比如，有些受许人在营建单店的过程中，对于特许人推荐的原料、设备、软件系统等总是抱着高度的"警惕"心理，认为特许人"肯定"在这些上面赚了受许人不少钱，特许人是借"配送"之名行强制推销之实。

确实有些特许人，但主要是那些假的、不合格的、不规范的特许人，是用"配送"之名大赚受许人的钱的。但是，按照规范的特许经营体系的游戏规则，如果特许人配送给受许人这些东西的价钱在质量相同的情况下低于受许人自己去市场单独购买的价钱，那么，受许人就应积极地接受，而不应怀着"警惕"的心态加以拒绝。由于规模采购的优势、多年经营与供应商形成的战略合作关系、在采购流程上更专业等原因，规范的特许人所提供的配送或统一化的东西往往在质量和价钱上都比受许人自己单独采购要好得多。

大量的事实表明，如果受许人自己去市场单独采购的话，由于缺乏专业的采购知识、缺少商业诚信的历史证明以及采购人员的贪污等因素的存在，反而可能导致所采购的东西价高而质次，同时也存在结款时间缩短、验货把关失误等一系列问题。而且，这样做还会直接损害特许经营体系的统一性。

北京友仁居火锅连锁的其中一个受许人的故事给我的印象非常深刻。这个受许人最初拒绝总部提供的餐饮管理软件系统，而坚持要自己去市场采购，因为友仁居总部提供的那套软件系统平均要 2 万元，而市场上的一套餐饮软件系统才几千元。在友仁居总部一再坚持无效的情况下，受许人自己购买了 PC 机和一套几千元的 MIS 系统，总值约上万元。但是受许人的噩梦从此就开始了，整个系统在短短的几天内就连续被迫重装了三次，在业务最繁忙的时候经常出现系统卡死、不稳定等状况，系统的故障接二连三地发生，严重影响了加盟店的正常业务运营，糟糕的局面几乎让受许人要疯掉了。最后，万般无奈之下，受许人只好向总部求助，要求安装和使用友仁居总部的那套系统。值得庆幸的是，这个受许人虽然走了一段弯路，但最后还是回到了遵循总部的指导上来。其实，发生这样的事就是源于受许人的一个误解，他认为友仁居总部提供的软件系统"赚"了他的钱，他完全可以用更低的价钱在市场上购买到同样的东西。但事实表明，友仁居总部研发使用了十几年的餐饮管理软件，绝对不是市场上那些廉价、通用的软件系统可以与之相提并论的，而且，友仁居总部提供给受许人的系统价格是远远低于市场价的。如果当初能够听从友仁居总部营建人员的建议，这个受许人就不会有这上万元的损失。

在经历了这次事件之后，这位受许人充分认识到了接受总部统一安排与配送的必要性，因为他在其他方面的自作主张也都很快给其日后的经营造成了或多或少的麻烦。后来，这位一向喜欢坚持己见的受许人由衷地对我说，"以前不听总部的，总觉得自己买的好，现在看来确实有问题，以后我都会认真听从总部的安排"。

可喜可贺，虽然付出了代价，但受许人最终还是用冤枉的花费深刻理解了为什么要配送和统一。

2. 受许人常见的不正确心态之二："我就是老板，我说了算"

这种心态的典型外在表现就是"不遵循"，对总部的建议不置可否，自认为在商业上有独到的想法，加盟就是挂个牌子，只要牌子一挂，单店一开业，剩下的就是受许人自己当家做主了。因为他认为：这个店是我投资的，我就是当然的老板。这是非常错误的心态。

受许人要记住，他/她既不是特许人雇佣的员工，也不是独立的老板，受许人的职业特征介于这两者之间。他/她必须在特许人的指导之下按照特许人的既定规则进行加盟生意的运作。因此，自主性、创新性过分强的人不适合做受许人，而更适合自己采用非加盟的方式独立创业。

记得在和友仁居的一个受许人谈话时，他希望我给他一些指导，我当时就对他明确地讲，其实作为受许人，最重要的一条就是"遵循"，只要受许人"遵循"了特许人的规则，那么他就至少拥有了四个"合"字，即合法、合商、合情、合理，如此四"合"，足可保证受许人在生意经营上进退有据。退一万步讲，即便生意失败或与特许人发生纠纷，受许人也完全可以拿"遵循"这条理由来支持自己。否则的话，受许人首先便没了争辩的基础性优势。

同时，特许人自己摸索了十几年，遇到过无数的问题，虽然其现在的解决方案看起来可能很简单，但那都是用巨大的代价换得的宝贵经验。作为受许人，既然加盟了，特许人愿意把他的这些宝贵经验、知识和技术教给自己，那么，受许人如果再固执地坚持己见，放着特许人给的"宝贝"不用，非要自己再去从零开始摸索和积累商业经验，加盟创业还有什么意义和必要呢？这实在是既不利人又不利己的不明智之举。

3. 受许人常见的不正确心态之三："我是消费者，既然加盟了，特许人就要负责我的所有事情"

上述的那种心态是过分强调自己的独立，而现在的这种心态则是过分依赖特许人，正好相反。

受许人认为，他们既然出了钱，花费了比较大的代价（比如加盟金、权益金等特许经营费用）购买了特许人的特许权，那么他们就是特许人的产品或服务的消费者。既然是消费者，那么，"让顾客百分之百满意""顾客就是上帝"等商家针对消费者的一些观念就会自然地在受许人的内心滋生。

于是，受许人就会出现一些类似于商品的消费者对于商家那样的行为，比如在加盟时对于加盟金等特许经营费用讨价还价，在加盟店的营建与经营过程中把总部派去的指导、培训人员当成是自己的"服务人员"而不是"导师"，在经营之中出现任何问题都会对特许人大加抱怨并立刻对特许人提出"售后服务""售后三包"之类的要求，对于总部协助单店营建的人员颐指气使，认为总部给自己的任何帮助都是"理所当然"的，等等。

要提醒受许人的是，受许人和消费者是有着本质的区别的。消费者可以向购买商品的商家要求全面的售后服务，而自己甚至都可以不懂如何维护、修理商品的基本知识，但受许人生意的经营却是要在特许人的指导、培训、支持之下独立完成的，因此，受许人不能抱着完全依赖甚至希望特许人替自己干的消费者心态，学会并且自己去干，才是受许人应该具备的正确心态。

这也从另一个角度说明，作为特许人，应该从建立加盟关系的一开始就清晰、准确地向受许人传递这种意识，并在适当的时候果断地给受许人断奶，让他/她自己学会独立走路，你只需在后面提供监护和支持就好，而绝不能替他/她走路，这种做法也是和特许经营这种商业模式的本质、初衷和优势不相符合的。

4. 受许人常见的不正确心态之四："有培训就够了，不需要细读手册"

作为受许人，仅仅接受培训是不够的，还应积极、经常、仔细地阅读和学习特许人精心编制的系列手册。这样做的第一个原因是受许人不可能全部记住特许人在给自己培训时的内容，是人就会有遗忘；第二个原因是特许人的手册内容是经常更新的；第三个原因就是古语所说的"温故而知新"。

还是友仁居火锅连锁的例子。有的受许人在经营过程中经常会出现这样的情况，即遇到某个问题后，受许人就会立刻打电话向特许人请教答案。殊不知，他们所请教的答案，以及将来还可能要请教的答案，早已编制在了特许人给他们的系列手册中。可这些受许人却偏偏认为餐饮是很简单的事情，所以他们并不在意手册——这个特许人十几年的经验、专家智慧、业内最新成果、竞争者的优点等的高度凝练与总结。甚至，有的受许人连合同条款都没有逐条地读过！记得有个受许人非要更改店的招牌名称，总部的人反复告诉他这个不能改，但他就是不听，没办法，总部的人员只能告诉他，关于这个问题早已在合同里有了准确、清晰的条款规定，而这位受许人竟然很怀疑地问，"有这个规定吗？我查查看……"笔者很愕然！

真不知道这些受许人是如何签约的，不过还是要替他们感到庆幸，幸亏他们碰到的是规范的特许人，否则的话，他们就只有哑巴吃黄连、有苦说不出的份了。由这些例子，笔者也进一步明白了为什么有些受许人很容易被假的、不规范的特许人所欺骗，而且许多受许人在受骗之后也无法打赢索赔官司，因为他们的法律意识确实太淡薄了。

手册作为特许人所编制的一系列用于指导、规范、监督、考核、介绍特许经营体系并使之顺利运营的文件，是特许人对于自己的特许经营业务的全面性的知识、经验、技能、创意、状况等的总结、创造与升华，是特许人工业产权和/或知识产权的物化形式。从形成过程来讲，这些手册的编制和完善需要特许人全体人员的上下努力、需要几代人的辛苦付出，经过无数次的更新和修改，特许人为之付出了大量的人力、物力和财力等资源，因此，这样一套凝聚了特许人心血的系列化手册对于特许人和加盟店成功经营意义重大。而受许人拿到了这些"宝贝",却束之高阁,实在是不应该。

5. 受许人常见的不正确心态之五:"不能告诉特许人我的真实财务数据"

向特许人隐瞒或提供虚假的财务数据,甚至拒绝提供财务数据是很多受许人常犯的一个毛病,当然,受许人这么做的原因有很多,比如,对于按照营业额或利润等的比例来收取权益金的特许经营体系而言,受许人就常常做假以少交甚至不交权益金;有的受许人认为这是自己的高度商业秘密,不愿意让特许人知道;等等。

但是这些受许人忽略了一点,那就是这样的做法既违反了合同的规定,也破坏了自己和特许人之间的关系。收不上来费用的特许人会很恼火,他要么会加大力度对受许人进行审查和监督,要么就干脆在给受许人的后续支持上偷工减料,前者会造成双方关系的紧张以及双方管理成本的增加,后者则会明显地不利于受许人的生意。长此以往,对特许经营的双方都没有好处,而最终受伤害最大的往往是受许人。

对于特许人而言,除了依据合同、信息系统、盘点、审计等在内的强制性手段之外,其实还可以有许多其他软性的办法来鼓励受许人主动地报告真实的经营数据。友仁居火锅连锁的老板于晓武先生的一个招数就很值得借鉴,他会安排专门的财务、管理等人员按照受许人报来的经营数据进行研究,并反馈给受许人一个经营分析报告以及对受许人经营的建议书。这样一来,受许人就会认为自己的数据上报是有价值的,而且会更愿意上报真实的经营数据,因为他们自己心里很清楚,假的数据所换来的总部分析报告和建议书也是假的,如此,对加盟店的经营是没有任何好处的。

6. 受许人常见的不正确心态之六:"还是自家的亲朋好友最可靠"

受许人在自己的加盟店用人上,往往会把人员的"可靠性"放在第一位,而把能力等放在其后。把"可靠性"作为决定人员是否录用和重用的第一标准倒也无可厚非,但如果把"可靠性"与自己的亲朋好友等同起来,那就大错特错了。

关于家族企业的问题屡见不鲜,笔者也不想在这里重复地啰唆。笔者要提醒受许人的是,亲朋好友未必可靠。事实上,根据笔者所了解的众多案例,很多受许人的亲朋好友在店内担任职务时,都有贪污、渎职等情况的发生,而且他们仗着自己的特殊身份,与其他员工相比有着一种天然的优越感,这种优越感既容易让他产生一种不好的放纵心理,也对其他员工的工作积极性造成了不利的影响。因此,受许人在选人、用人上,还是要以能力为先,把关系友谊置后,切不可把好好的生意变成了一个亲朋好友们肆意妄为的场所。那样的话，受许人的失败几乎就是注定的。

作为特许人企业，应该在受许人的选人和用人上给予指导和把关，对于那些虽然是受许人的亲朋好友，但能力、品德等不合格的人选，要坚决建议受许人放弃他们。要知道，天祸再大，有时也不及人祸。

关于受许人的更多不正确的心态，这里就不再一一赘述了，总之，受许人的成功取决于多种因素，包括总部的支持和受许人自身的努力，以及外部客观条件的具备等，但其中很重要的一条就是：受许人要先摆正自己的心态。

9.5 成功加盟特许经营体系的九步攻略

潜在受许人加盟特许经营体系时，应该遵循一定的科学流程和步骤（见图9-2），以确保在加盟的过程中将风险和损失降至最低。

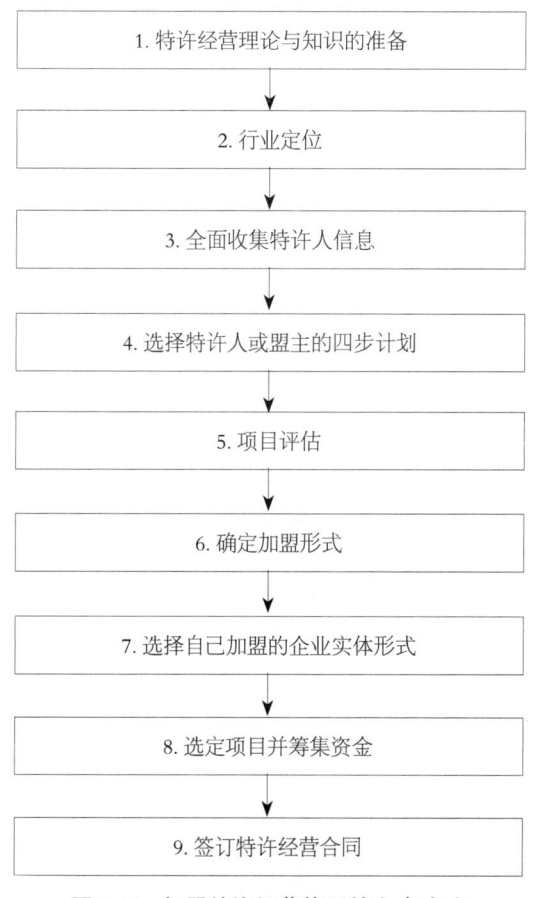

1. 特许经营理论与知识的准备
2. 行业定位
3. 全面收集特许人信息
4. 选择特许人或盟主的四步计划
5. 项目评估
6. 确定加盟形式
7. 选择自己加盟的企业实体形式
8. 选定项目并筹集资金
9. 签订特许经营合同

图 9-2 加盟特许经营体系的九步攻略

一、知识的准备与行业定位

1. 特许经营理论与知识的准备

对于准备以加盟方式实现自己创业梦想的潜在受许人而言，对特许经营的基本知识和基本理论的了解是非常必需的，因为这可以使潜在的受许人明白特许经营的来源、历史发展过程以及将来的趋势、特许经营方式的利弊、与其他运营方式的区别、特许经营法律法规上的规定、特许人和受许人双方的权利与义务、特许经营合同的有关问题等，对这些方面的熟悉会明显地对受许人将来的实际业务运营产生积极的促进作用。

理论与知识准备的基本方式就是参加培训和自我学习，其主要内容就是学习特许经营理论与实务、熟悉特许经营相关法律法规，这是潜在受许人迈向加盟的第一步，不可小视。

理论与知识准备的具体途径有很多，潜在受许人可以选择一种或几种适合自己的形式进行。

（1）购买书籍、杂志、报纸，浏览或下载网络上的特许经营知识。

（2）参加培训班、讲座、公开课、研讨会、论坛、峰会等特许经营交流会议和活动。

（3）向特许经营方面的研究中心、顾问咨询公司、法律事务所、学会、协会、专家和学者、特许经营界的业内人士等咨询。

（4）参加展会、特许人举办的招商说明会等。

（5）直接向特许人咨询。

在网络化的今天，潜在受许人完全可以采用更轻松、更便捷、费用更低、范围更大的方式来了解、学习到大量的特许经营知识和信息，比如到国内外的特许经营专业类网站（特许经营第一网：www.texu1.com）上点击浏览。下面提供一些有用的国外网址以供参考（见表9-5），国内的相关特许经营网址，读者可以在搜索引擎里自行搜索。

表 9-5　国外特许经营信息网站推荐[①]

1.www.franchise.org	26.www.franchisedirect.com
2.www.entrepreneurmag.com/franchise	27.www.smallbusiness.yahoo.com
3.www.franchisetimes.com	28.www.businessfinance.com
4.www.Toolkit.cch.com	29.www.bizplanet.com
5.www.microsoft.com/smallbiz	30.www.franinfo.com
6.www.betheboss.com	31.www.abanet.org
7.www.bisonl.com	32.www.smallbizsearch.com
8.www.worldfranchising.com	33.www.franchisehelp.com
9.www.startup.wsj.com	34.www.franchise411.com
10.www.franchise-update.com	35.www.franchisemedies.com
11.www.ffca.com	36.www.businessfinance.com
12.www.franchise1.com	37.www.franchiseintl.com
13.www.Franchiselinks.com	38.www.lawlead.com
14.www.franchiseconnections.com	39.www.moneyhounter.com
15.www.sba.gov	40.www.franchisedoc.com
16.www.franchise.com	41.www.aafd.com
17.www.franchiseshowcase.com	42.www.franchise-chat.com
18.www.frannet.com	43.www.franchisesolution.com
19.www.inreach.com/sbdc/book/franchising.html	44.www.edge.lowe.org/index.htm
20.www.bplans.com	45.www.lycos.com/business
21.www.bbb.org/library/busfranc.html	46.www.franchiselawteam.com
22.www.vfinance.com	47.www.score.org
23.www.ftc.gov	48.www.franinfo.com/history.html
24.www.nasaa.org	49.www.sbfocus.com
25.www.topfranchises.com	50.www.morebusiness.com

① 斯蒂斯，文森特.特许经营致富[M].李维华，等译.北京：机械工业出版社，2004.

2. 行业定位

潜在受许人在选择特许人之前，首先要确定自己将来准备进入的行业，俗话"男怕入错行"说的就是行业选择的重要性。潜在受许人要选择一个最适合自己的行业切入，因为这可能直接和他／她以后的多年甚至下半生的所有人生经历有关。

选择并确定将来要进入的特许经营行业的依据有很多，潜在受许人可以重点考虑如下几个方面。

（1）自己对什么行业感兴趣。

这是很重要的，因为只有热爱一种事业，人们才会投入百倍的精力和辛苦而仍然乐在其中，也才会在这个事业的运营中积极主动地去创新、去追求卓越。否则，潜在受许人就要在很长时间内受到不得不从事自己并不喜欢的工作的痛苦折磨，同时，以这种心态去做事也会使工作的效率和积极性大大降低，最终导致事业没有做好，自己身心也并不愉快的"双败"结果。

（2）自己擅长做什么。

不管是天赋还是后天学习锻炼而来，每个人都有或应该有自己的擅长领域，从事擅长领域的工作会事半功倍。

（3）什么行业在潜在受许人准备开店的地方有良好的发展前景。

虽然并不要求这个行业一定是什么永远存在的"朝阳产业"，但至少不能是一个夕阳产业，或该行业至少在潜在受许人的加盟期限内不会处于衰败期。

（4）该行业的竞争状况如何。

太过激烈的业内竞争意味着该行业可能是一个盈利性较好的行业，但同时也意味着可能存在较大的风险。竞争不激烈的行业可能比较轻松，但是因为没有多少人进入，所以这个行业的未来发展、盈利等方面可能有缺陷。潜在受许人要在风险和利益之间做好平衡，并根据自己是一个悲观主义的保守者、乐观主义的冒险者还是一个中庸者的性格等来综合决定所要选择的行业。

（5）该行业的盈利性如何。

因为加盟需要潜在受许人投入相当数额的资金，甚至是他们一生的积蓄，潜在受许人也对借该特许权实现更大的回报存有很大希望，因此，所加盟的行业必须具有令人满意的盈利性。但受许人同时还需要考虑行业的短期盈利性和长期盈利性的良好结合问题，以及自己选择加盟是否还有别的目的，比如解决就业、获得荣誉感等。

（6）行业的相关技术要求。

虽然特许人一般都会培训并传授受许人行业经营的技术诀窍，但不同的行业对技术的要求是不同的，学习和掌握起来的难度也不相同，潜在受许人应客观地评价自己或自己将要聘请的员工是否有能力在该行业内胜任技术性的工作。

（7）该行业所需要的员工能否方便地招聘到。

如果潜在受许人在其准备开店的当地或附近招聘不到合适的员工而不得不从外地招聘时，员工的使用成本、员工对当地社会文化的适应性、员工的忠诚度、地方政府就业政策的规定等，可能会给潜在受许人带来一些不必要的麻烦。

（8）从事该行业，潜在受许人能否得到来自家庭、朋友、社会的支持。

无论如何，人们总是对不同的行业有着不同的观点，而潜在受许人通过加盟的方式创业不是一个短期的事情，而是一个较长时期里的人生规划，因此，潜在受许人需要周围人群的理解和支持，最好的办法就是选择一个能博得周围人群支持或至少他们并不反对的行业加盟。

在选择行业的过程中，征求家庭成员、朋友、原单位同事、专家、特许人等的建议，将有助于提高潜在受许人最终决策的合理性。

二、全面收集特许人信息与选择特许人的四步计划

1. 全面收集特许人信息

潜在受许人在确定了行业之后，就应着手收集本行业内的大量特许人信息，并对这些信息进行整理与分析。潜在受许人收集的信息越充分，最终决策的合理依据就越多，做出的决策也就越接近合理，因此，潜在受许人应使用尽可能多的手段、收集尽可能多的信息。

记住，就如同购买商品时"货比三家"一样，选择特许人时也一定要"比"，没有比较，你就可能会漏掉更好的。

比如，潜在受许人准备进入美容业，那么他/她就应尽可能多地收集目前在国内特许经营市场上开展特许经营业务的特许人信息，这样，潜在受许人在最终进行逐家比较时，才能更有把握选择一家更适合自己的特许人。

潜在受许人获取业内特许人信息的渠道有很多，下列这些方法都可以采用。

（1）充分发挥电子时代的优势，用足用活网络。

①在网上使用诸如谷歌和百度之类的搜索引擎进行搜索，比如对于美容行业，你使用的搜索关键词可以有"加盟＋空格＋美容院""加盟＋空格＋美容""特许＋空格＋美容院""特许＋空格＋美容"等。现在稍微有些实力的特许人都会建立自己的网站，上面有详细的关于自己企业及特许经营体系的介绍，所以，潜在受许人可以足不出户在短时间内迅速找到大量信息，这确实是电子时代的一大优势。

②登录专门的特许经营服务性质的网站，比如特许经营的研究中心、投资顾问、管理咨询、信息中介、书籍专卖、知识平台、培训认证、展会展览等，这些特许经营的专业性网站上往往有按照行业、投资数额、地区、国别等进行分类汇总的特许人信息，受许人可以方便地直接得到门类齐全的系统性信息。

③登录诸如阿里巴巴之类的商业中介性网站，上面也会有大量的特许经营供求信息。而且，如果受许人特别感兴趣，还可以通过上面的论坛或留言簿之类工具询问进一步的详细信息。

④登录特许经营的知识性网站，这些网站上也会有关于特许人的信息。而且，这些知识性网站的案例评述很重要，可以很好地帮助潜在受许人正确地看待一些特许人，比如中国特许经营第一网上就有许多关于特许经营知识和案例评述方面的文章，值得潜在受许人借鉴。

⑤登录商务部业务系统统一平台－商业特许经营信息管理的网站，上面公示的特许人企业名录都是成功备案的特许人。但需要注意的是，严格地讲，备案的特许人不一定是好项目；不备案的特许人肯定不具备特许的资质，但未必不是好项目。

（2）参加展会、培训班、研讨会、企业峰会等特许人可能聚集的活动。

随着特许经营的热潮迭起，国内关于特许经营的各类活动层出不穷，潜在受许人尽可以在这些活动中亲身感受特许经营的热度以及进行信息的收集工作。

特别要指出的是，展会是一个很好的信息收集场所。目前国内大大小小的特许经营展会非常多，平均每个月都会有多次。这些展会通常是特许人云集之地，是难得的收集信息的好机会，同时，它的另一个最大好处是潜在受许人可以面对面地直接与特许人进行交流以了解非常详细的信息。展会的信息通常发布在各种媒体上，潜在受许人只要稍加留意就能获知。或者在网上搜索，一般情况下都可以搜到关于展会的具体的时间、地点等安排计划。但到展会上搜集信息的缺点是需要潜在受许人花费一定的人力、财力、精力和时间。

需要额外提到的是，参加特许经营展会还可以为人们提供许多其他有价值的东西，举例如下。

①有机会接触并认识特许经营企业、行业等方面的管理、从业人员，得到更多有关特许经营的资料、信息。

②发现更多新出现的市场机会，而在公开媒体（包括网站）上可能还没有发布相关的信息。

③有机会接触特许经营的杂志、报刊、网站等多种专业媒体。

④实地欣赏、体验特许人的产品、服务、VI 和其他 CIS 的部分内容。

⑤有机会结识与特许经营有关的管理咨询顾问、法律顾问、财会顾问、学者、业内专家、评论家等。

⑥参加常与展会同时举办的关于特许经营的知识讨论会、讲座等，可以接触到最前沿、最新的特许经营知识和实践信息。

⑦有机会和目前现有的受许人进行直接交谈。

⑧有机会结识其他寻找特许权的人。

（3）购买或查阅资料。

潜在受许人也可以直接购买或查阅专门介绍特许经营和特许人信息的载体，比如书籍、杂志、报纸、信息汇编、电子书籍、光盘、广告材料等。

购买或查阅资料的对象可以是政府部门、研究中心、咨询公司、信息中介、展会举办公司、图书馆、进行特许经营研究的学者与专家个人等。

（4）委托专门的服务公司或个人进行。

现在有很多机构和个人在从事信息类的调查、收集服务，比如市场调研公司、信息中介、传播媒体、咨询公司等，潜在受许人可以委托他们进行某些专门资料的收集和整理工作。

（5）询问该行业内的特许人或受许人。

对于已经在潜在受许人准备调查的行业里从事特许经营业务的特许人和受许人而言，他们对本行业的信息一般是既全面又实际的，潜在受许人可以向他们请教，这些真正的行家里手在告诉潜在受许人一些关于行业的信息后，还可能会给潜在受许人一个综合的评价与建议，这是非常有价值的。

（6）在一些特许经营类的协会、商会、同学会、俱乐部等里面寻找。

目前的协会、商会、同学会、俱乐部等大多数属于民间性质的协会，为了经济利益，其中的会员项目鱼龙混杂，潜在受许人应该选择正规的组织。

比如，笔者于2013年12月18日在北京发起并创立的中国特许经营第一同学会"维华会"，宗旨之一就是只挑选孵化优质的海内外特许经营项目以供潜在受许人放心选择。

2. 选择特许人的四步计划

在潜在受许人收集信息的过程中，有些特许人就已经被排除在选择范围之外了，但还是会剩下一些难以取舍的候选人。这时，为了获得最佳结果，潜在受许人要遵循一个按逻辑顺序进行的科学性选择计划。

下面的四步计划，是由美国的Howard Bassuk与Fran Net公司的Gerald Moriarty开发的，它将帮助潜在受许人全面而完整地研究他们可能想获得的特许权（注：为了适应中国的实际状况，笔者对原计划内容有所更改，但尽量保持其原意不变）。

潜在受许人先组建一个包括特许经营管理专家、律师与会计师在内的专业顾问团队，他们能够帮潜在受许人解答专业性的问题并在整个选择过程中成为一个合理化建议委员会。

选择特许人的四步计划的具体内容如下。

第一步，阅读特许人提供的关于其特许权的公开资料并会见受许人或特许人。

· 列出向特许人所提的问题；

· 列出向受许人所提的问题；

· 以电话访谈的方式向8～10名受许人进行询问；

· 做笔记并列出向特许人所提的其他问题；

· 检查潜在受许人自己对于该体系的兴趣水平。

第二步，温习已有问题并重复此过程。

· 温习潜在受许人自己在上一步骤中的笔记；

· 排除已得到充分回答的问题；

· 增加笔记所启发出的新问题；

· 通过面见8～10名以上受许人的方式回答你的新问题；

- 做笔记并记下任何向特许人所提的其他问题；
- 打电话给特许人，寻求问题的答案；
- 检查潜在受许人自己对于该体系的兴趣水平。

第三步，拜访特许人的经营场所。

- 列出潜在受许人想从每次拜访中获得的结果；
- 拜访几个特许经营处所（比如样板店、直营店、加盟店）并仔细做笔记；
- 询问受许人大量问题，尤其是"你愿意再次加盟吗"；
- 检查潜在受许人自己对于该体系的兴趣水平。如果自己能在此生意中发现可以施展才华的机会并对该体系有浓厚兴趣，那么就进入第四步。

第四步，拜访特许人总部以获得关于特许人团队的第一印象。

- 列出将要询问问题的主要对象：招商、培训、财务、运营、营销与客户服务部门的主管；
- 请一名会计师确定特许人的财务实力，并请潜在受许人自己的特许经营顾问研读特许人提供的公开性特许经营体系资料及特许经营合同；
- 花费大量时间来仔细研读潜在受许人在上述整个过程中的全部笔记以及特许经营顾问们的结论，并决定此特许人项目是否适合潜在受许人。

在对未来的特许人进行选择的过程中，潜在受许人要善于高效地利用排除法，因为就目前国内的实际情况看，一个行业内可能有数百家甚至数千家特许人，少的一般都会有数十家。显然，对每个特许人都来一遍上述的四步法，等潜在受许人进行完所有的鉴别工作后，恐怕几年的时间都过去了。因此，潜在受许人在实施上述四步法的每一步，都要将那些不合格的特许人立即剔除，这样就可加快甄选速度、提高资源利用率。对那些处在剔除与不剔除两可之间的特许人，可以先把他们放置一边，等容易决定取舍的选择完毕之后，再集中对这些主要疑问对象进行处理。

【专题】加盟前的加盟店实地考察，一定要注意这几点

加盟商在加盟前的一项重要工作就是对意向加盟盟主或特许人的加盟店进行考察。在考察中，如下几点是特别需要注意的。

1. 是否有托儿

尤其是在特许人的招商人员带你去考察或指定时间、地点让你去考察时，你一

定要小心，因为很有可能盟主在你去之前就已经安排下了大批的托儿，所以你看到的店面生意兴隆、消费者交口称赞、加盟商非常满意等状况极有可能都是托儿们营造出来的虚假现象。

2. 查看不同地理位置的店

对于那些地址位置特别好的店面，即便生意再兴隆，如果你将来的店址选不到此类地面的话，那么，生意兴隆的结果是不具备复制性的，也就是说，你未来的加盟店不一定能盈利。

3. 不同的时间

你去考察店面的时候，一定要在不同的时间段内都去看，绝对不能只看某个时间段的店面状况。很显然，店面的生意通常都会受到季节、早中晚、工作日和休假节日等不同时间段的影响。

有时，在店面淡季的时候去查看，或许你能得到更好的调查结果。如果那些店面在淡季都能生意火爆，那你就不用犹豫了；而如果在旺季的消费状况都一般的话，这样的店面，你最好不要轻易加盟。

4. 实际消费

你最好以突然拜访、陌生顾客的身份实际消费或体验一次，只有这样，你才能对其经营的更多方面有切身的体会。当然，邀请你的不同身份、年龄的朋友们分别在不同的时间、店面或者以"找茬"的目的去消费体验也是个非常不错的考察方法。

5. 实际访问消费者

你一定要和店内的不同消费者交流，听取他们对于店面的好的和不好的意见。

6. 访问周边邻居以获得真实信息

店面的邻居通常会对该店的实际营业状况非常清楚，所以拜访并聆听他们的判断是非常有价值的。

7. 店的每个位置都要看

你要仔细查看店面的每个位置和角落，如果可能的话，尽量包括店面的周边、门前、外表、大厅、厨房、包间、仓库、桌椅、设备、卫生间等。

8. 店的每个方面都要看

对于店面的产品、环境、服务，包括卫生状况、标准化程度、工作热情度等，都要仔细查看，并对照结果看是否和招商人员介绍的一样。

9. 既看好店，也看不好的店

你既要查看经营好的店，也要查看经营不好的店，然后分析经营好坏的原因究竟是什么。比如，如果经营不好不是由于地址、人员努力不够、刚开业等非特许人的原因，而是产品、品牌、盈利模式等特许人的原因的话，那么，这样的特许人项目，你最好要谨慎加盟。

10. 老店、新店都要看

通常，由于开业促销、顾客尝鲜心理等原因，很多行业的新店都会遇到开门红的情况，所以这时的店面经营状况是不能作为日后常态化经营的参考依据的。如果一家店经营了多年以后依旧火爆，那么，这样的特许人项目的可信度就会更高一些。

11. 不能"只见新人笑，不闻旧人哭"

意思是说，加盟商在考察加盟店的时候，既要查看已有的加盟店，也应查看退出的加盟店，并详细了解其退出的原因。有时，身在其中的加盟商无法给出有价值的结论，只有已经退出的加盟商才能告诉你特许经营体系的真相。

三、特许经营体系的评估

1. 项目评估

在选择与决定特许人的过程中，潜在受许人还应亲自或者请特许经营专家对选中的特许人进行评估，并征询其他专业人士、合伙人和亲朋好友等各方人士的意见。评估的结果应该是明确的结论和建议。

（1）评估的内容。

·特许人企业的起源、发展历史、主要人物的资历。

·特许人的特许经营体系发展历史：何时开始、原因、是否有欺诈受许人的记录、加盟店的数目变化轨迹。

·特许人的市场份额、经营绩效、规模、实力等。

·特许人的经营理念。

·特许人的品牌和声誉。

·特许人的人力资源状况。

- 特许人的资金状况。
- 特许人体系的市场目前进入了哪个阶段，市场份额的变化历史、未来趋势如何。
- 特许人的产品或服务正处于生命周期的哪个阶段，质量、价格、市场、前景等如何。
- 特许人原材料的供应是否稳定。
- 特许人的工业产权和/或知识产权状况，比如专利、秘方、核心技术等。
- 特许人的经营能力。
- 在产品或服务的营销与体系的营销上哪个更擅长，具体状况如何。
- 该行业的竞争状况。
- 特许人及其特许经营体系曾获得的惩罚和奖励状况。
- 受许人对特许人的评价。
- 特许人单店的顾客或最终消费者对特许人的评价。
- 合作者、供应商、政府管理部门、竞争者、社区公众等其他特许人的利益相关者对其的评价。
- 受许人的成败比率和原因。
- 各种单店的盈利状况，以及与同行相比单店的业务会受到哪些受许人不可控制的因素影响。
- 特许人特许经营体系的构建质量如何，物流配送、信息系统等是否先进，体系布局是否合理。
- 特许人对受许人加盟的规定、费用收取状况、对受许人的要求内容、合同具体规定等。
- 特许人对受许人的支持措施与承诺是否一致，以其培训、督导体系的发展情况。
- 特许人的未来发展战略。

（2）评估的性质。

- 技术性。保持技术上的先进是根本，任何人都很容易掌握的技术是不会形成进入壁垒的。时代越发展，技术越重要。
- 经济性。无论如何，单店的盈利都是必需的，这既是维持简单再生产的前提，也是扩大再生产的基础。

·先进性。产品或服务落伍的企业早晚要破产，先进性是受许人至少在相当长的时间内可以依赖特许经营事业实现自我价值和加盟目的的保证。

·竞争性。现代的市场规律就是优胜劣汰，而且，未来的竞争只会愈加激烈而不会有减缓趋势，没有竞争性的企业一定会在最短的时间内从市场上消失。

·可持续发展性。昙花一现式的特许经营体系是不适合加盟的，受许人加盟大多是为了在一个较长的时间内拥有属于自己的一份事业。

·环保性。绿色和环保是时代发展的大势所趋，这是对人对己负责的基本原则。

·合法性。这是显然的，加盟违法事业赚取的不是价值和利润，而是危险和毁灭。

·市场性。特许人体系的产品或服务有市场是其一切发展的前提，没有市场的产品或服务最多只有使用价值，而没有社会价值和存在价值。

·时代性。随着社会的发展，个性化、品位化的消费渐成趋势，特许人体系及其产品或服务的时代性是使这份事业充满动力、不断上进的源泉。

·可学习和复制性。这是非常关键的，因为特许经营本身就是"克隆"之术，再好的企业模式如果不能被受许人学习和运用，那么其就肯定不适合做特许经营。

（3）评估的方法。

在具体的评估方法上，专家们给出了各自的观点。比如有人认为，对一个特许经营体系的评估应分为三个部分，即加盟店数量、经营状况及整体素质。

在加盟店数量方面，专家们认为，特许经营体系的成熟度与加盟店的数量成正相关关系，亦即加盟店数量越多，体系就越成熟，也越安全。甚至有人还给出了大致的定量评估标准，如表9-6所示。

表 9-6　加盟店数量与体系成熟度、风险之间的关系

加盟店数量（家）	体系状态	风险系数
1～10	体系正处于摸索与起步阶段，许多内容正在设计或试验之中，特许人推广体系已花了大量资金，目前正急于招募受许人，因此体系是否能保证成功不得而知	较大
11～40	特许人有一定经验，体系虽较成熟，但结构尚未完善，各店有好有坏	一定的风险
41～100	体系已经接近完善和成熟，特许人的市场经验丰富	较小
100 以上	体系进入稳定发展阶段，品牌等特许权均比较成熟	很小

但是笔者需要提醒读者的是，加盟店的数量只能从一个方面而绝对不能从全部方面来反映特许经营体系的成熟度与可加盟性，因为加盟店的质量更重要。如果一个特许人企业招募了大量的受许人，但受许人的死亡率非常高的话，那么，加盟这样的特许人体系的风险是非常高的；相反，有的特许人体系虽然只有少量的受许人，但受许人的成功率非常高，那么，这样的特许人体系是值得加盟的。

在经营状况方面，中国台湾专家李辛模先生提出了若干标准，值得我们参考借鉴（注意，这是台湾地区的情况，大陆地区的企业在考虑具体的数值时，因时间、地点、经济发展水平等条件不同，数值的大小也是不同的），如表 9-7 所示。

表 9-7　经营状况与加盟可行性

序号	评估对象	评估指标	指标结果	评估结果
1	美誉度	目标顾客对该体系的认可度	60% 认可	可考虑加盟
			80% 赞不绝口	可以积极加盟
			认可者不到 30%	最好不要加盟
2	成功率	直营店	最少应有 10 家直营店，且 9 家以上是盈利的。	可以加盟
3	独特性	总部的产品或服务	有独特性	可以加盟

第9章　潜在受许人之成功加盟攻略

续表

序号	评估对象	评估指标	指标结果	评估结果
4	竞争性	特许经营品牌的竞争地位	领导者	可以加盟
		市场占有率	20%以上	
5	获利性	产品或服务的毛利率	低于25%	不要加盟
			25%~40%	可以加盟
			40%以上	最佳加盟对象
6	必需性	顾客需用总部提供的产品或服务的频率	每一两天需用一次	最佳加盟对象
			每周需用1次	佳
			每月需用1次	差
7	损益性	以每月营业额计算的损益平衡点	小于5000元（新台币，下同）	最佳
			5000~1万元	佳
			1万~2万元	一般
			2万元以上	差
8	投资额	最初投资额	25万元以下	最佳
			25万~40万元	佳
			40万元以上	差
9	难易性	外行人为熟练经营所需的培训时间	受训练一周，实习一周，开店后辅导一周	可以进入，难度较大
10	支持力	总部提供的经营技术、辅导人员素质、任职时间长短、企划活动是否有效等	有效	可以加盟
11	控制力	加盟制度是否完善，具体包括：营业管理系统及执行办法；加盟店的人力、物力、财力支援系统；钱物、收银方面的管理办法；顾客组织与管理办法；订单流程管理系统；持续和分阶段的教育训练办法	完善	可以加盟
12	合作性	加盟条件、契约是否合理，有无律师进行有关指导与咨询	合理且有律师指导	可以加盟

续表

序号	评估对象	评估指标	指标结果	评估结果
13	未来性	是否为成长性行业，是否越来越为消费者所依赖	是	可以加盟
总计		以上13点可按5个等级评分，优级10分，佳级8分，普通6分，略差4分，极差2分。最后，考察以上13项的总分	100分以上	可放心加盟
			80~100分	考虑你能否接受总部的缺点
			80分以下	最好不要加盟

国际特许经营协会则提出了关于评估特许经营项目的四个标准，并给出每种标准的重要度指标，如表9-8所示。

表9-8 国际特许经营协会评估特许经营项目的四个标准及其重要度

序号	评估对象	评估内容
1	综合性评估	产品或服务、连锁范围、既存店情况、加盟店歇业原因、新产品及服务发展趋势、竞争态势、加盟店分布形态、加盟条件内容
2	特许经营总部评估	名称、地点、是否为上市公司、类别，若非上市公司，那么负责人的信用状况如何
3	财务及法律评估	专家咨询——法律、财务、经营管理；加盟成本分析——开业资金、给付总部费用、哪些费用可以退还；财务支援——总部是否提供资金给加盟者、利率多少
4	培训评估	初期培训——时间长短、费用、课程；后期培训——课程、费用
5	市场营销评估	如何销售产品或劳务，如何获得销售指南，目标顾客是谁，总部广告预算如何，如何选择媒体，对加盟店提供何种促销
6	总部的协助评估	经营者与管理者是谁，有哪些服务部门，是否有专人协助经营指导

在阅读了各方对于特许人企业的评估指标和系统之后，笔者发现这些指标和系统在全面性、科学性、与时俱进性、可实操性等方面都存在着这样那样的不足，为

此，笔者研发与提出了一整套完整的特许人企业的评价模型，即"维华加盟指数"（WFI），读者可以借助这个指数对特许人企业进行科学的评估。

【实例】维华加盟指数（WFI）

一、维华加盟指数产生的背景——时代的必然

一个半世纪前在美国，30多年前在中国，当特许经营这种方式出现并迅速地成为创业者们创业的首选方式以来，加盟在帮助无数的连锁企业和店主们快速、高效、低成本、低风险地实现扩张、占领市场、铸造一代又一代著名品牌的同时，也已经让全世界数以千万计的创业人实现了他们的人生梦想。事实已经充分证明，特许经营与加盟在改变了创业人的人生同时，也改变了我们共同生活的这个世界。

然而，与之俱来的不好的一面是，大量的创业者在选择特许人项目时，由于缺乏有效的选择依据和鉴别标准，在无数因广告、宣传、包装、软文、炒作、评比、排行等而令人眼花缭乱的各色项目前面迷失了方向，结果便是大量的创业者或潜在受许人以失败、破产等悲惨的方式，倒在了自己实现创业梦的路上。

因此，各个实行特许经营的国家和地区都在以各种方式试图建立选择特许人的有效依据，以最大化地减少虚假特许人的欺诈行为，减少创业者加盟的失败风险。

在美国、欧盟、亚洲、非洲等国家和地区，政府以法律的形式强制特许人以类似于备案的方式获得严格条件下的特许经营资质，并以类似于签订正式合同前进行约定形式的信息披露（比如美国的UFOC，用23项详尽的主体细节内容来涵盖加盟时事先必须知道的事项）来进一步确保特许人项目的真实性以及创业者在最终决定选择前的知情权，研究机构与行业协会等以道德标准（比如丹麦的《丹麦特许经营协会社会责任与商业道德规范》）、创业知识、加盟技巧、品牌评选、匾牌评级（比如德国特许经营协会的"体系检验"）等指导创业者们在海量的真真假假的加盟项目面前选择真正值得加盟的好项目，媒体、已经进入和退出的受许人们以自己的切身体会和包括论坛、微博、Twitter、微信、抖音、头条等在内的自媒体形式告诉后来者、计划进入者们自己的经验和教训，创业专家们则拿出了各种各样的选择项目的依据、标准、流程和方法；招商类的网站、平台、外包公司们则以受许人的关注度、成交额等实际发生的数据来对项目进行热门排行。如此等等，不一而足。

但纵观国内外，上述那些用以评价一个特许人项目可加盟性的指标、方式等都比较零散、随意、主观和缺乏科学性，所以，包括中国在内的全世界特许经营界的一个总体事实就是，各方面都在迫切地呼唤一个科学的、系统的，能真正有效地帮助创业者们选择、鉴别项目的依据的诞生。

在这样的背景之下，经过了30多年起起伏伏的发展、光荣与黑暗并存的中国特许经营市场建立一个统一的"加盟指数"已是迫在眉睫、势在必行，于是，"维华加盟指数"便应运而生。

二、"维华加盟指数"介绍

"维华加盟指数"（Weihua Franchise Index，WFI）的四大方面、60个细分指标基本涵盖了辨别一个项目优劣的全部方面。在特许人企业提供了这些指标的信息之后，按照设定的打分标准，最后计算出的一个总分就可以客观、综合地评价一个特许人项目的可加盟性。

为了便于比较，"维华加盟指数"的指标系统还同时给出了具备加盟可行性的另两类比较性的数值：最低分或及格分，平均分或一般分。创业者们需要记得的是：如果一个特许人项目的总分值低于最低分或及格分，那么，这个项目是不值得你加盟的；如果一个特许人项目的总分值在最低分或及格分与平均分或一般分之间，则这个项目的加盟价值不大，换句话说，就是你的加盟风险较大；只有那些高于平均分或一般分的特许人项目，才是优秀的加盟项目。

"维华加盟指数"是评价一个特许人的特许经营业务优良度的最重要的综合性指标，可帮助和指导创业者或潜在受许人做出最终的加盟决策，也可作为特许人提升自己特许经营体系业务的全面性主要依据。该指数已经成为创业者或潜在受许人们选择项目时的第一依据。

该指数由笔者综合考虑了美国、欧盟、亚洲等全球多个国家和地区的政府、研究机构、行业协会、媒体等特许经营领域对于特许人加盟可行性的评判标准，并结合中国目前的特许经营市场实际状况而于2014年2月9日正式完善与发布。它的价值与意义类似于衡量一个国家或地区发展程度的GDP、衡量个人财富等级的胡润与福布斯排行榜、衡量空气污染程度的PM2.5值。

需要特别提醒所有创业者或潜在受许人们的是："维华加盟指数"的指标体系非常严格，所以只有那些正规的特许人企业才有信心和胆量参与评价，虚假的骗子项目根本不敢参评。

"维华加盟指数"的具体指标与计算方法，如表9-9所示。

表9-9 "维华加盟指数"的具体指标与计算方法

一级指标	序号	二级指标	加减分规则	最低分或及格分	平均分或一般分
法	1	是否备案	是则加10分，否则扣50分	10	10
	2	备案时间	每1年加1分	1	3（从2007年算起）
	3	企业法人营业执照或其他主体资格证明	有则加10分，否则扣50分	10	10
	4	注册商标	有则加10分，否则扣50分	10	10
	5	国家法律法规规定经批准方可开展特许经营的产品和服务	有批准文件的加10分，否则扣50分	10	10
	6	至少两家直营店	有则加10分，否则扣50分	10	10
	7	至少两家直营店历史超过一年	有则加10分，否则扣50分	10	10
	8	按规定进行信息披露的	有则加10分，否则扣50分	10	10
	9	与特许经营相关而被政府部门处罚的	一次扣10分	0	0
	10	与特许经营相关而被法院处罚的	一次扣10分	0	0
	11	被受许人起诉败诉的	一次扣10分	0	0
	12	符合国家发展规划与政策	是则加10分，否扣50分	10	10
商	13	企业标志	有则加5分，否则不加不减	0	5
	14	专利、版权、专有技术等	有一项加5分，否则不加不减	0	5

续表

一级指标	序号	二级指标	加减分规则	最低分或及格分	平均分或一般分
商	15	直营店数量	有一家加1分	2	5（以每家平均5家直营店算）
	16	直营店分布的省份	一个省加1分，其他国家或地区一个加2分	1	5（以平均分布5个省算）
	17	直营店成功比率	85%以下扣50分，86%~95%的加10分，96%以上的加40分	10	25
	18	加盟店数量	有一家加1分	1	5（以每家平均5家加盟店算）
	19	加盟店分布的省份	一个省加1分，其他国家或地区一个加2分	1	5（以平均分布5个省算）
	20	加盟店成功比率	65%以下扣200分，66%~75%加10分，76%~85%的加20分，86%~95%的加30分，96%以上的加60分	10	60
	21	选址是否容易	很容易的加20分，一般的不加不减，不容易的扣20分	0	0
	22	企业成立年数	1年加3分	3	9（以平均3年计算）
	23	企业开展特许年数	1年加5分	5	15（以平均3年计算）
	24	特许人或其关联方过去2年内破产或申请破产	有则扣50分，否则不加分	0	0

续表

一级指标	序号	二级指标	加减分规则	最低分或及格分	平均分或一般分
商	25	具备完善系列手册的	有则加50分，否则扣200分	50	50
	26	具备完善系列合同的	有则加50分，否则扣200分	50	50
	27	市场、企划、招商、营建、培训、督导、物流配送、研发等体系与部门健全的	缺一项扣30分，否则不加不减	0	0
	28	投资回报率	20%以下加10分，21%~30%加15分，31%~40%加20分，41%以上的加30分	10	18
	29	单店初期投资额	10万元以下的加50分，11万~15万元的加40分，16万~25万元的加30分，26万~50万元的加20分，51万~100万元的加10分，101万元以上不加分	0	75
	30	投资回收期	6个月以内的加50分，6个月~1年的加40分，1~2年的加30分，2~3年的加10分，3年以上的不加分	0	65
	31	中国特许经营第一同学会"维华会"会员	是则加50分，否则扣50分	0	0
	32	维华商创顾问辅导过的	是则加50分，否则不加不减	0	0
	33	维华商创培训过的	是则加50分，否则不加不减	0	0
	34	驰名商标	是则加50分，否则不加不减	0	0
	35	老字号	是则加50分，否则不加不减	0	0
	36	董事长或总经理为社会名人	一个加50分	0	0
	37	上市公司	是则加50分，否则不加不减	0	0
	38	有先进的MIS或ERP系统的	是则加30分，否则不加不减	0	0

续表

一级指标	序号	二级指标	加减分规则	最低分或及格分	平均分或一般分
商	39	成熟的电商或O2O体系的	是则加30分，否则不加不减	0	0
	40	行业地位	前3名加50分，前4~10名加20分，11名之外不加分	0	35
	41	行业或品牌知名度	著名的加50分，知名的加20分，一般及以下的不加不减	0	35
	42	易于复制	是则加30分，否则扣30分	0	0
	43	定位清晰	是则加30分，否则扣30分	0	0
	44	特色明显	是则加30分，否则扣30分	0	0
	45	核心竞争力突出	是则加30分，否则扣30分	0	0
	46	市场未来灿烂	是则加30分，否则扣30分	0	0
	47	产品或服务的技术先进水平	落后扣50分，一般不加不减，先进加50分，很先进加50分	0	50
	48	创新能力	有则加30分，否则扣30分	0	0
	49	年营业额	每一千万元加10分	10	30（以平均三千万计算）
	50	核心产品是自有品牌的或自有生产基地	有则加10分，否则不加不减	0	0
德	51	与特许经营相关而被媒体负面曝光的	中央性媒体一次扣100分，全国性媒体一次扣30分，区域媒体一次扣15分，省市级媒体一次扣10分	0	0
	52	与特许经营相关而被媒体正面传播的	中央性媒体一次加100分，全国性媒体一次加30分，区域媒体一次加15分，省市级媒体一次加10分	10	78
	53	对外招商广告时有虚假宣传内容	扣50~100分	0	0

续表

一级指标	序号	二级指标	加减分规则	最低分或及格分	平均分或一般分
德	54	慈善公益活动	全国性的一次加30分，区域的一次加15分，省市级的一次加10分	10	28
德	55	荣誉牌匾奖项	中央性的一次加50分，全国性的一次加30分，区域的一次加15分，省市级的一次加10分	10	53
德	56	产品或服务对消费者和社会的责任	有则加30分，否则扣30分	0	0
情	57	建立完善的受许人沟通体系	有则加30分，否则扣30分	0	0
情	58	受许人月会、季会、年会	缺一项扣30分，有一项加20分	20	20
情	59	现有和已退出的受许人满意度抽样调查	满意率50%以下扣200分，51%~60%加扣100分，61%~70%扣50分，71%~80%扣10分，81%~90%加50分，90%以上的加100分	50	75
情	60	对待受许人是"服务""支持""感恩"而非"管理""管控""施恩"的心态和行为	有则加30分，否则扣30分	0	0
总分				334	884

四、确定加盟形式、实体，定项与签约

1. 确定加盟形式

在选择了特许人之后，潜在受许人就要决定自己加盟的特许经营形式了。各种形式自有其优点和缺点，潜在受许人要综合考虑自己的实力、兴趣、发展规划、投资收益、便利性、特许人是否许可等诸多因素，为自己选择一种适宜的形式。

潜在受许人所加盟的特许经营的形式也就是特许人特许经营的类别。根据特许

内容的不同，特许经营可以被分为三大类。

（1）商品商标特许经营，或称产品和品牌特许经营，又可分为商标特许、产品特许、品牌特许。

（2）生产特许经营。

（3）商业模式特许经营或特许连锁。

对于商业模式特许经营而言，按照不同的分类标准，还可以再进一步地进行细分。

（1）按照受许人的授权领域大小，商业模式特许经营最基本、最常见的形式有三种：单店特许经营；多店特许经营；区域特许经营，又分为区域直接特许经营和区域复合特许经营。

（2）根据特许权授予方式的不同，商业模式特许经营可以分为四个主要类别：一般特许经营；委托特许经营，又称代理特许经营；发展特许经营；复合特许经营。

（3）按受许人能否将获得的特许权再特许，特许经营被分为两类：直接特许；复合特许。

（4）根据受许人的权利范围不同，可以把特许经营分为四类：单体特许或单店特许；区域开发；代理特许或主体特许；二级特许或次特许。

（5）按开设加盟业务所需要的资金额从小到大、单店面积从小到大、单店雇佣员工人数从小到大的顺序，把特许经营分为以下三种类型：工作型特许经营；业务型特许经营；投资型特许经营。

潜在受许人可以根据前文的内容，了解每类特许经营即加盟的形式，然后选择一个或几个最适合自己的形式。

除了新开设加盟店或加盟业务之外，潜在受许人也可以接手转让已有的特许权业务。

新开设加盟店或加盟业务意即受许人在某处新建设单店、多店或区域加盟业务。接手转让的特许权指的是潜在受许人接手本体系中业已存在的前任单店、多店或区域加盟业务，可以是直接接手那些业已存在的店或区域加盟业务，也可以是接手这些业已存在的特许权的专营区域，而由潜在受许人另选地址建设单店或多店。

2. 选择自己加盟的企业实体形式

潜在受许人在加盟时，有的特许人要求潜在受许人必须是法人的形式，有的特许人则允许潜在受许人以自然人的身份加盟。但潜在受许人加盟后要成立的是一个需要在工商管理部门注册的单店或企业，因此，无论如何，他／她都要为自己的单店或企业选择一种企业实体形式。

世界各国和各个地区对于企业形式的划分和定义是不完全相同的，比如根据中国香港法例，商业组织大致可分为三种：独资企业、合伙企业及有限公司。美国境外投资者可以选择的在美国经商的主要企业形式有：公司、非美国公司的美国子公司、非美国公司的美国分支机构、有限责任公司、合伙、无限责任合伙、有限合伙、有限责任合伙。合资企业是由两个或多个非关联企业共同设立的商业企业。合资企业可以采用公司、有限责任公司或合伙的形式。个人单独投资或夫妻投资可采用另一种模式，即俗称"个体户"的个体企业。

在我国，企业形式是分为两个大的类别，内资企业和外资企业，每个类别里再予以进一步细分。

（1）国内投资企业或内资企业。

主要形式分为五类：合资经营、合作经营、股份经营、独资经营、私营。按照是否根据现代公司制度设立，内资企业又分为公司和非公司企业两大类。

关于公司，按照《中华人民共和国公司法》的第一章"总则"的规定，"本法所称公司是指依照本法在中国境内设立的有限责任公司和股份有限公司。……有限责任公司和股份有限公司是企业法人。有限责任公司，股东以其出资额为限对公司承担责任，公司以其全部资产对公司的债务承担责任。股份有限公司，其全部资本分为等额股份，股东以其所持股份为限对公司承担责任，公司以其全部资产对公司的债务承担责任"。

非公司企业即未依《中华人民共和国公司法》设立的公司，通常有两种分类方式：其一按出资方式和责任形式分为合伙企业、独资企业和股份合作企业；其二是按所有制形式，非公司企业划分为全民所有制企业即国有企业、集体企业；私营企业、联营企业。

其中私营企业是指企业资产属于个人所有、雇工8人以上的营利性组织。私营企业设立的法律依据是《中华人民共和国私营企业暂行条例》，分为三种类型：私营独资企业、私营合伙企业和私营有限责任公司，其中前两类企业不具有企业法人资格。私营有限责任公司经依法登记注册取得企业法人资格。

另外，有经营能力的城镇待业人员、农村村民以及国家政策允许的其他人员，可以申请从事个体工商业经营，依法经核准登记后为个体工商户。个体工商户可以个人经营，也可以家庭经营。个人经营的，以个人全部财产承担民事责任。家庭经营的，以家庭全部财产承担民事责任。

（2）外商投资企业或外资企业。

外商投资企业是指外国投资者根据我国的法律规定，与我国企业共同投资设立或外国投资者单独在我国境内设立的合资经营企业、合作经营企业、外商独资企业的总称。

中外合资经营企业是依据《中华人民共和国中外合资经营企业法》设立的股权式企业。中外合作经营企业是依据《中华人民共和国中外合作经营企业法》设立的契约式合营企业。外资企业是依据《中华人民共和国外资企业法》设立的、全部资本由外国投资者投资的企业。

不同的企业形式对应着不同的权利、义务，也有着各自的利弊，因此，选择企业的实体形式是一件很重要的事情，除了考虑到自己的兴趣、特许人建议以及行业流行的"惯例"等因素外，潜在受许人还应考虑自己对不同企业形式在如下各个方面的认同或期望。

· 法律基础（企业章程或协议）；

· 法律地位（是否法人、非法人营利性组织、非法人经营主体）；

· 责任形式（有限责任、无限责任、无限连带责任）；

· 投资者身份限定（法人、自然人）；

· 股东或所有者数目的限制；

· 操作和结构的复杂性；

· 所有者对商业债务的法律责任；

· 注册资本额限定（法律规定还是投资者自己约定）；

· 出资方式（货币、实物、土地使用权、工业产权和/或知识产权或者其他财产权利、劳务等）；

· 出资评估人（投资者自己协商决定还是必须委托国家指定的评估机构）；

- 成立日期（一般皆为营业执照的签发日期）；
- 章程或协议生效条件（只要股东们签字就成立，还是在公司成立日自动生效）；
- 财产权性质或财产所有者；
- 财产管理使用者；
- 出资转让的条件；
- 股份的转移难度；
- 经营主体（股东或合伙人本人、委托外聘人员等）；
- 事务决定权；
- 事务执行权；
- 利亏分担约定（按投资比例、平均分配、投资者个人所有等）；
- 分配利润的所得税（公司税、业主个人所得税等）；
- 解散程序（注销和公告）；
- 解散后义务（解散后多长时间内仍需承担责任）。

3. 选定项目并筹集资金

选定了项目以及确定自己未来单店或多店等事业形式之后，潜在受许人面临的第一个，也经常是最大的一个问题就是资金的筹集。

除了动用自己的资金之外，潜在受许人还应学会资金资源的外取。关于资金资源的自制与外取的详细内容，请读者参阅笔者的专著《企业全面资源运营论》（北京机械工业出版社，2003）。关于财务资源外取的简单介绍，请参见后文"如何外取创业所需的财务资源"一节。

4. 签订特许经营合同

潜在受许人加盟的最后一个步骤就是愉快地签约了，但笔者仍然需要再提醒一遍的是，潜在受许人在签约之前，一定要逐条地详细阅读和研究特许经营合同的内容，最好请专门的特许经营顾问或特许经营律师帮助审核，确认无误后，潜在受许人就可以在签约方的位置上写下自己的名字了。

9.6 受许人如何制订《加盟商业计划书》与筹集资金

一、受许人制订加盟商业计划

《加盟商业计划书》是一份非常重要却常常被忽视的文件。潜在受许人常常认为，所有必需的计划都已经由特许人完成，一旦店址或地址选定、"扩建"和开业之后，他们所需要做的所有事情就是打开门欢迎他们的客人，他们只需要遵照特许人早已编制好的并宣称是经过实践检验成功的运营手册来按部就班地执行即可。

但事实并不是这么简单，虽然特许人已经为特许经营体系的成长做好了很完美的规划，但受许人仍然必须处理经营、市场和人力等实际运作中的现实问题，而这些都是受许人的市场所在地独有的，那些特许人的手册可能在某些方面并不完全适合这个特定受许人的特定市场。因此，即使特许人的发展规划、经营手册和后期持续的支持、指导、培训等可以帮助受许人，但受许人仍然必须为其即将经营的场所和市场制订一份商业计划书。

匹兹堡卡兹商业研究生院的小商业发展中心及家庭企业中心的主任安·杜干先生为我们提供了一份受许人的《加盟商业计划书》的样板，可供我们学习借鉴。

他把一份完整的受许人的《加盟商业计划书》分为五大部分（为适应中国读者需要和考虑到普通商业计划书的特点与内容，笔者对其做了部分更改和增删）。

第一部分：封面。

（1）特许人公司总部的名称和地址。

（2）受许人的姓名、地址和电话号码。

（3）计划日期。

第二部分：执行概要。

主要是由受许人对此商业计划书进行简短的综述或"一览"。要表达的内容包括：声明受许人的目标、受许人开展此加盟的计划、向阅读者表明受许人实施这份计划的决心和信心。

说明此商业计划的目的是为受许人日后的经营和计划服务做指导性作用、使受许人的特许人确信受许人能够处理主要合同和辅助合同、可能被用于为受许人筹集资金提供帮助，同时，此商业计划书还应引起它的所有可能的潜在阅读者的兴趣并依此来获得来自他们的相关帮助，这些潜在的阅读者包括私人投资者或商业投资者、单店房屋出租人或出租公司、受许人的家人和朋友、受许人未来单店的管理者和关键职员、受许人的供应商、社区民众、政府主管部门等。

概要部分的文字应简洁、概括、有力度，力争用最少的语言表达出最多、最重要的信息。

第三部分：关于企业。

（1）特许权描述：主要是关于此特许权和特许人的基本信息。

（2）产品/服务描述：包括核心产品、形式产品和外延产品三个部分。

（3）市场描述：单店或加盟业务的主要顾客以及顾客的特征等。

（4）特许经营场所描述：利用受许人的调查结果，说明选择这个单店或加盟业务的场所的原因、好处，同时描述单店或加盟业务场所周围的环境交通模式、进出口、停车场、相邻企事业和其他市政公用设施。

（5）竞争分析：直接和间接的竞争者是谁，为什么此特许经营体系的产品或服务更好，为什么顾客愿意到这个加盟店或加盟业务场所这边来，等等。

（6）管理：什么人在负责企业的这五个方面：经营、财务、会计、职员和市场营销，状况如何。

（7）人力资源：整个的人力资源规划是什么。

（8）特许经营合同：简要地叙述特许经营合同的关键点，详细的合同请阅读者参见本计划书的附件部分。

第四部分：财务数据。

（1）资金来源和应用安排。

（2）设备列表：包括设备的数量、价格、来源等。

（3）租赁房产的装修：状况描述与价格、装修商等。

（4）供应品的来源：是受许人自己购买，还是特许人配送。

（5）额外特许经营义务：比如受许人要每月交纳占总销售额5%的管理费和占总销售额2%的全国广告费。

（6）损益计划（损益表）：损益表也称为盈亏平衡表或营业报表，提供特定时期内受许人业务运营财务状况的动态图。具体包括三年汇总、第一年的月明细、第二年和第三年的季明细、注释说明。

（7）现金流量分析、计划：现金流量分析必须说明受许人的业务需要多少现金，何时需要，是否必须寻求权益、债务、营业利润或固定资产销售，现金取自何处等内容。现金流量计划是在预算业务的现金需求，说明在一定时期内现金在企业中的流入和流出。现金的流入来自业务的销售、应收账款的收款、资本注入，以及类似项目，现金流出为所有费用的现金支付额。具体包括第一年的月明细、第二年和第三年的季明细、注释说明。

（8）盈亏平衡分析（如果适用的话）。

（9）现有受许人的历史财务报表或转变。具体包括前三年的资产负债表、前三年的损益表、纳税申报单。

第五部分：附件。

本商业计划书的附件可以包括：特许经营合同；受许人个人简历；受许人财务状况表；证明信；单店房屋租约副本；供应商合同；其他与计划相关的文件。

综上所述，只要你认真按照上面所列的五个方面来制计加盟计划，那么可以肯定的是，你掉入加盟陷阱的概率会大大降低，而一个真正属于你自己的事业也有了一个良好的开端。

二、如何外取创业所需的财务资源

首先必须明确的是，创业所需要的财务资源指的是各种长期与短期资金、固定与流动资金、现金、股票、债券等。因此，财务资源的外取就是指潜在受许人或创业者对于外界这些财务资源的获取并利用。

财务资源对于潜在受许人或创业者的重要性是不言而喻的。

首先，在实践中，财务资源缺失的影响是非常巨大的。潜在受许人或创业者的许多伟大或奇妙的构思、计划、方案、战术战略等可能会仅仅因为缺"钱"而最终无法变成现实，许多有着远大抱负与宏伟志向的潜在受许人或创业者可能会仅仅因为缺少必要的启动资金而一再贻误时机，此外由于财务资源缺失而使潜在受许人或创业者陷入困境甚至破产的例子也比比皆是。同时，判断一个企业运营状况良好与否的重要标志或主要参考之一就是看它的财务状况如何，而这也正是上市公司的上市前申请以及上市定期公告中必须揭露其财务状况的重要原因之一。总之，无须更多赘述，财务资源在实践中对于潜在受许人或创业者的作用是必不可少的。

其次，在理论上，人们很早就对财务资源给予了足够的重视并进行了深刻的研究。马克思早在其《资本论》中就认为，资本主义得以发展、企业得以建立的三个基本前提就是"资本、土地、劳动力"。而由于财务资源的极其重要的作用，早期的人们是把资本等同于企业的财务资源的。比如经济学的普遍理论就认为"资本是指企业从事生产经营活动而垫付的本钱"[①]。其实，中国古代就有"资本"一词，如《辞源》有注："资本"一词最早见于元曲选"萧德祥杀狗劝夫"——"从亡化了双亲，便思营运资本，怎得分文？"清平山堂话本"错认尸"中："这在乔俊看来，有三五贯资本，专一在长安崇德收丝，往东京卖了"。这里的"资本"其意均指本金或本钱。而在国外，"资本"（capital）一词源自拉丁文，原义指人的"主要财产""主要款项"，系由15和16世纪时的意大利商人提出，指可以盈利、生息的"凭借"。这些早期的中外关于资本的含义很明确，就是专指在经营中能带来经济利益的本金或本钱，人们往往把企业的资本等同于企业的财务资源。虽然随着时代的变迁，资本的含义也逐渐扩大，比如《新华字典》中是这样解释资本的：①掌握在资本家手里的生产资料和用来雇佣工人的货币，资本家通过资本来剥削工人，取得剩余价值；②经营工商业的本钱；③比喻谋取利益的本钱。但是我们从这些早期的人们的认识以及资本概念的演化中，还是能清楚地体会到财务资源对于企业、潜在受许人或创业者的重大意义。

那么，财务资源可以外取吗？

答案是肯定的，财务资源不但可以外取，而且可以以借用、交易、协作、战略联盟与购并中的任何一种形式来获得。一篇2003年5月22日人民网上署名陈晓钟的《70%出身于农民，大陆亿万富翁的发家秘诀曝光》中分析认为，"海外有关机构曾对当今大陆榜上有名巨富的发家过程进行了分析，归结出他们的共同特点……最关键的一条，他们在关键时刻都利用了银行这个金融机构，'借钱下蛋'。资料显示，1992年全国商品房投资比1991年增加一倍，其中三分之一是银行贷款。相当一部分人利用贷款炒地产、房产，一夜之间就可以赚几十万甚至几百万元。这可以用房地产泡沫破灭后，数千万平方米的空置住房的资金，多数是银行贷款来证实。这里面也有如今成功的人，但是使用贷款迅速发达是不争的事实"。

现在的许多投资者、创业者或那些准备投资或创业的人及企业，总是喜欢把没有钱来作为无法使自己的设想成功的最好理由，他们的计划也永远处于"万事俱备，只欠东风"的无奈之中。其实，外界时刻都有着大量的财务资源在等待人们来

[①] 陈东开，等.资本运营[M].5版.北京：企业管理出版社，1998.

利用。只要学会正确、科学的资源外取方法,那么,为自己的事业获得财务资源这一缕"东风"对人们而言就是非常轻松的事。

1.借用外部财务资源

注意,这里的"借用"一词并非是传统意义上的借钱,而是指没有成本或以极小成本来获得外部财务资源。潜在受许人或创业者实际上可以借用的外部财务资源来源非常多,而对应于不同来源的外取方式也很灵活,下面仅从潜在受许人或创业者几个主要利益相关者的角度来举例说明潜在受许人或创业者该如何进行财务资源的外取。

(1)关系资源。

因为人是有感情的,所以不论东方还是西方,人际间的关系都是一种非常有用的资源,而并不像有些人所误解的那样,认为只有东方的人际关系可以利用。实际上只是相对而言,东方人可能会更注重感情并因而也更有利用人际资源的机会、可能性,或达到更深的程度。

对于潜在受许人或创业者也同样如此,关系资源也是其可以利用的一个十分丰富的金矿。关系资源的本质更多的就是人际关系。可喜的是,现在已经有越来越多的人意识到了这一点,不但在实践上身体力行,而且在理论上,人们也开始公开承认人际关系的资源性价值并发表了越来越多的关于"人际资源""人脉经济""人气"等方面的相关论文、著述等。

潜在受许人或创业者利用关系资源可以获得许多形式的外在资源,也当然可以用以获得外在财务资源。

最常见的形式就是潜在受许人或创业者可以争取多方的创业资助等,比如许多单位会给主动下岗、离职等职工一个相当数量的资金补偿或奖励,这就可以拿来做创业的资金。

再比如,很多潜在受许人或创业者在刚开始的时候需要注册公司,尽管公司前期实际需要花费的资金可能很少或比规定的注册额要少得多,但按照法律的规定,他们仍必须以规定数额的资金注册方能获得公司资格。在很多情况下,创业者们是没有注册公司所必须要求的最低数额的资金的,比如《公司法》第二章第二十三条规定,"有限责任公司的注册资本为在公司登记机关登记的全体股东实缴的出资额。有限责任公司的注册资本不得少于下列最低限额:(一)以生产经营为主的公司人民币五十万元；（二）以商品批发为主的公司人民币五十万元；（三）以商业零售为主的公司人民币三十万元；（四）科技开发、咨询、服务性公司人民币十万元"。那么，在这种时候，获取外部财务资源就是必需的了，而巧妙地以极低成本借用外部财务资源则不失为一种值得一试的方法。具体的运作方式就是，潜在受许人或创业者可以充分利用自己的关系资源，先把法律所规定数额的注册资金从关系资源那里"挪"到自己的注册账户上，等公司注册完毕后再"挪"回关系资源那里。如此，一次成功的借用外部财务资源的行为就轻松地完成了。当然，这其中也可能会有一些花费，比如关系资源的成本（是指为关系的使用而支付的费用，包括请客、提成、利息或其他承诺等），但与所需要筹集的巨大注册资金相比，这些小花费是完全值得的，更主要的是，这样的运作可以大大加速注册工作的进程。

这里的关键就是在借用的过程中要注意相关的法律法规，比如《公司法》、财务方面的法律法规等，不要因触犯了法律而弄巧成拙，最好能请一位法律方面的专家协助进行；要注意借用的利益是要大于所需花费成本的，否则就要采用别的方式，比如贷款等，因此，事前的可行性论证及可能的经济效益评估是必需的；要充分考虑到自己的全部关系资源，并综合考虑了风险、成本、利益等各方面因素之后，在多个候选者中挑选一个最合适的，既不要盲目地选择一家，也不要粗略地搜寻一下就作出自己没有可利用关系资源的结论。

下面举一个实际的例子。清末民初的著名银行家康心如在初期借助银行的"洋"性资源使四川美丰银行业务好转后不久，就因为1926年开始的北伐战争所掀起的全国反对帝国主义热潮而面临危机，"洋"性资源由优势变为劣势。当时，外资方美国急于逃离中国这个是非之地，于是就断然采取了封闭银行的措施，意欲将银行的所有现金封存，待时局好转后再来。然而这样的做法显然对美丰银行的信誉、对银行的已有储户、对社会的稳定等都是极为不利的，在这危急关头，爱国的康心如在和美国股东商谈后，毅然决定以13万现洋收购美方股份。然而，在几天时间内就筹集到13万现洋的巨款，怎么可能呢？

苦思冥想数日的康心如最后还是巧妙地借助关系资源成功取得了外部的财务资源。他借助的关系资源便是美丰的股东之一周见三。周见三与当时重庆势力最大的军阀刘湘曾是"速成系"的同学，而且周见三当过刘湘的副官长，刘湘也一向颇为信任周见三。于是，康心如便立即会见周见三，从社会、国家、银行以及个人等多个方面向他痛陈美丰遭封闭后的利害得失。康心如的一番言语果然打动了周见三，他立刻赶往刘湘处请求帮助。后来，在刘湘的支持下，康心如终于如愿以偿地在美国人撤出山城之前筹集到了13万现洋，将全部美股收买下来，从而使美丰银行在建立五年后全部收归国人之手。

（2）顾客。

这里的顾客指的是购买潜在受许人或创业者产品或服务的机构与个人，包括以盈利为目的的商业性消费者（比如经销商、代理商、批发和零售商）以及以使用为目的的最终消费者（包括以产品或服务为原材料的再加工厂等工业性中间过程使用者）。

潜在受许人或创业者可以通过各种方式来借用顾客的财务资源，比如提前预收款的本质就是在借用顾客的财务资源。我们知道，为了生产或推出一种新产品，潜在受许人或创业者必须具备技术、人员、设备、财务等软硬件资源，缺少其中任何一样都可能使企业无法运营。但实际上，相当多的潜在受许人或创业者往往缺少其中一项或若干项资源，当然，这也正是全社会资源需要整合的主要原因之一。而在这可能缺少的资源中，财务资源的缺少又占有相当大的比例，要不然银行等金融贷款机构就要失业了。

因此，潜在受许人或创业者在这个时候可以采取向顾客提前销售并收取预付款的方式来为自己的产品推出聚集资金。这样做的好处就是既宣传了产品，又避免了贷款带来的高额利息支出。实际上，已经有很多行业这样做了。汽车、家具、住房、服装、电脑等产品就多采用这种提前销售的方式。有的企业在业务没进行之前，会先行收取一定的预付款，然后再用这个预付款去招兵买马，甚至用预付款去注册公司的事情也并不鲜见，这种事情在管理咨询公司的创建以及管理咨询项目的实施中最为常见。经常的情况是，某个机构或某个人在找到一个项目并收取了一定的项目预付款后，相关的项目团队才开始组建。而这些随时准备进入各种项目团队的人就是时下相当流行的"freelancer"。

同时，提前收取预付款还可以使潜在受许人或创业者在产品推出之前吸收顾客加入产品的制造过程，从而完成所谓的"定制化"（customization）操作，在赢得更多的顾客和满意度的同时，节省大量成本。著名的戴尔电脑公司在许多国家通过网络提前销售电脑，它一年之中提供给顾客25000种不同配置的电脑。每一台电脑都是照单定制（Built-to-Order），即先由顾客选定一定的配置方案，然后戴尔电脑公司根据这个顾客的方案进行设计、制造并在短短几天后将顾客定制的电脑送达顾客手上。采用这种方法，戴尔电脑公司的成本和库存都低于大多数传统的电脑。康柏公司每年库存占销售的 5.2%，而戴尔只有 1.5%。

（3）股东。

在借用股东财务资源的诸多方式中，以股代红是最为常见的一种。

我们知道，企业需要每年将利润分给股东作为红利，而这些分红将占据公司可分配利润的相当一部分。然而当企业需要资金发展时，就会面临一个矛盾的现象。一方面，企业需要发展资金；另一方面，企业又必须给股东们分红以鼓舞士气、增加信心。对于购买企业向社会公开募集股票的股东，企业的分红还可以起到稳定企业市值、维护企业声誉品牌的作用。那么，在这种时候，如何达到二者的平衡和协调呢？显然，本质是借用股东财务资源的以股代红的方式就是一个不错的选择，其意就是，企业不给股东发现金，而是以新增股票的方式发给股东新股票。对于前景与市值良好的公司，股东们是比较乐于接受这种分红方式的。这样，企业既获得了发展的资金，股东也获得了一定的利益，双方皆大欢喜，可称得上是一个较好的结局。

（4）政府。

在借用政府财务资源方面，社会上的机构和个人在观念与实践上的差距是相当大的。

有许多企业，根本就没有借用政府财务资源的意识。而有些机构，尤其是以高校、研究院和国有企业为主，他们经常地探听并申请政府的某些专门向合适机构和个人发放的资金援助。比如国家每年都有巨额的科研经费、各种补贴等，虽然政府会指定数量向固定对象发放，但这些机构和个人可以通过申请来获得更多的数量或获得其他资助的款项。而那些没有申请的机构和个人，就只能领取政府单方面制定的数额或可能没有份额了。比如我国为了建设世界一流大学，决定在 2003 年向北大和清华各拨款 18 个亿。这 18 个亿，最终落于各个分校、各个学院、各个系、各个教研室、各个专业直至各个教授的实际数量究竟为多少，肯定是既取决于学校的统一既定政策，也取决于上述各个待摊对象的"争取能力"，亦即实际的资源借用能力。其实这 18 个亿本身也充分体现了上述两所大学的"关系资源"借用能力之强大。

然而，政府的这些资金援助并非是只有国有机构才能获得，有些部分则是民营甚至私营机构也可以获得的。比如政府对于在某地域建设工厂的企业所实施的一系列优惠政策中就可能会为企业提供一些资金方面的援助，政府对于环保企业、高科技企业也会有一些援助和支持等。那么这些援助、支持往往是不分公私性质的。因此，作为潜在受许人或创业者，应该广泛地获取这些政府资金援助方面的信息，然后加以鉴别利用。否则就会浪费资源，把自己应得的资金白白地拱手让于别人了。

（5）供应商。

供应商作为企业这个中间加工或转换器的物质入口，同时又是企业各种财务资源的出口（购买原材料）。因此，对于他们的财务资源的借用将给企业带来显著的积极效果。

我们至少可以有两种方式来实施对于供应商财务资源的借用。一种是采取后付款的方式，即企业可以赊账来获得供应商的材料，这样，用于购买材料的资金就在时间上向后推迟，从而为企业资金的周转带来了方便，可以看成是一种资金的借用；另一种方式是万不得已的时候，比如企业实在没有能力支付原材料款项，可以用自己的产品作价卖给供应商充抵货款，这样一举两得，企业既解决了产品的库存积压，又同时免去了还债的巨大压力。当然，这两种方式都是有一定的使用前提与利弊的，比如后者就存在着产品可能以低于成本的价格抵押给供应商的赔本问题，以及供应商不同意用产品作价还债的风险。

（6）员工。

对于和企业命运攸关的员工，企业对于他们的财务资源的借用是有着得天独厚的条件的。

企业对于员工财务资源的借用大体上可以分为两类：已到员工手中的资金的借用和未到员工手中的资金的借用。因为企业需要定期（日、周、季、月或年）向员工支付工资、奖金、分红等资金，所以企业必须在支付日之前将应付费用筹集好并等待向员工发放，那么对于这个准备向员工支付而又未支付的资金的借用，就是未到员工手中的资金的借用。等资金转移到了员工手中之后，企业再借用这些资金就属于已到员工手中的资金的借用。

未到员工手中的资金的借用方式有很多。比如，因为企业总要把这部分资金存到某个固定的银行,那么存在哪一家银行呢?企业可以选一家和自己关系不错的银行,这样就会培养并获得和该银行的关系,而这种关系显然对企业以后是有用的。还有,因为员工总要购买一些保险,所以企业可以集体为员工购买,这样不但省了员工的麻烦,保价相对便宜,而且企业还可以因此而选中一家本企业意欲与之"公关"的保险公司。如此等等。

对于已到员工手中的资金的借用方式也有很多。比如企业在万不得已的时候,可以号召员工出资挽救企业。这方面的例子有很多,许多企业在宣布破产后就经常被员工买下,也有许多企业在筹集不到资金时,也可能会向员工借钱等。我们之所以把这种"借"称为"借用"的最主要原因就是向员工借用资金可以不用担心利息负担,风险和压力较小。显然,在自己赖以生活、发展的企业面临危困之时,有谁还会计较借出去的钱能有多少利息的返还呢?当然,企业也可以采取诸如请员工认购公司股份、号召员工购买公司产品、以公司产品代替奖金之类的方式。

但是在利用员工的财务资源时,企业必须注意不要强迫或欺骗,否则会引起员工的反感而起到反作用。笔者以前曾工作过的某单位就曾经做过类似的事情,为了修建某电厂筹集资金,领导们决定强行从每个员工的工资里硬性扣除500元,从而强迫员工成为电厂"股东"。我们姑且不论最后的结果如何,单就这样的行为本身就着实令人厌恶。

2. 以交易方式获得外部财务资源

任何企业都要出售产品或服务给顾客,而顾客也必须为此支付一定的费用,这是企业获得外部财务资源的一种最为常见的必然形式。

此外,企业获得外部财务资源的形式还可以有贷款(有偿借用)、融资等。贷款和融资的本质区别就是:贷款形成债务,融资形成股份;贷款者是债主,出资者则是所有人;贷款必须定期归还而给企业造成时间上的压力,融资可以不需定期归还但要企业出让一定的决策管理权为代价。

在选择贷款时,企业应扩大思路,不能一提到贷款就仅局限于银行,实际上可以为企业提供贷款的有很多,既包括国内的,也包括国外的;既有组织的,也有个人的;既有正式对外贷款的,也有非正式对外贷款的(比如有的公司或个人如果手头有多余的零钱的话,也可以成为企业的借贷对象);等等。具体的贷款对象应扩大到政府、企业、各种国营民营私办的金融机构、保险公司、各种基金组织甚至并不以借贷为其本业的任何组织与个人。

同样，融资的思路也要扩大，不但融资方式要灵活多样，比如可以采取公开上市、借壳上市、买壳上市、关系融资、凭商业计划公开路演、参加各种投资人可能出现的活动（比如北京中关村每年搞的创业计划大赛就是一个很好的活动，它一方面聚集了众多的项目拥有者，另一方面也聚集了众多的投资者，真正起到了为项目牵线搭桥的作用）、发布广告等多种方式，而且融资的对象也一样要尽量扩大，社会上的所有组织和个人都可以成为我们的融资对象。

很多时候，企业的贷款或融资失败并不是因为项目本身不好，而是贷款或融资的技术太差所致。总之，可选择的对象越多，成功的机会就越大。企业应该充分调动自己全部的思维，挖掘每一种可能性。如果没有试过，就绝不要轻易放弃。因为事实可能就是这样，你在前面挖了99口井都没有见到水，而第100口井里可能就是丰盛的水源地。

注意，有时候借用和交易之间的界限并不是十分确定的。因为当借用的成本较高时，借用就变成了实质的交易行为。然而，到底多少成本算是借用而多少成本又算是交易呢？这是一个很难给出确定值的模糊数学问题。虽然我们可以有多种方式来大致地划分二者，比如从实际支付的角度，当企业为了此资金的使用而实际上产生了直接的支付行为时，就是交易，否则就是借用，但我们实在没有必要去穷究行为本身的性质，因为我们的目的不是对此行为定性，而是以尽可能少的成本去获得我们的目标财务资源。

3. 协作、战略联盟与购并

企业（对个人也是如此）对于财务资源的外取，还可以采用合作的方式。从根本上讲，协作、战略联盟与购并都是合作的形式之一，只是合作的深度不同而已。

当企业（或个人）需要财务资源的时候，它可以对外寻求合作伙伴，以自己已有的其他资源（比如人力、品牌甚至某个创意、市场等）作为资本与拥有财务资源的外部组织或个人合作，从而通过资源互补、共创双赢或多赢的方式来取得外部财务资源。这方面的例子有很多，比如许多企业或个人在有了新的项目时，他们通常会把自己的设想或规划做成完整、规范的商业计划（Business Plan，BP），然后再通过这个商业计划去寻找愿意出资的外部投资人，这个过程就是财务资源的外取。

与外部合作的方式不仅适用于缺少资金的企业，也同样适用于资金充裕的企业。我们必须清楚，合作不仅给企业带来了外部的资源，同时，合作也还具有许多其他益处，比如增大了成功的可能性、降低了单方投资的压力和风险、多方参与决策与控制的合作避免了专制独裁的弊端等。当然，合作的弊端也是显然的，比如多方决策导致的决策速度和效率降低、投资人过分重视短期利益、合作人之间在权利义务责任上的权衡困难等。因此，简而言之，对于合作的正确认识就是，我们要一方面充分认识到合作的益处而放弃传统、固执、封闭的一人独享式的投资与经营行为，果断地与外界实行共担风险、共担责任、共享利益的合作，融入合作制胜的时代大潮中来，另一方面，我们也要对合作的风险与弊端有足够清醒的认识，在选择合作与否、与谁合作以及如何合作时慎重决定，以免掉入合作的陷阱之中。

与协作相比，战略联盟式的合作更注重长期利益，合作的内容也突破了一般性的业务范围而紧密靠近双方各自的核心竞争力或核心资源。关于战略联盟方面的学说、观点在近几年非常火爆，大量的文章、专著充斥在经济、管理论坛之中，但这些文章、专著都大同小异，它们一方面都在不厌其烦地反复强调战略联盟的好处与深远意义，同时又分成了几个方面来研究战略联盟，包括战略联盟的动因分析、发展历史与趋势分析、理论解说、利弊研究、风险判断、如何实施战略联盟以及如何对战略联盟的效果进行评价等。在对外部财务资源的获取中，企业当然也可以把关于战略联盟的通用know-how与财务资源外取的特定实践结合起来，从而成功地通过战略联盟来获取外部财务资源。企业可以一步到位地采用战略联盟来进行财务资源的外取，也可以先期进行协作，待对对方有了充分的了解、考察与检验之后，如果认为有必要的话，再加深二者的合作深度，将协作变为战略联盟。

在企业采取战略联盟的合作形式获得外部财务资源后，企业可能会逐步认识到战略联盟的一些不可避免的弊端，比如知识产权的归属争端、某方的背叛、更好的联盟伙伴的出现等。如果企业认为采取战略联盟的方式仍然不能获得最大利益，企业仍需要对联盟方进行全面的控制或拥有时，就可能做出购并的选择。其实，购并也可以归为交易性获得外部财务资源的类别。但我们必须明白二者的区别。一般而言，交易是"等价"交换的，亦即企业与交易方之间实行了某种明显或潜在契约约束下的对等"交换"。而购并一般是非等价的，购并方获得的利益要明显高于交易，亦即购并对于企业而言能比简单而纯粹的交易获得更多的价值。许多购并者都是看准了被购并企业的某些优秀资源（比如品牌、上市的"壳"、人力资源、市场份额等），然后再利用多种手段将对方购并。购并者随后会对购并企业进行包装、转换等改造而留为自己使用或干脆出售，从而从购并中获得丰厚的回报。因此，以购并获得外部财务资源的方式都是间接的，极少有企业可以用购并的方式直接获得拥有大量财务资源的外部组织，通常都是在开始时表现为购并者损失了相当的财务资源，但在日后的某个时期，企业会经过自己的努力"加工"成功地完成财务资源的外取。否则，就真成了偷鸡不成，反蚀一把米了。

练习与思考

1. 查找特许经营企业的宣传案例，指出哪些是带有明显的误导成分的。
2. 除了文中所讲之外，你认为一个成功特许经营还应具备哪些特征？
3. 如果准备创业，你准备采取哪种方式？你会选择特许经营吗？为什么？
4. 做一下自我判断，你是否适合做一个受许人。
5. 除了文中所讲之外，你认为受许人还应具备什么资源？
6. 除了文中所讲之外，再列举出几种受许人的不正确加盟心态。
7. 请尝试用"维华加盟指数"（WFI）为现实中的特许经营企业进行考评打分。
8. 在收集意向中的特许人信息时，你觉得采用哪种方法更好？
9. 你认为该如何对特许人进行实地考察？
10. 试着建立一个评估特许人体系的数学模型，有条件的可以把它编辑为计算机软件。
11. 你认为哪种加盟形式更好？
12. 和特许人最终签约时要注意哪些事项？
13. 制订一份虚拟的受许人的加盟商业计划。
14. 请思考，财务资源的自制有哪些方法？

参考文献

[1] 李维华. 如何编制特许经营手册 107 问 [M]. 北京：机械工业出版社，2006.

[2] 李维华，孙连会. 特许经营法律精要 [M]. 北京：机械工业出版社，2006.

[3] 李维华，徐重九. 餐饮特许经营实务 [M]. 北京：机械工业出版社，2005.

[4] 李维华. 特许经营理论与实务 [M]. 北京：机械工业出版社，2005.

[5] 伯克兰德. 特许经营之梦 [M]. 李维华，陆颖男，译. 北京：机械工业出版社，2005.

[6] 西尔曼. 特许经营手册 [M]. 李维华，等译. 北京：机械工业出版社，2005.

[7] 贾斯汀，加德. 特许经营 [M]. 李维华，等译. 北京：机械工业出版社，2005.

[8] 贾斯蒂斯，文森特. 特许经营致富 [M]. 李维华，等译. 北京：机械工业出版社，2004.

[9] 普尔文. 如何避免特许经营欺诈 [M]. 李维华，译. 北京：机械工业出版社，2004.

[10] 门德森. 特许经营指南 [M]. 李维华，陆颖男，译. 北京：机械工业出版社，2004.

[11] 李维华，王云，等. 如何开一家成功的时装店 [M]. 北京：机械工业出版社，2004.

[12] 李维华，仇一，等. 如何开一家成功的餐饮店 [M]. 北京：机械工业出版社，2004.

[13] 朱明侠，李维华. 特许经营在中国 [M]. 北京：机械工业出版社，2004.

[14] 李维华. 企业全面资源运营论 [M]. 北京：机械工业出版社，2003.

［15］李维华，等．特许经营概论［M］．北京：机械工业出版社，2003．

［16］柯普．特许经营宝典［M］．李维华，等译．北京：机械工业出版社，2003．

［17］杜根．特许经营101［M］．李维华，等译．北京：机械工业出版社，2003．

［18］李维华．如何制定连锁经营的操作手册［J］．连锁与特许，2003（45）：41．

［19］李维华．资源观的演化及全面资源论下的资源定义［J］．管理科学文摘，2003（2）：10．

［20］李维华，魏法杰．成也统一，败也统一［J］．连锁与特许，2004，6（59）：52．

［21］李维华．特许权与特许经营费用研究［J］．连锁与特许（专家论坛），2004，4（57）：58．

［22］李维华．是商机还是陷阱 知识给你答案［J］．销售与市场，2004，6（160）：64．

［23］李维华，魏法杰．发现资源［J］．经营与管理，2004，5（239）：45．

［24］李维华．企业环境与资源运营［J］．企业改革与管理，2004（5）：14．

［25］李维华．"加盟"成为"放大器"的本质和条件［J］．销售与市场，2004，7（163）：9．

［26］李维华．谨防另类欺诈［J］．连锁与特许，2005，3（68）：44．

［27］李维华．政府特许经营的演化辨析［J］．经济管理，2005（6）：36-37．

［28］李维华．特许经营的本质研究［J］．连锁与特许，2005（6）：52-53．

［29］李维华．特许经营是企业拓展的有效方式［J］．国际商务，2005（9）：80-83．

［30］李维华．特许经营的未来趋势［J］．连锁与特许，2005，11（76）：52．

［31］李维华．片面的"开源节流"要不得［J］．连锁与特许，2006，3（80）：12-13．

［32］李维华．单店盈利：不离其"宗"［J］．连锁与特许，2006，4（81）：47．

［33］李维华．国美为什么是第一［J］．连锁与特许，2006，7（84）：54．

［34］李维华．关于顾问咨询的九个误区［J］．连锁与特许，2007（8）：54-56．

［35］李维华．警惕加盟商对特许人的欺诈［N］．中国商报，2007-02-16．

［36］李维华．给成都小吃的特许经营的几点建言［N］．华夏时报，2007-07-28．

［37］仇一．一个餐饮帝国的梦想［R］．重庆小天鹅集团，2003．

［38］贺昆．克隆名店——特许经营的投资与管理［M］．北京：新华出版社，2003．

［39］赵涛．特许经营管理［M］．北京：北京工业大学出版社，2002．

［40］周建．战略联盟与企业竞争力［M］．上海：复旦大学出版社，2002．

［41］赵盛斌.连锁经营管理实务［M］.深圳：海天出版社，2001.

［42］申光龙，寇小萱.论企业的资源外取战略［J］.天津商学院学报，2001，21（1）：26.

［43］罗珉.资本运作：模式、案例与分析［M］.成都：西南财经大学出版社，2001.

［44］王霖.特许经营［M］.北京：中国工人出版社，2000.

［45］蔡明烨.商店·连锁店·超市经营规划和作业设计［M］.上海：上海三联书店，1999.

［46］王利平.连锁商店经营与发展［M］.北京：中国人民大学出版社，1999.

［47］成栋.连锁商店计算机管理系统［M］.2版.北京：中国人民大学出版社，1999.

［48］陈东升，等.资本运营［M］.北京：企业管理出版社，1998.

［49］江景波，等.网络技术原理及应用［M］.上海：同济大学出版社，1997.

［50］吉多，克莱门斯.成功的项目管理［M］.张金成，等译.北京：机械工业出版社，2001.

［51］波特尼.如何做好项目管理［M］.宁俊，等译.北京：企业管理出版社，2001.

［52］所罗门.培训战略与实务［M］.孙乔，任雪梅，刘秀玉，译.北京：商务印书馆国际有限公司，1999.

［53］约翰逊，斯科尔斯.公司战略教程［M］.金占明，贾秀梅，译.北京：华夏出版社，1998.

［54］Gerry Johnson，Kevan Scholes.Exploring Corporate Strategy［M］.Upper Saddle River：Prentice Hall，1993.

［55］J Ward.Productivity Through Project Management：Controlling the Project Variables［J］Information Systems Management，Winter，1994.

［56］H Thamhain.Best Practices for Controlling Technology-Based Projects［J］.Project Management Journal，1996（11）：38.

［57］Timothy Bates.Franchise Startups：Low Profitability and High Failure Rates［J］.EGII News，1993（11）：9.

［58］李维华.加盟失败，不应让特许模式背"黑锅"［N］.中国商报，2007-09-21.

［59］李维华.潜在加盟商"长短脚"：放弃，还是争取？［J］.销售与市场，2007

（10）：28-30.

［60］李维华．草根选址十大法则：低成本圈定好店址［J］．销售与市场，2007（11）．

［61］李维华．不要做杀兄弟的皇帝［N］．中国经营报，2007-10-28.

［62］李维华．盟主变脸有玄机［N］．中国经营报，2007-10-28.

［63］李维华．1万还是100万：收多少加盟金合适？［J］．销售与市场，2008（1）：78-80.

［64］李维华．国美在胡润富豪榜上的另外失败［J］．连锁与特许，2008（3）：44-45.

［65］李维华．2008中国特许经营十一变［J］．连锁与特许，2008（1）：17.

［66］李维华．老字号需系统变革［N］．华夏时报，2008-02-15.

［67］李维华．加盟商欺诈总部的七种套路［J］．销售与市场，2008（3）：62-64.

［68］李维华．加盟洗衣店如何防止欺诈［J］．连锁与特许，2008（10）：22-23.

［69］李维华．抢他的种子，还是帮他种地——如何对待困顿加盟商［J］．连锁与特许，2008（11）：34-35.

［70］李维华．加盟商开业前的培训［J］．连锁与特许，2009（1）：60.

［71］李维华．加盟招商三策论［J］．连锁与特许，2009（4）：58.

［72］李维华．如何确定区域加盟商开店数量与特许经营费用［J］．对外经贸实务，2009（8）：50-51.

［73］李维华．特许经营，模式无定［J］．中国连锁，2011（2）：104.

［74］李维华．"危机"时期如何招商？［J］．财富人物（名人传记），2011（1）：86-87.

［75］李维华．如何编制特许经营手册［J］．财富人物（名人传记），2011（2）：86-87.

［76］李维华．加盟和直营，哪个更赚钱［J］．财富人物（名人传记），2011（2）：88-89.

［77］李维华．店老板的六个飞跃［J］．财富人物（名人传记），2011（3）：86-87.

［78］李维华．以"模式无定"来创新特许经营［J］．企业活力，2011（3）：25-27.

［79］李维华．模式无定——正确看待特许经营［J］．市场研究，2011（5）：37-38.

［80］李维华．大学教育和社会培训之比较分析［J］．高等教育改革理论与实践探索，

2013（1）：52-55.

[81] 李维华.中国特许经营大趋势[J].企业管理，2013（12）：6-9.

[82] 李维华.叫停"为招商而招商"[J].财富人物（名人传记），2014（1）：87.

[83] 李维华.庆丰包子铺加盟问题不少[J].中国商界，2014（2）：26.

[84] 李维华.从笔谈到面谈，让招商咨询成功率翻倍[J].医学美学美容：财智，2014（4）：56-57.

[85] 李维华.中国特许经营未来25大趋势（一）[J].财富人物（名人传记），2014（3）：82-84.

[86] 李维华，等.单店软性复制即培训的组合式考核体系[J].时代经贸·零售商学院，2014（4）：46-47.

[87] 李维华.浅尝辄止是失败的最大根源[J].商界评论，2014（11）：122.

[88] 李维华.先读懂中国市场[J].商界评论，2015（3）：131-132.

[89] 李维华.中国特许经营市场的"维华加盟指数"[J].法商管理评论，2016（9）：177-184.

[90] 李维华.两创四众下的特许经营新走势[J].汽车维修与保养，2018（7）：100-101.

[91] 李维华.如何打破招商"危机"[N].中国经营报，2009-01-19.

[92] 李维华.特许经营学[M].北京：中国发展出版社，2009.

[93] 舍曼.特许经营与许可经营[M].李维华，黄乙峰，译.北京：电子工业出版社，2012.

[94] 李维华，等.特许经营与连锁经营手册编制大全[M].北京：经济管理出版社，2017.

[95] 李维华.借鉴美国连锁企业经验，看中国汽车后市场走向何处[J].汽车维修与保养，2020（5）：84-86.

[96] 李维华.从"店"到"点"的根本转变[J].销售与市场，2020（5）：72-73.

[97] 李维华.退市：狗不理的失败不仅仅是价格贵[J].销售与市场，2020（6）：72-74.